GUDERIAN

德国装甲兵之父

古德里安

◎张晓光　编译

中国铁道出版社有限公司
CHINA RAILWAY PUBLISHING HOUSE CO., LTD.

图书在版编目（CIP）数据

古德里安 / 张晓光编译．— 北京：中国铁道出版社有限公司，2019.10
（二战名人录）
ISBN 978-7-113-25726-2

Ⅰ．①古… Ⅱ．①张… Ⅲ．①古德里安（Guderian,Heinz 1888-1953）—生平事迹 Ⅳ．① K835.165.2

中国版本图书馆 CIP 数据核字（2019）第 083739 号

书　　名：古德里安
编　　译：张晓光

责任编辑：刘建玮　　电　　话：（010）51873038
封面设计：刘　莎　　责任校对：王　杰
责任印制：赵星辰

出版发行：中国铁道出版社有限公司（100054，北京市西城区右安门西街 8 号）
印　　刷：三河市兴博印务有限公司
版　　次：2019 年 10 月第 1 版　　2019 年 10 月第 1 次印刷
开　　本：787mm×1 000mm　1/16　印张：23　字数：487 千
书　　号：ISBN 978-7-113-25726-2
定　　价：59.80 元

Famous General Introduction

名将剪影

海因茨·威廉·古德里安是德国坦克兵的创建者，陆军一级上将。古德里安身上所表现出来的优秀军事素质，令人对他的军事才能产生敬佩。他具有敏锐的观察力，可以在瞬息万变的战场上及时发现对方的弱点，出其不意打对方一个措手不及；他懂得如何将战略与战术有机结合，较好地完成战斗任务；他有卓越的组织领导才能，能获得部下的拥戴，使他所在团队结成一个有力的战斗集体；更为重要的是，他能够接授容纳新思想、新事物，不为时代所习用的技术装备所制约，具有丰富的创造力。古德里安在军事上的成就，在于他以其开拓性的行动，创造了装甲兵在现代战争的作战理论，为装甲兵在随后几十年的时间称霸地面战场开了先河。他所建立和训练的装甲兵的力量，在德国的侵略扩张初期获得了空前的胜利，成为德国纳粹的得力帮凶。对于古德里安来说，他作为一名将领的成功与其说是他在战争实践中的价值，还莫如说是他在战争史上所具有的理论价值。因为他创立了一种适应时代的行之有效的作战理论，这种思想传给了后人，并深深地影响了后人。

1888-1954

> 德国名将古德里安。

古德里安 档案

Heinz Guderian

1888

6月17日，生于德国东普鲁士维斯瓦河畔的库尔姆。

1894

在阿尔萨斯的柯尔马入学读书。

1901

4月1日，入卡尔希鲁赫陆军军官预备学校。

1903

4月1日，以优异的成绩在卡尔希鲁赫陆军军官学校毕业，升入柏林中央陆军军官学校。

1907

2月，从柏林中央陆军军官学校毕业后获准尉军衔，被分配到第10轻步兵营任见习军官。

1908

1月，晋升少尉。

1913

10月1日，与玛格丽特·戈尔尼结婚。

1914

8月，第一次世界大战爆发，随部队开往前线，在德国陆军部队中任通信官、参谋官等职。

1918

2月，调陆军参谋本部任职。

1920

1月，任第10轻步兵营第3连连长。

1922

4月1日，调陆军参谋本部运输兵总监部任职，在职前在慕尼黑第7摩托化运输营实习。

1927

2月1日，晋升少校。
10月1日，调新成立的陆军参谋本部运输处任职，对使用卡车运兵进行研究。

1928

10月1日，兼任柏林运输兵训练处战术教官。

1930

2月1日，任第3摩托化运输营营长。

1931

2月1日，晋升中校。
10月1日，调任摩托化兵总监部参谋长。

1933

4 月 1 日，晋升上校。

1934

春，德军摩托化部队司令部成立，任参谋长。
7 月 1 日，任装甲兵司令部参谋长。

1935

10 月 5 日，德军第一次成立装甲师，任第 2 装甲师师长。

1936

8 月 1 日，晋升少将。

1938

2 月 4 日，晋升中将，同时接任第 16 装甲军军长。
3 月 10 日，率部入侵奥地利。
11 月 20 日，晋升陆军二级上将。

1939

8 月，任第 19 装甲军军长。
9 月，第二次世界大战爆发，任第 19 装甲军军长，率部入侵波兰。在这次对波兰的入侵行动中，验证了他的装甲战理论。

1940

5月，率部入侵法国等西欧国家。
5月13日，指挥部队在色当渡过马斯河，为德军取胜奠定了基础。
5月20日，第19装甲军的部队在他的指挥下，到达了英吉利海峡。
6月1日，古德里安升任装甲兵团司令。
7月19日，晋升陆军一级上将，并受命训练刚刚组建起来的德国装甲部队。
11月，任第2装甲集群司令，准备进攻苏联。

1941

6月22日，率部入侵苏联，归中央集团军群节制，直插苏联腹地明斯克。
6月27日，与第3装甲集群在明斯克会师，完成了对苏军的纵深包围。
7月16日，率部占领战略要地斯摩棱斯克，再次对苏军形成合围。
7月，在占领斯摩棱斯克不久，第2装甲集群脱离克鲁格的装甲集团军群，恢复了它的老名字——古德里安兵团，任兵团司令。
8月，希特勒放弃了进攻莫斯科的企图，转而进攻基辅。古德里安率部转向南方，与南方集团军群一起进攻基辅。
9月16日，与第1装甲集群完成了对基辅的包围圈，围困了苏军5个集团军。
10月，任第2装甲集团军群司令，率部进攻莫斯科。但由于天气条件恶劣，以失败而告终。
12月，因坚持从莫斯科撤退而被希特勒免职。这是第一次被免职。

1943

3月1日，大病初愈后再次复出，被任命为装甲兵总监。希特勒想以此来挽救败局。
3月，为重建德国装甲部队，起草了《1943年装甲部队组织方案》。
7月，德军东线“围城”作战失败，古德里安刚刚整编好的装甲部队损失惨重。

Heinz Guderian

1944

年初，再次谋求改组德军高层指挥机构，因希特勒等人的反对而终告失败。

2月，视察法国前线，商讨抗登陆作战问题。

6月6日，盟军在诺曼底登陆后，古德里安兼任陆军参谋总长。

8月，下令修复德国边境上的要塞，并成立了要塞守备部队，以图最后保卫德国本土。

1945

3月28日，被希特勒免去陆军参谋总长职务。这是第二次被免职。

4月1日，在慕尼黑附近的艾本霍森疗养院疗养。

5月1日，只身一人来到刚刚迁到提罗尔的装甲兵总监部，坐等战争的结束。

5月10日，成为美军战俘，开始了长达3年的监狱生活，被关押在纽伦堡监狱。

1948

因英美等国的开脱而未被列为战犯的古德里安被释放出狱。不久即开始撰写回忆录《一个士兵的回忆》。该书出版后，又开始撰写《坦克——前进》一书，但生前未能完成此书。

1954

5 月 14 日，因病而逝，终年 66 岁。

古德里安参与指挥的战役战事图

1939 年 9 月

德波战争初始，德军主要进攻路线及波军战略防御态势图。

目录
contents

在演习的最后一天，为了给外国贵宾展示德军的战斗能力，给德国的盟友打气，又举行了一次装甲部队的总攻击演练，将所有能参加的坦克都集中在一起，统一由古德里安负责指挥。在震耳欲聋的轰鸣声中，装甲部队进行了一次气势骇人的进攻演练……

希特勒拒绝了古德里安的要求，还是命令他立即接受新职务。最后，希特勒说："假使你执行职权的时候，遭遇到你刚才所说的这些困难，那么你可以直接向我报告。我们可以合作来推动这些变革，所以我现在命令你接受这个任命……"

在随后几天之内，古德里安接连找了不少高级将领，希望大家能够采取行动，改善陆军在纳粹眼中的地位。但是这些陆军将领多数已看到了结果，知道最后还是得做一个执行希特勒扩张政策的顺民，谁也不愿意参与此事……

第四章

经过连续的忙碌，古德里安感到极度的疲劳。特别是部队的进攻和行动部署正常之后，心理一放松，整个人就像马上要垮了下来。一回到兵团部，古德里安连军服都没有脱，便一头扎在一堆稻草上睡了过去，舒舒服服地睡了3个小时……

第五章

苏军的这个重要边境城堡一直坚守了好几天，直到6月29日战斗方才停止。苏军的顽强抵抗严重打击了古德里安所部的行动，使他无法利用经过布格河与马恰维克河的公路、铁路交通线运送物资、调动部队……

第六章

古德里安为克鲁格描述了一幅美妙的前景，他说突击成功的可能性是非常大的，他有这个把握，这个目标的实现非常有利于在年内结束对苏战役。而且，达成既定任务，功劳归克鲁格元帅，如果失利，责任则由古德里安他自己承担……

从德军中央集团军群司令博克到前线的普通士兵，都认为战争的下一个目标就是莫斯科确定无疑，而且德国陆军总部也支持这种看法。位于至莫斯科的公路两侧的古德里安装甲兵团更如同一只作势欲扑的猛兽，随时准备杀向莫斯科。但希特勒却自以为是，放弃了莫斯科……

在被各种车辆搅成一锅泥粥的道路上，快速行军是不可能的。古德里安乘坐的指挥车是四轮驱动的，也不过是能勉强行走。相比之下，两轮的摩托车在这样的泥路上就成了拖累。德军的装甲兵团就这样以平均每小时10公里的速度在泥沼中挣扎前进……

古德里安知道，要想说服希特勒那可不是一件容易的事。不过在那个时候，他还以为自己的最高统帅能够对一个来自前线、身经百战的将领所说的一切认真考虑的。当古德里安从冰天雪地的战场上飞往希特勒的大本营驻地时，在心里还抱有这样的一线希望……

陆军参谋总长不能空缺，希特勒只好决定在这期间任命古德里安代理参谋总长的职务。古德里安知道自己多次和希特勒闹过别扭，不能唯希特勒的意志是从，他并不是希特勒中意的人。现在找上自己，不用多说就知道自己是他在无人可用时候的一个替代而已……

古德里安决心要坚持自己的主张不再放弃，要与神经处于崩溃边缘的希特勒相抗争。面对希特勒的狂怒，他不发一言静静地看着希特勒的表演。从来没有人敢于这样对抗希特勒的权威，古德里安的坚持，终于使希特勒恢复了思考的能力……

1945年5月10日，古德里安和装甲兵总监部的人员来到盟军的军营，直接要见美军的指挥官。他坦白地说："我就是德国装甲兵总监古德里安，这些人是我的部下。我们希望能得到你们的保护，不要把我们送到苏联人的手中。"就这样，古德里安成了美军的俘虏……

> 1908 年时的古德里安。

第一章

坦克战的先驱

1888-1954 古德里安

在演习的最后一天，为了给外国贵宾展示德军的战斗能力，给德国的盟友打气，又举行了一次装甲部队的总攻击演练，将所有能参加的坦克都集中在一起，统一由古德里安负责指挥。在震耳欲聋的轰鸣声中，装甲部队进行了一次气势骇人的进攻演练……

>> 当过营长的连长

1888年6月17日，晚春时节，一个阳光明媚的日子,在维斯瓦河畔库尔姆市一家医院里，一个孩子诞生了！这个孩子就是日后有着坦克怪杰之称的德国著名将领古德里安。

海因茨·威廉·古德里安的出生地当时属于普鲁士，现在则为波兰维斯瓦河边的一个城市。他的父亲菲德烈·古德里安，当时是普鲁士第2波美拉尼亚轻步兵营的一名中尉连长。

古德里安出生两年后，他的弟弟弗里兹·古德里安也来到了世间。军旅生涯的特点就是颠簸动荡,军人的家庭也同样如此。一年后，也就是1891年，当古德里安3岁的时候，由于父亲调动，他不得不随父母一同迁居到了阿尔萨斯州的柯尔马，并在当地上了小学。9年后的1900年，古德里安又要搬家了，这次他们又移居到了罗林州的圣阿伏德镇。这是古德里安应该进入中学的时候了,可是圣阿伏德太小了,还没有能力建造一所中学。这样，如果古德里安想继续上学的话，摆在面前的就只有两条路，要么到稍微远一点的寄宿学校，但学习费用较高，是古德里安父亲微薄的收入所不能负担得起的，另一个办法就是让古德里安子承父业，上军官学校，走职业军人的道路，这么一来将会大大减轻家庭的经济负担。

现实的经济压力和条顿民族的尚武精神,使古德里安的父亲和母亲卡拉娜·克尔齐霍夫决定，将古德里安送入陆军幼年预备学校，以求在军人的职业上有所成就。这样，古德里安于1901年4月1日同弟弟弗里兹·古德里安一并进入了巴登的卡尔希鲁赫陆军军官预备军校，继承父业。

这所军校是德国8所军官预备学校中的一所，目的是培养未来陆军军官。进入预备军官学校只是成为未来陆军军官的一个机会，能否最终成为一名合格的陆军军官还有很长的路要走。在预备军官学校里，古德里安接受了初步的军事训练。也许是家庭的传统影响和普鲁士的军事传统，造就了古德里安的性格和世界观，他勤奋好学，是老师的优秀弟子、同学们的榜样。因此父母也经常用他勉励弟弟。少年的古德里安各门功课都名列前茅，他没有辜负父母的期望，最终以优异的成绩升入了柏林附近的大里希特场中央军事学校，开始了正式的军事生涯。

当古德里安在1907年2月毕业后，不知什么原因，被分配到了驻罗林州比特赫的第10汉罗福里亚轻步兵营，担任见习军官，而恰好这个营的营长就是他的父亲菲德烈·古德里安。这使他兴奋不已，因为这是古

<古德里安与家人在一起。

GUDERIAN

德里安离家6年以后，终于又可以同家人在一起。另外在父亲的手下服役，对于他也是幸运的事情，古德里安在心里暗暗高兴。但菲德烈却是个非常负责任的父亲。虽然儿子是在他所领导的营里，父亲却并不纵容他，而是对他进行了严格的管教。有一次古德里安在大家面前表露出了自己的优越感，父亲得知以后，非常严厉地批评了他："正因为你是我的儿子，才应该更加严格地要求自己，你与别人没有什么不一样的，要想成为一名合格的出类拔萃的军人，就要比别人付出百倍千倍的努力。"古德里安这才真正理解了父亲的良苦用心。

随后，1907年4月古德里安到梅斯进行了8个月的短期培训，在训练中他更加的刻苦，训练结束后被正式委任为陆军少尉，之后又回到了父亲的步兵营。毕业时，学校给了他很高的评价，说他是："知识水平和业务能力十分优秀……才华出众，积极进取，忠于职守。"所以在授予他少尉军衔时，军衔年龄提前到1906年6月22日算起。第二年，古德里安便获得了中尉军衔，当时他还未满20周岁。在这个步兵营里，古德里安不但努力地学习和工作，生活也过得非常愉快，而且更大的收获是他受到了他父亲良好的影响与熏陶，受益匪浅，使他的军人素质获得了极大的提高。

1909年10月1日，古德里安从父亲所在的轻步兵营被调回到了他的故乡汉罗福省的戈斯拉尔，负责那里的驻防工作。也是在那里，古德里安结识了玛加丽特，一位哥尔尼戈斯拉尔医生的女儿，两人不久便订了婚，并于1913年10月1日共结连理。也是这一年，一直想继续深造的古德里安如愿以偿地进入了军事学院学习，他特别珍惜这次学习机会，时刻以父亲的教诲作为自己前进的动力，更加刻苦地学习，并再次以优异的成绩于1914年毕业。但是，卿卿我我的新婚生活没有持续多久，第一次世界大战的战火便打破了他们快乐安宁的日子。1914年8月2日，古德里安忍痛扔下怀有8个月身孕的爱妻，奔赴战场。在战争的4年中，古德里安只回家度过一次短假。

∧ 各国代表在一起讨论《凡尔赛和约》。

★《凡尔赛和约》

即《凡尔赛对德和约》，是第一次世界大战结束后，战胜国集团与战败国德国所签署的和约，全称为《协约国与参战各国对德国和约》。1919年6月28日，在巴黎和会上由英国、法国、美国、日本、意大利等国与德国在巴黎的凡尔赛宫签订，1920年1月20日正式生效。这一和约暂时缓和了帝国主义之间的矛盾，但它并没有从根本上消除这种矛盾，反而为下一次世界大战埋下了种子。

古德里安自1912年开始，便与电报通信打上交道，就是这一段经历，据他后来说，对他发展坦克作战理论有着很大的启迪与帮助，使他对坦克的指挥、联络有着明确而清晰的认识。1912年至1913年在德军第3电报营服役后，1914年8月到1917年4月，他便开始在西线战场骑兵第5师担任无线电台台长，后来又被调到弗兰德尔战场第4军担任助理通信官，接着又担任第5军助理通信官，并在该军各附属单位服役。以后，他又转回到第4军担任通信官。一战中，他参加过凡尔登战役和索姆河战役，1915年12月升为陆军上尉。在战争的后两年，他还任过德国陆军第4步兵师的参谋官，代理过陆军第52预备师的参谋长、陆军第14步兵团第2营营长、担任过德国在意大利占领区军事管治局的行政科长，并于1918年一二月间在法国色当接受了参谋军官训练，还在德国陆军参谋本部进行过短期服务。

第一次世界大战结束了，德国以失败告终，作为战败国，德国饱尝了惨败后的苦果，这也更加剧了国内的政治危机，威廉二世的帝国垮台。

由于《凡尔赛和约》★对德国军事力量的限制，德国的军队采取建设基干型军队的方针，即通过建设一支骨干部队，作为而后发展扩充的基础。就这样，虽然德国军队只有10万人，但在精心设计下，从最高统帅

> 1915年，古德里安与妻儿在一起。

机关到基层分队，从轻武器到各种重型武器，军队中的基本要素在经过一通换汤不换药的更名改姓之后，都得到了保留。这时的德军，麻雀虽小，却五脏俱全。

因此担任过营长的古德里安上尉，在德军降低部队级别、保留骨干过程中，被降职为连级指挥官，总算保住了在军队中的饭碗。这期间，古德里安先在柏林普鲁士军政部东部边防总局待过一段时间，又在布里斯劳南区和巴登司坦北区边防指挥部服役，后又到“铁师”参谋处、国防军第10旅待过一段时间，最后到国防军第10轻步兵营第3连任连长。

古德里安的个性和他在军旅生涯的早期轻骑兵营的生活，锻炼了不屈不挠的意志、迅猛冲锋和勇猛杀敌的勇气，培养了坚决果断的性格以及在复杂情况下冷静思考问题的能力，对他成为一名卓越的坦克兵指挥官受益匪浅。尤其是在第一次世界大战期间及德国战败后边防军时代的几年里，作为一名下级军官，古德里安在部队内的调动极为频繁，这几年他调动过20余次，积累了丰富的经验，也为他以后发展坦克掌握坦克兵作战理论奠定了较好的基础。

>> 迷醉于坦克的小军官

依据《凡尔赛和约》，1919年3月6日，德国战后的魏玛共和国发布了国防军（陆军）的法令，并于同年组建了2个“集群司令部”以替代过去的军司令部。集群司令部由1名将军和上校（参谋长），以及约30名军官和数名文职人员组成，下辖20个旅。集群司令的军衔相当于步兵上将或炮兵上将。第1集群下辖第1、2、3、4步兵师和第1、2骑兵师；第2集群下辖第5、6、7步兵师和第3骑兵师。陆军军官总数在和约的限制下，最多为1,500名。

1919年11月新组成的国防部，下面设有陆军部和海军部。到了1920年又增设陆军管理部（1922年又将该部并入陆军部，称为陆军管理局），负责陆军预算、营房、训练场地、供给、被服、武器等事务。陆军部在组建之初只设6个局，1920年减为5个局，即人事局，部队局，陆军训练处，特殊事务处，监察处。德军的通信部队编在步兵师，每个师编有1个通信营。运输部队由汽车营和运输营组成。每个步兵师编有1个汽车营和1个运输营。

以德国国防军当时的局面，想要升迁似乎是没有希望了，大多数军官只能在无望中打发日子，古德里安当然也不例外，他知道如果自己想要在这支小型陆军中有所发展的话，最好能去陆军总部工作，这样才有施展才华的机会。虽然古德里安在1920年1月以前曾担任过参谋本部的工作，但是对回到总部去度过军旅时光不敢奢望过多。一方面，当初古德里安离开波罗的海地区的时候，工作环境在他看来也不是非常理想；另一方面，在德军战败后依照《凡尔赛和约》的规定，陆军军官只有1,500人左右，在这样小型的陆军中，想要去总部的人是很多的。既然没有机会，那他只能自我安慰，“总部就是去了想迅速升迁也是不可能，在老部队工作，人熟、地熟，情况也是不错的。”受父亲的熏陶，古德里安从小就争强好胜，不管他多么希望去总部工作，但从没放松过对自己的要求，他依然同以前一样，对本职工作勤奋严谨、不甘人后。

出类拔萃的业绩加速了他的转机，幸运女神终于降临！1921年秋天，因为国防部运输兵总监部刚好缺少一名参谋，于是要求参谋本部派一名军官去那里工作。由于古德里安以往的工作表现优秀，他的令人敬佩的团长安门斯堡上校推荐了他。一天，团长突然把古德里安叫到了办公室去，问了一个他不敢想但时时又萦绕在脑子里的问题：“你是否愿意重回参谋本部去工作？”

这突如其来天大的好事使古德里安惊喜过望，幸运之神竟然光顾了他！古德里安如同在黑暗中看到了曙光，立即未加思考地脱口而出：“我非常愿意！”。

可是在以后很长一段时间里，关于去总部的问题却没有了下文，整个事就像石沉大海，似乎它本来就没有发生过一样，古德里安火热的心上被泼了一盆凉水，最后渐渐冷却。

真是好事多磨，叫古德里安惊喜的是，半年后，也就是在1922年1月的一天，他正在训练部队时，斯徒普朗格中校突然从国防部的陆军参谋本部打电话给古德里安，询问古德里安怎么还没有到慕尼黑去报到。就像做梦一样，古德里安给弄糊涂了，这是怎么一回事？也许是中间某个环节出了什么问题，古德里安无从解释，但总算知道自己被调到总部去一事是事实。

古德里安的调职命令要4月1日后才开始生效，在这期间为了使这位新任职的参谋更快地熟悉自己的业务，了解运输部队的实际，古德里安首先被派到慕尼黑第7摩托运输营实习，而且是马上就要去报到。虽然对具体做什么一无所知，但对于古德里安来说这个新的职务已让他非常满意了。

古德里安一接到命令就立即出发到基尼，向该营营长鲁兹少校报到。鲁兹营长热情地欢迎了他，在随后的日子里，古德里安和他常常在一起工作。鲁兹少校是个极其负责任的人，他倾其所有地将自己所掌握的摩托化运输的一切业务都教授给了他。古德里安能够结识这样一位好上司真是幸运,因此也特别地敬佩他。

在古德里安来运输营报到不久，鲁兹少校就曾同他谈过，将来古德里安在国防部内的工作一定就是与摩托化运输部队的组织及使用有关系。鲁兹少校和古德里安所在连的连长魏末尔认真地教授和指导着他，而古德里安自己则更是勤奋认真地把他们所教的记在脑子里，并且大量地阅读和借鉴了其他国家的先进经验。虽然只是短短的几个月时间，古德里安已经学到了不少的新东西，也因此为他未来的发展奠定了良好的基础。

1922年4月1日，古德里安正式回到柏林，向柴希维兹将军报到。满怀热情的古德里安，急于想知道将军会给他什么样的工作，但将军的回答却让他目瞪口呆。“先去研究摩托运输的有关问题，比如工厂、加油站、技术工作，还包括公路的工程问题以及其他的运输工具等”。将军说，这是运输兵总监部的参谋长皮特少校的建议。他原先是准备以摩托运输部队的使用当作古德里安的工作范围，但他的参谋长皮特少校却认为，古德里安做这项工作对部队将来的发展有益。将军认为很有道理，所以接受了参谋长的意见。古德里安当时心里一下就凉了大半截。这项工作对古德里安来说真是无法接受，于是马上向将军报告：

“将军阁下，我对于这些高深的技术问题实在是毫无准备、毫无基础，而且也是决不能胜任的……”

但柴希维兹将军却回答说，“可爱的小伙子，我相信你是能够胜任的，年青人，你应该对自己有信心，在不久的将来，你一定会成为这方面的专家的，我对你有信心。”

“可是，我……”古德里安还想说什么，柴希维兹将军微笑着摆了摆手，算是做了回答。因为，他这里确实需要人手，尤其缺少像古德里安这样工作认真又肯于钻研的优秀人才。

军令如山，作为军人，古德里安当然明白服从的意义，他知道自己再说什么都是无济于事了。于是，古德里安开始废寝忘食地钻研起业务来。

刚开始工作并不顺利，除了几件没有办完的公事以外，古德里安的前任没有把任何有价值的东西遗留给他，更没有任何资料供他参考。古德里安唯一的救星就是有几个资深的同事，他们不仅精通业务而且对于档案也十分熟悉，并且都肯尽量地帮助古德里安。这让古德里安很感动，也学到了许多有用的知识。

尽管工作艰难，古德里安仍然坚持不懈地做了下去。不过最有价值的事情还是柴希维兹将军所主持的有关月摩托化车辆运输军队的研究计

∧“一战”时的德军士兵在前线作战。

∨“ 一战”时的德军坦克。

划。由于这种研究和小规模演习的实践，使古德里安第一次认识了摩托化部队在实战中的可能性。

柴希维兹将军是一位非常认真的上级，极具德国人精细严谨的作风，对于极小的错误都不肯放过。他经常反复强调的就是“精确度”问题，柴希维兹将军工作起来一丝不苟，他不允许自己更不允许自己的手下犯这方面的错误，他对工作严肃认真是出了名的，这不免让他的下级们在畏惧他的同时更多几分敬佩。柴希维兹将军所注重的精确度问题，对古德里安的影响非常大，不仅训练了他对什么工作都认真负责的作风，特别是为他今后的发展奠定了良好的基础。

早在第一次世界大战中，使用摩托化车辆运输部队的例证非常多。法国的贝当元帅就曾在凡尔登战役中大规模采用过，这场战役充分发挥了摩托化运输的功能，保障了对法军持续不断的人力、物力供应，从而最后取得了战役的胜利。但当时，这种部队的运动都只是在后方作为支援任务，仅处于很被动的一条固定战线上，而从来没有在运动战中用于直接向着敌人的阵地行动。第一次世界大战后的德国，处于无防御的状态中，所以一旦有任何新的战争发生，则势必无险可守，兵力也不充分。解决的方法，就必须要依赖机动的防御，通过部队的及时机动来补充兵力的不足。然而随着研究机动战中摩托化部队的运输问题的深入，不久便发现了如何对这种运输方式的保护问题。解决办法，只能进行装甲防护，这就形成了所谓的“装甲车辆”。

在研究这个问题中，努力想干出点什么的古德里安想从战史中去寻找使用装甲车辆的先例。当时，德军福克汉中尉是在德国的小型陆军中唯一搜集装甲兵资料的专家。因此，古德里安就主动和他接触并虚心向他请教。福克汉中尉是个很容易接近的人，他热情接待了古德里安并对他给予了大力的支持。福克汉中尉是个对新鲜事物充满好奇心的人，这也是他大量收集这方面资料的原因所在。于是，他把所有资料都拿给了古德里安供他参考使用。可这些资料太粗糙了，只是一些很原始的记录，零零碎碎的没有进行任何的总结，在理论研究上的深度和广度还不够，但是使古德里安获得了一个工作的起点。

除此之外，英法两国对于这些问题具有更多的经验，而且所发表的文献也很多，古德里安就把这些书都找到手，认真仔细地阅读、整理，并做了大量的笔记。在这些资料中，最主要的还是英国人福勒、李德哈特、马特尔等人的著作最能引起他的兴趣。当时在装甲兵理论方面处于世界领先地位的是英国，而其中比较具有代表性的人物便是英国军事理论家李德哈特。古德里安非常崇拜他，因为李德哈特是世界上第一个注意到坦克集中使用的人。有人因此称古德里安是李德哈特的未曾谋面的学生。当时，李德哈特和福勒等装甲兵理论的先驱者们已不满足于将装甲车辆仅仅视为步兵的一种支援武器，而是试图凭借装甲车辆的大规模使用而发展出一种全新可行的战术理论。例如通过康布雷之战，李德哈特注意到了使用坦克兵作远距离的突击，向敌人的交通线发动攻击，并依据第一次世界大战中坦克使用的例子，在研究中总结出未来将成立一种由装甲师和坦克师为单位的新编制，而产生新的作战形式。但遗憾的是，他们的先进军事思想在当时并不为保守的英国军界所接纳。

从他们的书上，古德里安学到了以前从没接触过的理论，更主要的是学会了装甲兵的集中使用，这对于急需快速发展的德军尤为重要。这些新观念在古德里安的脑子里产生了极深刻的印象。于是古德里安就开始了对它的研究，并力图将它再进一步的发展下去，以适用于德国陆军，应用到作战当中。

新鲜事物要让人们接受总要有一个过程。于是，古德里安在《军事周刊》上不断撰文大肆鼓吹装甲兵作战理论，古德里安作为德国装甲兵作战理论研究的第一人而小有名气，但当有人称他是“专家”时，他却谦逊而不乏幽默地说：“在一个盲人的国家里，一只眼睛的人也就有资格出来做皇帝呀。”

由于古德里安曾在《军事周刊》上发表过几篇有见地的文章，使他在德军理论界有了一定的名声。因此引起了这个周刊的主编阿托克将军的注意，他看了古德里安的文章后，非常赏识这个年青人的远见卓识，就常常来访问古德里安，并且鼓励古德里安和他一起探讨，希望古德里安在装甲兵理论方面更进一步地深入下去，今后能够在《军事周刊》等刊物上多发表研究当代军事问题的文章。通过与更多人的接触和参加一些活动，又使古德里安结识了奥国人黑格尔，也就是《战车手册》的编著者。这使古德里安更加开阔了视野，对未来的工作也更有信心了。在与黑格尔的共同探讨中，古德里安也把一些有关战术方面的资料提供给他，以作为他下一步理论研究的参考。

在1923年到1924年，布劳希奇中校，也就是未来的陆军总司令，主持了一个演习，演习的目的是要试验使用摩托化部队与空军合作的可能性。这次演习引起了“陆军训练处”的注意，古德里安也由于在演习中的表现和对运输部队的精通，被提名担任战术及战史的教官。在经过一次考试之后，古德里安就出发到各部队中去担任巡回教官，他不遗余力地四处宣讲自己的观点："我希望由于我们的努力，在将来可以把我们的机械化部队由勤务兵种发展成为战斗兵种。"

这样，古德里安在德军内部关于坦克作战应用的研究影响逐步扩大起来，为他今后建立与实践装甲部队打下了较好的理论基础。

到1924年下半年，古德里安又在纳兹美尔上校领导之下，负责进行了一次既有纸上理论推演，也有部队参加的演练。演习的目的就是要证明坦克可以和骑兵配合担负搜索的工作。在《凡尔赛和约》的限制下，演习中古德里安所仅有的一种战车就是"装甲部队载运车"。它虽然是四轮驱动的，但是由于重量和它原有设计目的的限制，使它只能在道路上活动。就是这样，古德里安对于自己所组织的演习结果还是感到非常满意，因为这使他的装甲兵作战理论的研究又进了一步。演习结束后，他在报告书的结论上说希望通过更深入的研究，在将来能够把德军的摩托部队由勤务兵种变成战斗兵种。不过，推崇装甲兵作战理论的古德里安上尉却难以获得德国军队里那些年迈将领们的认可。古德里安的现任总监就并不同意古德里安的见解，他对古德里安的建议很不耐烦，粗鲁地向他说道：

"见鬼，什么战斗部队！它们只配装运面粉！"

1924年10月1日，古德里安离开了运输总监部，被派到第2师去服役。恰好那时第2师的师长是柴希维兹将军，现在他又成了古德里安的直接上司。

在这里，古德里安的职务是教官，任务是教授那些将来准备担负幕僚工作的军官学习战术和战史。这个新职务对于古德里安可不那么轻松，干起来相当吃力。因为，古德里安的学生们都是部队的军官，对战史有一定的了解，所以学习起来也愿刨根问底、吹毛求疵。这迫使古德里安必须认真备好每一节课，首先他多方查找资料，仔细核对每一个理论的出处并写入讲义，使教授给他的学生的内容，事先都经过自己彻底的思考，一切结论答案都经过慎重仔细的推敲。这便促进了古德里安对战史的研究，给他的新理论的发展提供了历史依据。

因为古德里安在战术练习和兵棋演习中都常有意借机发表自己的新观念、新思想，结果引起了古德里安的顶头上司霍林少校的注意，后来他在对上面的报告中，就提到古德里安在这一方面的特长。

在这期间的1927年2月1日，古德里安被晋升为少校。

∧ 正在接受检阅的德军装甲部队。

三年教官生活之后，古德里安又被调回国防部陆军参谋本部中的运输处。而古德里安的职务则是针对他的新理论设立的，他的主要任务就是研究用卡车运兵的问题，因为这是德军当时所仅有的运输工具。但是古德里安却对此并不以为然，他认为，法国人在第一次世界大战*中的运输行动都是在固定阵线的掩护之下。在那种条件下，一个师并不需要把它的炮兵或其他的重装备都一同送到战场上去。而现在的问题却困难得多，在机动作战行动中，全师的一切装备连同炮兵的马匹在内，都要用卡车装运，那么车辆的数量将会太多了。他认为这个问题不可能解决，解决的途径也不应是这样。

到了1928年秋天，运输部队的训练主管人斯托特买斯特上校，知道古德里安在军事理论上有一定的研究，并且对战车的研究有独到的见解，便向总部要求古德里安去兼任他们的战车战术教官。古德里安又回来继续研究他的老问题，当然还只是从理论方面来进行，既见不到真正的坦克，更没有坦克作战演习的实践经验。

在坦克战术的教学上，古德里安及其同事们在演习中所使用的一直都只是模型。最初所使用的都是帆布制作的模型，用人力来推动。而这次情况又有进一步的改善，至少已经有了铁板制作的模型，而且是摩托化的，可以自行移动。当然，有了这些进步，古德里安得非常感谢第9步兵团第3营的帮助，是他们的努力，才使古德里安在战术演习中获得很多的便利。所以，在这些演习中，古德里安自然而然地又认识了一个人，也就是第3营的副营长温克，以后他与古德里安在装甲兵的建立与运用中还将有更多的交往。

***第一次世界大战**

此战是人类历史上第一次世界范围的大规模战争。1914年7月28日爆发，1918年11月11日结束。包括英国、法国、俄国、德国、奥匈帝国、意大利、日本和美国在内的33个国家先后卷入了战争。1914年7月28日，奥匈帝国以“萨拉热窝事件”为由对塞尔维亚宣战。至8月6日，分属两大阵营的欧洲各主要国家先后相互向对方宣战，第一次世界大战爆发。1918年11月，第一次世界大战以协约国的胜利而告终。

在这里，古德里安有系统地进行自己的研究工作，他用坦克排、坦克连、坦克营等不同的编成来进行尝试，验证坦克被当作一个战斗单位的可行性。

条件虽然简陋，可是却使古德里安在实地演习方面获得了更多检验自己理论的机会，使古德里安能够对于坦克在近代战争中的地位，逐渐地形成了一个更为明确的概念。当然最使古德里安快乐的，莫过于被派到瑞典去作四个星期的访问，在那里，古德里安第一次有机会看到德国“一战”时最后型号的坦克LK Ⅱ型的演习，并且还得到机会亲自驾驶它。

到了1929年，古德里安便逐渐确信无论单独使用坦克，或是与步兵协同作战，坦克的价值都不可能得到真正的发挥。他认为使用既有火力和有良好机动能力的坦克进行作战，就应在未来的战场上正确使用它。

古德里安通过对战史的研究，结合英国人所作的演习，以及他自己用模型演习所得来的经验，知道除非其他一切支援的兵器也都具有同样的速度和越野能力，否则坦克是决不能够充分发挥其突击力的。在各个兵种的组织中，坦克应居于主要的地位，其他的兵器则都应配合装甲兵的需要而居于辅助的地位。把坦克编在步兵师里面是绝对错误的，军队应编组装甲师，在装甲师中包括一切支援的部队，只有这样才能使坦克尽情发挥它的战斗效力。

想到就要做到！想到了这一点，古德里安决定利用可以得到的机会实践自己的设想。在1929年的夏季纸上推演过程中，古德里安便借机在某一次演习里，以使用一个假想的装甲师的一部分为基础，在此基础上进行作战设想。结果通过理论推演证明，以装甲师为编制基础的运用是成功的。这个成果使古德里安更加自信，坚信自己所走的路是一条实现德国陆军真正发展的正路。

但这只是理论研究，也有相当一部分占据要职的人，反对古德里安的“胡思乱想”。当时的运输兵总监，古德里安的上司纳兹美上校又给古德里安浇了一头凉水，他禁止在理论上使用超过一个团以上的装甲部队。并冷冷地说道：“所谓装甲师那简直是一个乌托邦的幻梦。不切实际！”。

就在古德里安又一次遭到打击的时候，1929年，他8年前在慕尼黑锻炼时的老上级，看重并很器重他的鲁兹少校，已经成了总监部的上校参谋长。到了这年的秋天，鲁兹便问古德里安：

“现在第3摩托化营的位子正好空着，你是否愿意去担任这个摩托化营的营长？”。

古德里安当然愿意去，这正是他希望已久的事，他可以借此再次验证自己的理论主张。如此好的差事，怎能失去！

“我愿意去！”

于是古德里安便成了第3摩托化营的营长。这个营一共下辖4个连。第1连、第4连和营部驻扎在柏林兰克维兹，第2连驻扎在多贝利兹文尔斯场的军事训练地区内，第3连则驻扎在莱斯。

古德里安就职之后，鲁兹上校为了支持古德里安更好地发展自己的装甲兵作战理论，就想方设法帮助古德里安解决装备问题。

经过一番修理、补充，现在的摩托化第3营配齐了所有的装备。第1连使用的是装甲搜索车，第4连使用的是摩托车，第2连的装备是模型坦克，第3连则被改编为战防炮连。虽然第1连拥有满编的老式装甲载运车，但因为那是《凡尔赛条约》准许德军保留使用的少数重装备武器之一，为了避免把它们磨损，所以古德里安在训练的时候，也还是尽量使用模型。

装备到齐后，古德里安就开始率领全营集中全力来进行各种野外演习，虽然一个装甲搜索营的小天地不能满足古德里安指挥的欲望，但是古德里安还是非常愉快。不管怎么说，现在终于有人全力支持他进行新的作战理论的探索了，他也有了自主的机会进行实践演练。更令古德里安满意的是，所有的官兵对于他们的新任务都十分的热心，他们对于在10万陆军之中担任单调的供应勤务早就腻烦了，后勤供应部队在尚武传统的德国并不被人们认为是真正的军人。

美中不足的是，和鲁兹上校及运输第3营所在师的师长斯徒普朗格的态度相反，运输总监不仅对于这个新单位缺乏信心，甚至还禁止古德里安和这个地区所驻的其他部队举行联合演习。

具体指挥部队的人则实际一些，虽然古德里安所使用的单位被限制不得超过一个排以上，但每当第3师举行演习的时候，第3师的师长斯徒普朗格将军都对古德里安表示理解和支持。这位实干的将才在古德里安所做的工作中看到了作战的需要，对这个新的作战理论表示了浓厚的兴趣，并且尽可能地给予古德里安以协助。在演习完毕之后，他也能对古德里安的成绩加以充分的肯定。

1931年春天，斯徒普朗格将军离开了古德里安。老将军在自己的经历中，也许深切地感受到德国军队的强大将会带来的不幸，因为政治家和狂想者总会利用军队给世人带来灾难。所以在他临走的时候向古德里安所作的临别赠言，留下一句意味深长的话：

“你太性急了。请相信我的话，在我们这一生当中都不要希望能够看到德国的坦克会作正式的行动。”

而对于这句话，古德里安不很理解，还总是认为，是将军的怀疑主义阻止了他做任何决定和采取行动。在政治上，他可以认识一个问题，但是却找不到解决的要点。

认可古德里安的人是参谋长鲁兹上校。鲁兹具有丰富的技术知识和优越的组织才能，也认清了古德里安所努力提倡的新战术发展的光辉前景，完全支持古德里安的意见。他就任运输总监后任命了古德里安做他的参谋长，随后的几年里，晋升为陆军中校的古德里安一直都在这个岗位上努力工作，研究发展他的作战理论，虽然有时还免不了遭遇到相当的阻力，但总的来说还是收获多多。也就是从这个过程当中，古德里安走出了艰难的理论探索阶段，进入建立和运用装甲兵的时期。

>> 为坦克争地位

古德里安认为，德国要想在世界上展现自己的实力，实现德国昔日的“辉煌”，组建装甲兵部队势在必行。古德里安确信，在不远的将来，装甲部队定会发展成为一个在战术上具

有决定性价值、在战争中起着举足轻重作用的兵种。古德里安设想：首先，装甲兵的组织形式应该以装甲师为基本单位，进而再进一步扩展组建成装甲军。可万事开头难，现在的问题是如何说服其他的兵种和陆军总司令都承认古德里安所倡导的是一条正确的道路呢？这是非常困难的一件事，利益和观念问题结合在一起，前途还是难于看到希望。

没有多少人肯相信古德里安这个摩托化的部队在战场上会有什么作为，特别是那些资格比较老的兵种，尤其是步兵和骑兵。他们仍然坚持自己的观点，认为只有步兵才是军队中最主要的兵种，“战争中的皇后”仍然是步兵。就凭这个没有多少战场经验的小军官这么一说，你的坦克就能胜过步兵了？它们充其量不过是一种勤务部队，让人无法相信它能够在战术上，甚至于在战略上产生一个新型有效的威力。

而且，更为严酷的现实就摆在眼前，10万人的德国陆军中，根本就没有真正的坦克，这是不容忽视的事实。许多人都在观望古德里安的坦克，但没有人亲眼目睹过古德里安所大吹大擂的新武器。他们认为，这不过是年青人的一时头脑发热罢了。而古德里安没有灰心，他仍旧是顶着那些冷嘲热讽，继续努力工作着。坦克兵要训练，训练就得要有坦克，这是事实。可实物又到哪里去找呢？这没有能够难倒古德里安，他自己亲自动手，利用铁皮、纸板制成了坦克模型。别说，远处一看，这些铁皮做成的坦克还蛮像那么回事。

∧ 演习中正在集结的德军坦克及装甲运兵车。

< 1927年，德军装甲部队在进行演习。

于是古德里安的训练中有了坦克。可那些参加过第一次世界大战的老兵们在古德里安的演习中发现，这个小军官一直鼓吹的坦克，原来就是这样不堪一击的时候，实在让他们感到好笑。他们更加坚定不移地认为，古德里安所一直倡导的新观念，是多么天真幼稚的想法！而所谓的坦克竟是如此，并不会对原有部队利益划分构成任何威胁的。所以，那些德国将军们从体谅古德里安的痴心与努力方面考虑，也勉强愿意接受，把坦克当作一种步兵的支援武器了。这个时候的古德里安是多么希望有人能帮一帮他，哪怕是支持他一下也好呀！幸好他的想法得到了鲁兹将军的认同，他和古德里安一起做了大量的工作。

∧ 德军用铁皮制成的假坦克。

古德里安想："这条路不通，就走下一条路。"现实中摆在面前的最大障碍就是德国的骑兵总监部。于是古德里安利用各种办法，广泛地向骑兵总部征求装甲部队在作战当中的使用意见。有一次他亲自来到骑兵总监部向黑尔希堡将军询问，他试探性地问："将军阁下，在未来的作战中，骑兵总监部是准备担任其他部队的搜索兵力，还是计划组成重骑兵自己单独作战……我想不能是那么简单吧？"当时的骑兵总监黑尔希堡将军立刻非常自信地表示："我们的目的就是要建立重骑兵，至于战略搜索的工作我们愿意把它转让给摩托化部队。"

听此，古德里安高兴极了，这只不过是他的一个策略，他希望从其他兵种接受他们不愿干的战斗任务开始，逐步让自己的部队成为战斗的主力。于是，回去以后古德里安就决定，训练自己所统领的装甲搜索营来担任这项工作。但古德里安基于自己的装甲部队作战任务的设想，考虑了如何对抗敌人的作战样式，因此希望在每一个步兵师的建制中，都成立一个摩托化的战防炮营。这样，如果所有的战防武器都达到了同坦克一样的速度和机动性，德军就可以有效地对付敌人的坦克进攻。

但是好景不长。没多久，步兵出身的克罗亨豪尔将军继任了骑兵总监后，他马上意识到了前任的草率决定，如果再这样下去，坦克兵将取代本应是骑兵的使命，这将全面影响骑兵本部的未来利益。克罗亨豪尔想，如果要想发展自己的兵种，骑兵就必须独立起来，把原本属于自己的战略搜索任务夺回来，不让坦克兵抢占上风。这也就是说，他要把古德里安抢走的地盘想办法重新收回来，使自己的 3 个骑兵师真正显示出价值，这才能保住骑兵的地位。不过也可以充分利用古德里安的新发明，为自己的兵种服务，而谋求更进一步的发展。

为了达到这个目的，骑兵总监可没少动脑筋。硬要回去是不行的，硬的不行就来软的。他以支持古德里安等人的工作为名，将很多骑兵军官插进了古德里安这个年轻的单位，希望慢慢地将古德里安挤垮。

当然，最后这种新旧思想的争斗还是古德里安获胜了，因为他的理论将更对战争狂人希特勒的胃口。

组建装甲部队，涉及到方方面面，古德里安除了在建军指导思想与未来作战运用等问题上，与德国军事当局协调、斗争外，为了使装甲部队拥有真正的战斗力，他还亲自参与了德国坦克的研究设计工作。

德国战败后，除了宿敌法国想独霸欧洲外，英、美却并不想置德国于死地。相反，他们想使德国能在他们的控制下东山再起，利用其扼制法国，威胁苏联，成为实现自己战略企图的枪手。所以，1926年以后，英、法等国对德国的限制渐渐放松，并且允许德国生产的新型坦克到他们的坦克试验场，进行最后的检测与试用。这样，德国兵工署就和几家公司签订合同，开始制造两种中型的坦克和三种轻型的坦克。每一种型号的坦克都已经制成了两种样品，所以一共生产了10辆坦克。中型坦克上的火炮是75毫米口径，而轻型坦克的火炮则是37毫米口径。这些样车都是由轧钢制成，质量当然是差一些了，而坦克的最高速度也才每小时20公里左右。

当时，具体负责监造的军官是皮尔赖上尉，他曾经煞费苦心地把一些最新的作战技术应用到了这些新型坦克样式中去。经过他的努力，这些预定目标已经基本能够达到，生产出来的坦克引擎有着良好的功率，枪炮的机动性能良好。不过美中不足的是，这些样车都有一个极大的弱点，那就是车长一定要紧挨着驾驶员坐在车身里，车长的后方和两侧的视界受到了制约，只能瞻前不能顾后。新坦克的研制使古德里安很高兴，这是他们为之努力奋斗的结果。首先他肯定了这些坦克样品的成绩，但也毫不客气地指出了存在的不足。当然，这样的坦克也就不能开始大量生产。古德里安和鲁兹认为，德国要想生产出世界上最好的坦克，在构造方面就必须要精益求精，这样在战争中才会有更大的杀伤力。

按照古德里安等人的要求，德国装甲师的装备终于形成了，它有两种型号：轻型的坦克装有一门可以洞穿装甲的火炮和两挺机关枪，一挺装在炮塔里，一挺装在车身里；中型的坦克装有一门大口径火炮和两挺机关枪，枪炮的装配方式与前者是一样的。同时，古德里安还对坦克营的编制和使用进行了规定：1 个坦克营的编制有 3 个轻型坦克连和 1 个中型坦克连。中型坦克的任务是支援轻型坦克的行动，并射击那些轻型坦克上小口径火炮所达不到的目标。

< 德军早期装备的坦克。

> “一战”时的兴登堡元帅（左站立者）。

在火炮的口径问题上，古德里安更是有先见之明的。虽然兵工署和炮兵总监部考虑到生产、使用、维护等各种因素，都主张轻型坦克采用37毫米口径的火炮就已经足够了，可是古德里安却强烈主张采用50毫米的口径。他感到在未来的作战中，各国的坦克都会采用较厚的装甲，大口径火炮将来在战场上会占有较大优势。

不过设想代替不了现实，在步兵早已装备有37毫米的战防炮的情况下，为了生产上的便利和后勤保障起见，古德里安和鲁兹将军也只好放弃自己的主张。德国生产的这两种坦克的总重量都不超过24吨，这主要是考虑到德国公路桥梁的载重量的限制，不得已而为之。坦克的速度在当时都被定为每小时40公里，乘员5人。其中炮手、弹药手和车长都坐在炮塔里，车长的坐位比炮手高，他有一个特设的小型瞭望塔，以便能观察周围的情况。驾驶员和无线电员都坐在车身里。坦克内的所有人员，在车内的联络都使用喉头送话器。车与车之间则用无线电进行通信联系，指挥官的作战指挥也通过无线电进行。

这种新型坦克的结构与功用，决定了它在未来的作用。不管德军中有多少人反对集群坦克的使用，当古德里安把它生产出来后，就确定了坦克在未来的战略和战术中将会居于一个什么样的新地位了。

在坦克设计与生产的过程中，古德里安心里十分明白，新型坦克的正式装备可能要等很久的时间，而坦克要真正形成战斗力则要更久的时间，这段时间必须做的就是在装备到位之前，进行战斗人员的培训。

古德里安将眼光瞄向了国外，从英国购进了的卡登·路易式坦克。当然，这种所谓的坦克也不是真正的坦克，它实际上是为20毫米高射炮的载运车而设计的，所以载重很小。

但不管怎样说，这种“小家伙”还是可以代替未来的坦克进行训练，因而它所存在的弱点，也就不算什么了。因为古德里安训练所需要的车辆数量不少，为了满足训练需要，古德里安等人决定批量定制这种坦克，并将其编号为马克Ⅰ型坦克。

1932年的夏季，鲁兹将军和古德里安第一次组织一场加强步兵团和坦克营的混编演习。正如预料中一样，他们的这次演习获得了成功。老迈年高的兴登堡元帅参加了最后一次大演

HEINZ GUDERIAN

∧ 1932 年夏季演习期间，古德里安（前右），鲁兹将军（前中）与参加演习的其他军官合影。

习。在讲评的时候，他发表了一个简短的演说，对骑兵的发展提出了批评，间接地鼓励了古德里安的新作战理论。他挖苦道：

“在战争当中只有简单才可以获得成功。我曾经视察过骑兵军的司令部。我所看到的却一点都不简单。”

同以前一样，坦克营所使用的装备依然还是坦克模型。不过这一次不同的是，德国终于可以正式地、名正言顺地制造自己的装甲搜索车了。这种车辆是完全按照古德里安所制订的规格生产的。由于使用了卡车的底盘，动力明显加大，再在它的上面覆盖一层装甲后，还真有了坦克的样子。为此，古德里安颇为自豪：

“从前，小学生们总是用铅笔戳穿坦克的帆布外壳，来窥察它内部的究竟，但是这一次却使他们感到失望了。”

古德里安可以在步兵面前找回点面子了，因为他的坦克终于可以不被步兵所嘲弄，古德里安在高兴的同时自豪地说：

“在过去的演练中，因为我们的坦克只是模型，步兵们也总是利用棍棒和石头来防御古德里安的假坦克，这一次他们却被装甲车制服了。甚至于刺刀也不是坦克的对手。”

在这次演习中，鲁兹将军和古德里安对装甲部队和摩托化部队在战场上使用的各种可能性都进行了试验。面对古德里安的成功，本想再看笑话的骑兵这回感到大失所望。演习结束后，他们非但没有任何肯定之词，还对古德里安的演习做出一些相当不客观的批评和指责。古德里安虽然对骑兵的不客观的评价早有准备，但心里难免有些不舒服。但为了坦克兵以后能有更大的发展空间，就一定要忍耐骑兵的嫉妒，不去计较他们这些言论。古德里安相信，事实总是可以证明一切的。

事实上，克罗亨豪尔将军原来插入到古德里安部队中的许多青年骑兵军官，都对古德里安这种新的作战形式产生了浓厚的兴趣。他们渐渐地认识到发展坦克对于未来战争的必要性，认清了旧观念的转变势在必行，农业时代的骑兵只有接受和使用如今这个工业时代的新兵器和新方法，才能够使传统的骑兵战争重新焕发青春获得返老还童的机会。所以，很多的骑兵军官都站到古德里安这一边。

当然了，古德里安之所以有这样高姿态，另一重要原因是希特勒的上台。虽然德国军队中的军官对政治不热衷，但也不是不关注政治，而是在德国当时的动荡中，静静地观察着时局的发展，在观察、等待中寻找机会。

∧ 兴登堡与希特勒在一起。1933年时任德国总统的兴登堡任命希特勒为德国总理。

>> 希特勒的希望

《凡尔赛和约》签订后，德国在政治、经济、军事各个方面受到了制约，昔日雄心勃勃、为所欲为的大国，一夜之间便沦为在政治上、军事上任人宰割的弱国，这种瞬息间发生的变化使德国人一时难以接受。于是以希特勒为代表的纳粹势力，借着德国民众心中的不满，利用各种机会、各种手段大肆进行民族主义宣传，将绝望中的大多数民众聚集到自己的旗帜之下。1930年7月16日，曾被解散的国会重新选举，希特勒利用这个机会在9月14日获得了

★布隆堡（1878～1946）

德国陆军元帅，参加过第一次世界大战。1919年起在军中任职，历任军训部部长、参谋部主任、东普鲁士第一军区司令等职。1933年任德国国防部长。1935年任陆军部长兼武装部队总司令。1937年11月参与希特勒制订战争计划，是发动法西斯战争的决策人之一，1938年退役。战后受到纽伦堡国际军事法庭审判，1946年3月死于监狱。

突破性的胜利，使纳粹党由最小的党派一跃成为仅次于社会民主党的第二大党。1932年11月29日，沙赫特、蒂森、克虏伯等13名康采恩巨头联名上书兴登堡总统，要求任命希特勒为总理。这样，1933年1月31日希特勒被兴登堡总统任命为德国总理。

希特勒做了德国的国务总理之后，无论是德国的内政还是外交都发生了全新的变化，这也给古德里安的装甲作战理论提供了更大的发展空间。

希特勒早在1926年就曾预言，说摩托化将会在未来的战争中发挥决定性的作用。现在大权在握，希特勒要为自己的野心而有所行动了。

希特勒在当选总理的这年2月初，在柏林汽车展览会的开幕典礼中，古德里安第一次看到希特勒，并听到他的讲演。德国的总理亲自去主持这样一个展览会的开幕典礼，这可不是一件常见的事。更出奇的是，希特勒所说的话与其他的要人在这种场合所常说的官话完全不同。他对摩托化问题大谈特谈。

“我宣布要取消对于汽车的捐税……要建立许多新的国道，并且应准备大量生产廉价的人民汽车，让我的人民享受到摩托化的便利。”

当然，希特勒的真正目的则是要为他的侵略扩张做准备。随后不久，他便任命了布隆堡★将军出任国防部长，李希留将军出任国防部常务次长。之所以选任这两位将军的原因，不是别的，就是因为这两位将军都有着现代化的观念，有着同希特勒的摩托化一样的意图。

因此，从这时候开始古德里安的工作顺利多了，至少在国防部的最高层，古德里安这个装甲兵的理想是得到支持的。

也就是通过这些举动，古德里安意识到了希特勒本人对于摩托化和装甲问题的基本态度。而古德里安真正得到希特勒的注意，则是在序默尔斯多夫兵工署主持的近代兵器发展表演会上，有关古德里安装甲部队的一次表演。这次表演为古德里安分配了半个小时的时间，可以使他将有关摩托化部队的一切最新发展展示给希特勒看。古德里安尽其所能，安排了 1 个机车排、1 个战防炮排、1 个马克 I 轻型坦克排、1 个轻装甲搜索车排和 1 个重装甲搜索车排。希特勒对古德里安部队敏捷的动作确实感到十分的满意，表演结束后他一再说道：

“这就是我所希望的东西！这就是我所需要的东西！”

从此以后，古德里安就感到了现实的希望。他认为只要自己能将有关装甲部队的意见表达在希特勒面前，就一定会得到批准。但从另一个角度讲，他也不敢太过乐观地擅自行动，毕竟在他与希特勒之间，还有各级长官，他们的作用不可小视。得罪他们的后果，古德里安当然比谁都清楚，他们才是古德里安实现现代化国防军计划的主要障碍。

1933 年的秋天，弗利特希将军升任德国陆军总司令。这一任命，受到了所有持新的作战理论思想的陆军军官的拥护。至少在他手下工作，古德里安可以尽情地施展自己的才华，充分发挥他在装甲部队作战理论上的大胆设想。

弗利特希将军具有很高的个人修养，有着优雅的绅士风度。他头脑清晰，思想开明，对于战术和战略的相关问题，能够从全局的角度进行周密的分析，从不轻率地做出决定。所以，虽然他的专业技术知识不太丰富，却对新鲜事物毫无偏见，对新旧事物能从它是否合理、可行出发，有择其善者而从之的雅量。正因如此，每次当古德里安和他谈到装甲兵的发展问题时，总有一种感觉，认为他就是所有陆军高级人员当中最为知己的一个。

古德里安的感觉确实有一定道理，因为弗利特希从前在陆军参谋本部担任第一厅厅长的时候，对于装甲摩托化的问题就很感兴趣，现在他跃居高位之后，当然对古德里安的工作还是和以前一样热心。所以古德里安和弗利特希互相之间的谈话也能够开诚布公。

有一次古德里安正和他谈论某些有关坦克发展的技术问题。他对技术专家的言论似乎有一点怀疑，就对古德里安说：

“你应该知道所有的技术专家都是骗子。”

古德里安反驳说：“我也承认他们是会说谎的。但是只要经过一两年之后，当他们的技术、理想不能变成具体事实的时候，那么他们的西洋镜也就被拆穿了。战术家却也一样会说谎的，但是他们的西洋镜就一定要等到下一次战争完全打败了之后才会完全被拆穿，到了那个时候，后悔就来不及了！”

弗利特希则依照平常的老习惯，用手指头转动他的单眼眼镜，然后慢条斯理地回答道：

“你所说的话可能是对的。”

相对于弗利特希司令超人的机智和亲切和蔼的待人态度，新任的参谋总长贝克将军，却是很不容易接近。他的个性很正直、态度非常冷静，也许太冷静了，冷静得使古德里安等下属在感情上难以接受。贝克是一个守旧派，毛奇的忠实信徒，他总是希望把这个新陆军的参谋本部改组一番。他对于近代的技术问题是一点都不了解的，他的思想还是顽固不化地继承毛奇的军事思想。作为参谋总长的他，具体负责参谋本部的参谋人选。可想而知，他在参谋本部各重要位置所提出的人选，理所当然都是和他气味相投的人，这样久而久之，在不自觉之中，就在陆军的核心部门建立起来了一道反对守旧的障碍。

为了实现自己的建军计划，古德里安等人和贝克将军展开了拉锯战，经过鲁兹和古德里安的软磨硬泡，贝克将军终于同意建立装甲旅和执行装甲部队的训练教材，最后他甚至同意成立两个装甲师。两个装甲师对比没有装甲师来说，是一个巨大的进步，可是与古德里安的装甲部队建设计划相差还是较远的，古德里安坚决主张要同时成立 3 个装甲师。

古德里安尽量在贝克将军面前夸耀这种用新方法组建的部队有如何如何的整体优势，有如何如何广阔的未来……尤其是在战略方面更是描述了一个辉煌的前景。不管古德里安说得怎样天花乱坠，贝克却不为所动，他回答古德里安说：

“不，不，我不想和你们发生任何关系。你们对于我来讲实在是走得太快了。”

贝克坚决阻止古德里安要以更快的速度发展装甲部队，他的理由是战场上的指挥问题。古德里安一听贝克又来了，马上从大集群坦克的指挥整体设计上给他进行讲解。古德里安说，由于最近无线电的迅速发展，已经完全能够适应坦克发展的技术要求，即使坦克在行驶中用极高的速度前进，无线电也照样可以畅通无阻，保持着指挥上的联系，确保对战场的有效控制。

但任凭你磨破了嘴，我自岿然不动，贝克完全不相信古德里安所说的话。

在古德里安的训练教材上，经常着重强调的是，他要求在作战中所有的各级指挥官，一定要尽可能的身临前线，愈前就愈好。贝克见到这样的要求后，就反驳说：

“你没有地图和电话，那么你又怎样指挥呢？你读过施利芬所著的书没有？”

贝克对这个一般性要求，都是这样一种态度。那么可想而知，当古德里安探讨一个师长即便不突入敌阵也应该尽量接近前线的理论时，那对于贝克来讲更是太过分了！

不管如何，德国装甲部队发展建设的步伐还是在加速前进。为成立德国的装甲兵作组织上的准备，1934年春天又成立了 1 个摩托化部队的司令部。鲁兹任摩托化总监兼任该司令部

的司令及兵工署第六处的处长，古德里安还是担任他的参谋长。这个组织上的变化，向着古德里安的装甲部队建设目标又前进了一步，古德里安对此极为高兴。

在这一段时间内，德国政坛上发生了一件大事，就是1934年6月30日党卫队镇压冲锋队的事。

6月30日凌晨2时，希特勒在戈培尔的陪同下，驱车前往维西，逮捕了正在酣睡之中的罗姆及其同党。当晚，希特勒下令在慕尼黑枪杀了第一批冲锋队领袖，罗姆则于7月1日被枪杀在狱中。在柏林，戈林和希姆莱逮捕了150名左右的冲锋队长，由希姆莱党卫队和警察组成的行刑队对这些人执行了枪决。这次屠杀，一直持续到7月2日。

在屠杀中，希特勒借机除掉了他的政敌和认为是危险的人物，如施莱歇尔、冯·布雷多夫将军、格雷戈尔·施特拉塞尔等。从消灭了冲锋队以后，希特勒就获得了德国党政军的大权，所以兴登堡的死正是他正式独裁的开始。8月1日，希特勒以授权法案为根据，宣布在兴登堡逝世之后，国家的军政大权将集于一体。因此在8月2日那一天，希特勒便同时做了国家的元首和三军的大元帅并兼任内阁总理，全国的一切政权就都完全抓在他手里了。

> 德国冲锋队头子罗姆（左）曾经一度为希特勒重用，最后在权力的争斗中终被希特勒杀害。

< 希特勒与其亲密追随者戈培尔在一起。

1934年德国进行的扩军计划还是秘密的，戈林这个航空交通部长，也只是以航空体育协会的名义偷偷地设计、建造军用飞机。德国国防会议工作委员会主席威廉·凯特尔在5月22日反复告诫部下说：

“不得失落任何文件，因为敌人就将加以利用来进行宣传。口头上传达的事情是无法证实的，是可以赖掉的。”

然而到了1935年3月16日，纳粹政府便无视世界舆论的反对，公然发表了重整军备的宣言，颁布了国防军建设法，宣布恢复普遍义务兵役制度，规定“德国和平时期的陆军，包

∧ 古德里安（右）陪同希特勒视察德国国防军。

括业已并入的警察部队在内，编为12个军团和36个师”。德国扩军的真实目的，是为了将来的侵略扩张而服务。但从表面上看，德军宣称扩军的目的就是为了想与德国的邻国保持军事力量上的平衡。

经过了1934年到1935年无所作为的冬天后，现在德国军人都知道了德国的重整军备的目标已经确立，意味着军人可以不受条约的限制放手大干了，所以古德里安及所有的军官对这个消息都表示欢迎。为此德军举行了一次盛大的阅兵仪式，由年老的麦根逊元帅主持，所有各兵种都有代表去参加这个仪式，古德里安新成立的装甲兵也派了几个营出席盛会。这对于刚刚诞生不久的装甲兵来说，是有史以来第一次参加盛大的阅兵式，所有的官兵无不跃跃欲试。

在筹备典礼的时候，有些人反对装甲兵参加阅兵的仪式，有一位负责的参谋军官向古德里安解释说：

“他们所用的是那种短的卡宾枪，恐怕连举枪的动作都不一定能够合于标准。”

当然，这只是借口而已，说到底德军中还是有不少人对新成立的装甲兵持怀疑态度。但不管怎么说，最后还是让古德里安派一部分人参加了这个盛会。由于对坦克的使用情况古德里安没有十足的把握，装甲兵便没有把车辆开出去，而只是参加了徒步的检阅。

此时德国装甲兵的实际情况，无论是数量和素质，都赶不上外国装备的标准。古德里安为提高装甲部队的作战能力，很是动了一番心思。古德里安决定从建立健全德国装甲兵的编制和领导方面来入手，把有限的兵力集中起来编成较大的单位装甲师或者装甲军，希望用这种编制来弥补不足，抵消装甲兵在数量上的劣势。

为了说服德军中的军事首长，使他们相信古德里安的路线不仅可能，而且还正确，在鲁兹将军领导之下，摩托化部队司令部就决定把现有的各单位实施4个星期的突击训练。具体计划的实施是在1935年夏天开始的，训练由魏克斯将军指挥。鲁兹和古德里安将装甲师在门特斯特射击场集合，按照四种不同的战术任务进行了有系统的训练演习。

演习的目的，古德里安也十分明确，不在于训练下级如何去解决他们自己的战术问题，主要的是为了向军事当局表示大规模使用坦克和它们的支援武器，在事实上是确实可行的。演习获得了国防部长布隆堡和陆军总司令弗利特希两位将军的支持。鲁兹将军为了增加影响力，也曾经请求希特勒亲临指导，但是希特勒的侍卫人员以安全和健康为由反对，所以这次演习希特勒没有来，成为鲁兹和古德里安的一大遗憾。

训练演习的结果是成功的，达到了预定的目的，可以说是非常令人满意。当表示演习结束的黄色气球慢慢升上蓝天的时候，陆军总司令弗利特希上将开玩笑地说：

“演习非常好，可惜差了一件事。这个气球上面似乎应该印上‘古德里安的坦克，真棒！’的字样。”

演习后不久，鲁兹将军便被任命为新成立的装甲兵司令部的司令。古德里安等人原先希望这个司令部也和其他主要的兵种司令部一样，能够在总司令部中获得一定的权限，却由于陆军参谋总长贝克将军的反对而没有实现。

1935年10月12日，德军正式成立了3个装甲师：第1装甲师由魏克斯将军任师长，驻在魏玛；第2装甲师由古德里安上校任师长，驻在吴兹堡；第3装甲师由费斯曼将军任师长，驻在柏林。

这样，1935年10月1日古德里安便离开柏林，由总部的参谋军官成为一名部队指挥官。装甲兵司令还是鲁兹将军，古德里安的接任者是保卢斯上校。

古德里安走后不久，关于装甲部队的使用又出现了变化。参谋总长贝克为了使装甲部队能密切支援步兵作战，又成立了装甲旅。1936年成立的第4装甲旅就是被指定担任这种任务的。加上骑兵方面对摩托化部队指挥权的争夺，原来打算要成立的新装甲师就暂行下马，而另外成立了3个轻型师，每个轻型师的编制有：2个摩托化的步兵团、1个搜索团、1个炮兵团、1个坦克营及其他种种的支援单位。除了轻型师以外，

∧ 时任陆军参谋总长的贝克将军。

＞ 正在演习中的德军坦克部队。

又成立了4个摩托化的步兵师，这些摩托化步兵师也就是把一个正规的步兵师完全加以摩托化。所以这样一来又需要大量的摩托化运输工具，使古德里安扩大坦克部队的计划受到了极大的冲击。

但此时的古德里安对这些问题，已不能直接插手了。现在，他正在吴兹堡的师部里，为这个新成立的装甲师的编组和训练等问题而忙碌，1935年到1936年间的冬天也就这样在相对单调的训练中度过了。古德里安在处理人际关系方面还是比较在行的。不久，他在吴兹堡就有了比较好的人缘儿。有过长期的军旅生涯是十分渴望平静生活的，装甲部队的发展虽然是古德里安永远的梦，可是现在有更大的发展很难了，况且吴兹堡这个地方的风景很秀美，古德里安便萌生了过平静生活的念头，准备在那里买一栋小房子，将来可以长久住下。

事情的发展却不能尽如人愿，古德里安等人在军事上的努力，已自觉或不自觉地为希特勒的侵略扩张打下了基础，那么也只有随着希特勒的扩张野心继续走下去了。

根据《凡尔赛和约》的规定，莱茵河以东50公里宽区域为非军事区，德军不能在莱茵河两岸集结军队，不能在这一区域驻军并举行军事演习。1936年3月7日，希特勒悍然派出2.2万德军以闪电般的速度进入了莱茵非军事区。而此时法国在边境上有100个师，而且根据《洛迦诺公约》规定，法国军队有权对德军进入这个地区采取军事行动。因此，希特勒的这个军事冒险可把古德里安等人给吓坏了。因为这种占领虽然只不过是一种军事上的姿态而已，但也无异于鸡蛋碰石头。为了以防万一，德军做了充分的准备，没有参与进入非军事区行动的装甲部队也接到了警戒的命令，并且把兵力集中在孟辛根军事训练地区以应对意外，

∧ 参加演习的德坦克部队。

> 1937 年军事演习期间，希特勒向墨索里尼等来宾炫耀德国国防军实力。

但结果法国的犹豫不决成就了希特勒的冒险。

对此，希特勒在 3 月 21 日趾高气扬地宣布，《凡尔赛和约》的精神已经被摧毁！

德国为应付意外而做好准备的军队也慢慢恢复到了平时的驻训状态。

这一年的 8 月 1 日，古德里安由上校升任了少将。

在鲁兹将军的指导之下，1936 年到 1937 年的冬天，古德里安写了一本书，书名为《注意！坦克》。在书中，古德里安将装甲兵的发展历史和古德里安等人对于德国装甲兵建军的基本思想都进行了描述。古德里安希望通过这一本书的出版，冲破正常的公文程序的阻碍，使装甲兵建设获得更广泛的支持。

古德里安不愧是战术家，做任何事情都知道运用攻防之道。除了出书以守势的态度获得更多人的理解外，古德里安还积极在相关军事刊物中发表自己的见解，驳斥一些反对者的意见。在 1937 年 10 月 15 日出版的德国军官协会的会刊上面，古德里安就曾经发表过一篇文章。古德里安写道：

一个外行，每当他想到坦克攻击的时候，就一定会联想到第一次世界大战中的康布雷战役……（他们对）坦克的火力一向估计过低，坦克被当作一个又聋又瞎的东西……大家认为使用坦克的奇袭已经是不可能了，坦克的攻击似乎已经不再有前途……除非我们的批评家能

够发明一种更新和更好的陆上攻击战术，否则我们就仍然会继续相信，只要运用适当的话，坦克在今天还是一个最好的陆上攻击工具。

1937年秋天，德军又举行了一次大规模的军事演习。在演习快要结束的时候，希特勒和一些外国的贵宾们亲自到现场参观，外国的贵宾有英国元帅地弗内尔爵士、意大利元帅巴多格里奥和墨索里尼。参加演习的装甲部队是费斯曼将军所指挥的第3装甲师和第1装甲旅，古德里安则在总监部担任装甲兵方面的裁判工作。

这次演习是成功的，进一步证明了装甲师可以作为一个作战单位使用，只是在供应和修理设备方面还存在一些不足。对于装甲师的后勤供应和维修方面要改良的意见，古德里安提出了具体的建议，不过并没有立即获得上级的采纳。所以在1938年春天的另一次军事演习中，上述问题便再次暴露了出来。

在演习的最后一天，为了给外国贵宾展示德军的战斗能力，给德国的盟友打气，又举行了一次装甲部队的总攻击演习，将所有能参加的坦克都集中在一起，统一由古德里安负责指挥。在震耳欲聋的轰鸣声中，装甲部队进行了一次气势骇人的进攻演习。虽然受装备水平的制约，演习所使用的不过只是训练用的马克Ⅰ型小型坦克，但景象却也威风凛凛，给参观者留下了深刻的印象。

第二章

登上纳粹的战车

1888-1954 古德里安

希特勒拒绝了古德里安的要求，还是命令他立即接受新职务。最后，希特勒说：“假使你执行职权的时候，遭遇到你刚才所说的这些困难，那么你可以直接向我报告。我们可以合作来推动这些变革，所以我现在命令你接受这个任命……”

>> 德国军官团的驯服

1938年2月2日夜里，古德里安正在吴兹堡第2装甲师的师部里看一份文件，突然他办公室里的电话响了起来。古德里安拿起听筒，对方下达了一个令他惊喜的任命："古德里安，现在正式通知你，你已经被元首晋升为中将。另外，元首将于2月4日在总理府亲自主持一个重要会议，命令你立即前往柏林出席会议。"

2月4日的清晨，古德里安早早地便起床了。简单地吃过饭，他精心准备了一番便坐上车向会场赶去。走在柏林大街的时候，古德里安碰到一个熟人，这个人从电车里面向古德里安热情地打招呼：

"恭喜你呀！我们的坦克专家，你已经升任了陆军第16军的军长了，这可是陆军中最为精锐的部队呀！"

如果说晋升中将出乎古德里安的意料，那么这个消息则让古德里大吃一惊，满头雾水。反正到开会的时间还早，古德里安赶紧去买了一份早报，打开一看，更使他震惊：伴随着一些人的升迁，有一大批高级将领都被免职了，其中包括国防部长布隆堡、陆军总司令弗利特希和古德里安的好朋友鲁兹将军等。德国陆军的上层出现了重大的变动！报纸上只是罗列了升降人员的名单，并没有详细解说变动的原因。

古德里安一边走一边琢磨，可他怎么想也想不通，于是带着满腹的疑云及诸多问题来到会场。在总理官邸里，三军的高级将领都集合在一间会议大厅里面，他们围成一个半圆形坐着，这个会议将由希特勒亲自主持，古德里安的疑团也将在会上被解开。不一会儿，希特勒快步走了进来，他的脸上没有任何表情。所有的高级将领都"唰"地一声站了起来，会议厅里鸦雀无声，静得能听到自己的呼吸。希特勒没有什么开场白，直接冲着古德里安等人气愤地说道："国防部长布隆堡元帅已经被免职了。因为布隆堡不明智的婚姻，它影响了陆军圣洁的传统，玷污了德军的形象，这种人是不适合做国防部长的。"希特勒机械地摆了一下头，然后挥了一下手。接着，他又说陆军总司令弗利特希上将也被免职，原因则是因为弗利特希上将犯了某种不应犯的罪行。

对于其他的被免职人员，希特勒似乎认为无关紧要，便也没有加以任何的解释。希特勒宣布完他的决定之后，转身径直向大厅外走去，会议就这样结束了，而古德里安等人也就紧接着解散了。当时在会场的人包括古德里安没有一个人开口说话，他们实在无法判断事件的真相，只

< 时任国防部长的布隆堡因个人婚姻问题被希特勒解职。

> 希特勒与布隆堡元帅（左）、陆军总司令弗利特希上将在一起。

是心中都有一种说不出来的感觉。古德里安后来回忆道：

“我们都十分的了解这两位高级将领，他们都是光明磊落的人。如此严重的控告，实在令我们痛心疾首。这些说法都是不可信的，但我们的第一个反应是，德国国家的第一号人物不可能无中生有。”

实际上，这次行动是那些追随希特勒的纳粹分子们，在夺取对德国军队的控制权中，采取的一次重大行动。他们的目的是为了牢牢地控制住德国陆海空军，保证其实现自己的侵略、扩张的野心。自兴登堡逝世后，希特勒就根据法令身兼总统和总理双重职务。但是他并不为传统的德国军人所认同，特别是高级将领所看重，因此，他的作战命令还需要通过国防部长才能向德军下达。于是希特勒对德军发难，夺取了武装部队的最高司令一职。将反对者罢免后，希特勒宣布，从此以后由他一个人兼任陆海空军总司令。布隆堡被免职后，国防部长一职便一直虚悬着，希特勒没有安排其他人接任，所以只好由常务副部长也就是国防部办公厅主任凯特尔将军代理部务。

按照古德里安的说法，1938年2月4日是对于陆军高级指挥体系的第二个“黑色的日子”，第一个“黑色的日子”就是1934年6月30日德国发生的清洗冲锋队事件。在那次事件中，希特勒的主要清洗目标虽然是罗姆及其追随者，但是他也没有忘了陆军军官团，于是借机除去了军官团里的一些人。

希特勒这样做是有原因的。

陆军是德国最为古老也是三军中最为强大的军种，它的核心是陆军参谋本部。德国本身就有尚武传统，军人在社会中的地位较高。在德国兴起的侵略扩张中，陆军更是为德国的统一立下了汗马功劳。参谋本部军官团在不断的战功中，逐渐地产生了一种无形的权威，在三军中有着高度的威信。就是第一次世界大战后，参谋本部军官团的精神依然如此。

参谋本部致力于军事斗争当然是非常可取的，但他们受着历史的影响，努力支持陆军不受任何政党的影响，这一点成了希特勒完全掌控军队的最大障碍，急欲除之而后快，以保证陆军能忠实地为其政治目的服务。而在1934年那次事件中，陆军军官团就没有明确表态。

这次事件也如此，陆军军官团也没有做任何实质性的表示。虽然开始时，古德里安等人曾经要求，甚至催促过新任的陆军总司令采取行动，但他们却没有决心去抗争。而且在这个事件发展的过程中，外交方面也正发生重大的变化，因为当时正处于“德奥合并”的事变中，陆军方面没有采取行动的时机。通过弗利特希事件，再次证明德国元首与陆军将领之间是十分的缺乏“信任”。这一点连古德里安那样的级别，尽管不能知晓更多的内幕秘密，但也已经有了这种感觉。

∧ 保卢斯曾经与古德里安共事多年。斯大林格勒战役中，他率领德军第 6 军团向苏军投降。

事情的结果是希特勒最终达到了目的，他利用德国陆军将领之间的矛盾，以及他们的犹豫不决和盲目轻信，成功地制伏了一向桀骜不驯的陆军参谋本部，控制了德国陆军。从此德国的军政部和武装部队办公厅改组为一个单一的最高统帅部，由他一人担任武装部队的最高统帅。

>> 先打西方

这时古德里安已接任了第16装甲军军长一职。值得庆幸的是，第16军的参谋长是他的朋友保卢斯上校，他是古德里安多年的老朋友，曾接替古德里安任职过摩托化司令部的参谋长。按照古德里安的看法，保卢斯是一个聪明、努力的好参谋长，他的纯洁和忠诚可以完全信任。所以在斯大林格勒之战中，当这位第6军团的元帅司令被俘之后，虽然曾经有许多人批评攻击他，但古德里安却坚持自己的观点：

“除非保卢斯本人能够有机会将他不幸的遭遇公布出来，否则我是不相信这一切的流言蜚语。”

在德国陆军高层军官大变动的这个时期，古德里安手下的 3 个装甲师也都换了新的师长：第 1 师师长是希米德将军，第 2 师师长是怀尔将军，第 3 师师长是希魏本堡将军。

此前，德国曾在 1937 年 11 月 5 日召开过一次重要的军事会议，希特勒抛出了酝酿多日的“先打西方”的战略方针，制订了侵略扩张的方案。在这个野心勃勃的方案中，有进攻西方的“红色方案”★，有对奥地利实行武装占领的“奥托方案”，也有对捷克斯洛伐克实行突然袭击的“绿色方案”。他指着这些侵略方案，咆哮道：

“各个时代——罗马帝国和大英帝国的历史都已经证明，扩大空间只有通过粉碎抵抗和进行冒险来实现。挫折是不可避免的。”

“为了改善德国军事方面和政治方面的地位，我们的第一个目标是：在任何一种卷入战争的情况下必须征服捷克斯洛伐克和奥地利，以便在可能对西方进行的战争中解除我们翼侧的威胁。”

希特勒正是打着保护德意志民族的旗帜，在民族“自决权”和“共同体”等普遍流行的口号下推行侵略政策，向这两个弱小国家伸出罪恶黑手的。为了给自己的侵略行为找一个堂皇的借口，德国法西斯大肆宣传说，居住在奥地利的德意志人受尽了欺负和凌辱，正处于“日趋衰微的势头”“这种情况决不能长久持续下去”，要把他们拯救出来，维护德意志种族的核心地位。这种强词夺理的借口，世界各国一眼便看得一清二楚，却煽动了许多受《凡尔赛和约》之苦的德国人，投入到这场侵略战争中。

1938 年 3 月 10 日下午 4 点的时候，陆军参谋总长贝克将军突然召见古德里安。当古德里安急匆匆地赶到贝克那里时，贝克小心地从他的口袋中掏出一个文件递给古德里安：

> 希特勒与手下将领一起研究“红色方案”。

★ **“红色方案”**

是德国最高军事当局于1935年开始拟订的在两条战线中重点进攻法国的作战计划。此作战计划后曾几度修订，并于1940年6月5日凌晨5时正式开始实施。进攻德军共达124个师，分编为3个集团军群，即“A”集团军群、“B”集团军群、“C”集团军群。此时，法国仍有3个集团军群，共达65个师。时至6月22日，德法两国签署停战协定，“红色方案”行动基本完成。

“元首决定合并奥地利，你还是暂时亲自率领着你的第2师参加行动。”

古德里安略一沉思，说：“这不是很好吧？如果这样做，现任师长怀尔将军将很难堪。怀尔是一个十分优秀的将军，将他扔在一边不好。”

“那没有什么关系，这是上级的命令要你指挥摩托化部队的。其他的不要你担心。”

“我们可以动员第16军的军部，那么除了原有的第2装甲师以外，还可以再临时编入其他的部队。这样不是更好些吗？”

贝克同意了古德里安这一建议，并且还决定把另外一个将担任占领任务的党卫军装甲师也交给了古德里安指挥。

要分别时，贝克还再次叮嘱古德里安：

“假使要吞并奥地利的话，这也许就是最好的时机。”

古德里安虽然对刚刚接到的任务感到很吃惊，但回到军部之后，他还是马上就下达了准备行动的命令，并且认真地对如何完成这个任务的一切方法进行了深入的思考。大约在晚上8点钟的时候，贝克又再度召见古德里安，命令古德里安在21点到22点之间，要通知第2装甲师和“希特勒近卫师”在巴索附近集中。这时，古德里安知道了更进一步的情况，得知此次进入奥地利的部队都由冯·博克上将率领，在古德里安军南面的步兵师将度过莱茵河侵入奥地利。

原来，1937年5月28日，内维尔·张伯伦出任英国首相后，就对德国极力推行绥靖政策。上台后不久，他派枢密大臣哈利法克斯访问德国。哈利法克斯大肆吹捧德国“阻塞了共产主义向欧洲发展的路”，称赞德国是“西方反布尔什维克主义的屏障”。为把这股法西斯祸水引向苏联，英国决心牺牲弱小国家的利益，满足纳粹德国扩张领土的欲望。这一切表明，英国是不反对德国合并奥地利的，只是强调“要通过和平演进的途径来实现”。据此，德国法西斯认为，英国“不会为了一个中欧的局部问题而冒险进行一场危及世界帝国生存的战争”。就这样，在英国绥靖政策的纵容下，纳粹德国从1937年起，就把兼并奥地利再次提上了议事日程，迈开夺取中欧战略据点的步伐。

1938年2月12日，希特勒把奥地利总理库特·冯·许士尼格召到德国，强迫他在三天之内接受以下要求：释放被奥地利政府监禁的纳粹分子；任命奥地利法西斯头子阿图尔·赛斯·英夸特为内务部长兼公安部部长；不得限制奥地利法西斯分子的活动；德奥军队“建立密切的关系”，以便“作好准备、使奥地利纳入德国经济体系”“要不然古德里安就下令德军向奥地利进军”。许士尼格在强大的压力下，只好宣布3月13日举行公民投票，表决奥地利是否与德国合并的问题。希特勒得知这一消息后，暴跳如雷，如果公民投票结果不支持德奥合并，那么希特勒所做的一切都将付诸东流。所以德军必须要在3月13日公民投票之前，占领奥地利，以实现不流血征服。

为了在两天内完成纳粹所赋予的占领任务，古德里安急切地进行着各种准备。在3月

10日23点到24点之间，古德里安一方面用电话通知第2装甲师转行动方案，另一方面也亲自和党卫军装甲师的师长戴垂希见面进行了部署。此时，第2师师长还率领着一部分幕僚正在演习途中，首先要让他们先赶回师部，才能一起执行任务。虽然有各种困难，但由古德里安一手所创建的装甲师还是值得他自豪的，命令很快便得到落实，部队立即开始行动。从第2师驻地吴兹堡到巴索，距离是400公里，24小时内第2装甲师便完成了任务。

党卫军是希特勒的私家部队，戴垂希离开古德里安的办公室以前，表示他要立刻去向希特勒请示。从这个举动里，古德里安感到此次进军不仅仅是一个军事行动，它还有更多的政治含义，可能不会遇到什么抵抗。所以，古德里安为了讨希特勒的欢心，就请戴垂希代向希特勒请示，所有的战车上都应该张旗结彩，以表达德军对奥地利人的友好感情。半个钟头之后，戴垂希便回来了，向古德里安报告说，他的想法已经获得了批准。

后来在进军中，占领军总司令博克上将还曾责问过古德里安，为什么要在战车上面悬挂彩旗，认为这是不合规定的。不过，当听古德里安说是希特勒同意这样做的，他便再也没有说什么。

从这一件小事中也可以看出，古德里安的思想并没有德国军官团所固有的不受政治因素影响的传统，而是积极主动地投入到希特勒的侵略扩张中。从这一点上讲，无论他以后怎样辩解，基本上可以判定他当时的基本政治取向。至于他以后与希特勒的冲突，那也不过是大原则一致下的方法之争。

3月11日晚上大约8点钟的时候，由古德里安率领的第16军军部人员到达了巴索。刚到那里不久，古德里安再次接到上级指令，命令他们于12日上午8时开入奥地利。然而由怀尔将军率领的第2师，到了深夜的时候才到达巴索。

他一见到古德里安便大发牢骚：

“将军，您给了我命令，却没有给我一张奥地利的地图。现在燃料也没了，部队无法前进，您说怎么办？”

古德里安急忙叫人找到一本普通旅客所用的旅行指南，让怀尔暂时应急。

不过燃料问题比较麻烦。巴索有一个陆军燃料仓库，但它却是指定给防守齐格菲防线的部队使用的，并且曾经接到过命令说除非下了动员令，否则绝对不许动用。因为那个负责的主管事先不晓得古德里安此次行动的目的及意义，而仓库的管理员则坚持职守，拒绝把油料交给古德里安使用。情急之下，古德里安只好用武力相威胁，才算是勉强调用了燃料仓库的油料。

在急匆匆的进军中，古德里安的装甲师也没有伴随保障的部队，好在巴索的市长帮助古德里安征调了一些卡车，才算匆匆忙忙地组成了一支油料运输队，对部队进行油料补给。

怀尔师长用尽了一切的努力，他的部队还是没能赶得上在整8点钟的时候越过边界。这样，一直等到9点钟的时候，第2装甲师的第一辆坦克才爬过了高于地面的边界障碍物，接受了奥地利纳粹组织的欢迎。第2装甲师的前卫部队由第5、第7两个装甲搜索营和第2机步营所组成。这个前卫部队很快就通过了林兹，向着圣波尔登大摇大摆地进发。

古德里安本人和第2装甲师的主力一同前进，而党卫师从柏林出发，现在也赶上了古德里安，成为全军的后卫。在纳粹分子的组织鼓动下，古德里安坦克上悬挂的彩旗更煽动了受迷惑群众的狂热。在行军所经过的各个地方，古德里安一行到处都受到热烈的欢迎，第一次世界大战中的老兵们把从前的勋章挂在胸前，当古德里安的坦克经过的时候，就向古德里安等人举手敬礼。

古德里安的军部在12点钟以前到达了林兹。这个地方是希特勒的故乡，他的童年就是在这里度过的。古德里安没有休息，马上拜会了当地的军政要员，会见希特勒故乡的权势人物，传递希特勒的德奥合并精神。吃过午饭，古德里安正要离开这个城市继续向圣波尔登前进的时候，他遇见了党卫军的总司令、盖世太保的头子希姆莱及另外两个奥地利的官员。他们告诉古德里安，希特勒大约在15点就要到达林兹，要求古德里安负责当地的警戒。

“要绝对保证元首的安全！”

接到命令，古德里安不敢掉以轻心，立刻命令前卫暂留圣波尔登待命，第2师开始部署警戒。支持纳粹的奥地利陆军的驻防部队，为了表示对希特勒的忠心，也参加了这个工作。

∧ 1938 年希特勒在奥地利首都维也纳。

差不多是暮色苍苍的时候，希特勒以一副衣锦还乡的姿态进入了林兹市。古德里安就在林兹市郊迎候着，他亲眼目睹了希特勒以凯旋者的模样，进入这个城市的全部经过。随后，希特勒进行了演讲，古德里安后来描述道："我所看到的热烈景象，是我一生所见到的唯一的一次。"

希特勒在讲演完毕之后，又到医院去慰问前几天在暴动中负伤的人，以鼓舞为他卖命的纳粹分子的士气。

古德里安大约在21点离开林兹，半夜就到了圣波尔登，于是命令前卫部队立即前进，在大雪迷途的黑夜里，他亲自跑到最前面指挥部队。3月13日凌晨1点钟的时候，古德里安到达了维也纳。

∧ 屯兵奥地利边境进行军事演习的德军坦克部队。

∧ 入侵奥地利的德军。

德国装甲部队在这一次占领奥地利的行动中，受到了严重的考验。虽然行军达到了预定目标，但是坦克部队却出现了许多问题，大概有70%的坦克由于各种故障被抛在了路边。无法开动的坦克在巴索和萨尔斯堡到维也纳的公路上，随处可见。古德里安的上司博克上将对此进行了严厉指责，他认为事实已经说明坦克是不适合长距离持久进攻的。即使这样，古德里安还是对坦克部队充满自信，他觉得在这样长距离、高速度的行军中，部队又仓促上阵，这个故障率是正常的，对坦克作用的指责完全是无的放矢。而且他还罗列了一大堆理由为坦克部队辩解，如装甲部队对于这一次的行动毫无准备、较高级的指挥部没有类似的指挥经验、距离远时间短、装甲兵的保养设备不充分、燃料供应保障无力，以此来证明装甲兵所走的是一条正确的路线。

德军向奥地利的"和平进军"，虽然使希特勒感到心满意足，使纳粹分子感到高兴，却给普通的奥地利人带了灾难。在维也纳，纳粹逮捕了8万名"不可靠分子"，奥地利的犹太人被抓被关，财产被剥夺，更有数不尽的犹太男女被德军驱赶来打扫公共厕所，担负各种苦役。

侵占奥地利以后，古德里安的第2装甲师就留驻在维也纳地区，并从那年的秋天起开始补充奥地利籍的士兵。第2师的原驻地吴兹堡地区，在1938年秋季又成立了第4装甲师，由郎哈特将军担任师长。与第4装甲师同时期成立的还有第5装甲师和第4轻型装甲师。

在1938年的整个夏季，古德里安没有其他更大的行动，职责主要是指导管理第16装甲军的训练和日常事务，轮流视察下属部队。到了这年的8月间，古德里安迁入了在柏林的新官邸。

>> 进入苏台德地区

吞并奥地利后，希特勒进一步看清了英、法等国妥协软弱的实质，他的侵略矛头指向了自己的近邻——捷克斯洛伐克。

在德国征服奥地利不久的1938年4月21日，希特勒召见了最高统帅部副统帅兼统帅部参谋长凯特尔，商谈如何根据当前形势修改“绿色方案”★，展开各项准备工作。在利用捷克斯洛伐克的德意志人制造事端的同时，德国军队也在加紧进行着作战准备。

当时捷克斯洛伐克境内有320万德意志人，主要居住在西部与德国接壤的苏台德地区。早在1933年，希特勒就在苏台德区培植了以康拉德·汉莱因为首的德意志人党，并提供活动经费，供应武器装备。1938年4月24日，汉莱因在苏台德区德意志人党代表大会上提出了苏台德区自治的纲领，遭到捷克政府和人民的反对。为了挑起事端，希特勒利用英法害怕战争的心理，不断举行军事演习，迫使张伯伦对捷克政府施加压力。他不顾陆军中一些担心引起世界大战的将领的反对，一意孤行，到了5月19日，德国在捷克斯洛伐克边境集结，作好了一切入侵的准备，德捷战争大有一触即发之势。

在捷克斯洛伐克骤然出现的紧张局势，引起了英法两国政府的严重关切。法国与捷克斯洛伐克之间曾缔结互助同盟条约，如果任何一方受

★“绿色方案”

是法西斯德国侵占捷克斯洛伐克军事行动计划的密语代号。1937年6月，由德国国防部长兼国防军总司令布隆堡根据希特勒的旨意在其指令中首次正式提出。同年12月，此方案经过讨论最终由希特勒亲自批准。方案规定，德国在最近的将来，将用军事行动粉碎捷克斯洛伐克。具体方式是以“挑衅事件发动闪电式的进攻”，并“充分利用突然袭击”。

到德国的攻击，则另一国必须予以援助。法国达拉第政府既怕失去捷克斯洛伐克，又怕为了捷克斯洛伐克而卷入同德国的战争，急忙飞赴伦敦，请张伯伦拿主意。英国首相张伯伦对捷克斯洛伐克的命运不太关心，他所关心的是避免欧洲战争，维持欧洲和平。同时，这位死硬的反共分子对捷克斯洛伐克政府并不信任，因为捷克斯洛伐克同苏联之间也订有互助条约。他完全相信希特勒的宣传，认为苏台德地区的德意志人确实受到了压迫，是受压迫的少数民族，苏台德区同奥地利一样，"不值得用毁坏西方文明的战争去换取"。

最后，在英国的大力"协助"下，出卖捷克斯洛伐克的慕尼黑会议终于开辟了一条"和平"解决的途径，形成了《慕尼黑协定》。协定规定，捷克斯洛伐克从10月1日开始从苏台德地区撤军，10日撤退完毕。同时，还必须保证撤出地区的一切建筑物完好无损。9月30日中午，别无出路的捷克斯洛伐克接受了自己无权参加的会议所规定的条件。

于是，德国人又可以兵不血刃地兼并了苏台德地区。

在向苏台德地区的进军当中，第16军所指挥的部队有第1装甲师和第13、第20两个摩托化步兵师。占领的工作分为三个阶段进行：10月3日，第13摩托化步兵师由奥托将军指挥，占领了艾格尔、阿希、法朗曾斯拜德等地；10月4日，第1装甲师进入卡尔斯拜德；到了10月5日，3个师都抵达了苏台德地区与捷克斯洛伐克剩余部分的分界线。

9月30日～10月2日，也就是在对捷克斯洛伐克进军的头两天，希特勒一直停留在古德里安的军营中。所以在这两天的夜里，第1装甲师和第13摩托化步兵师为了显示实力给主子看，拼命地向边境推进，以期早一些完成不流血占领的任务，讨得纳粹党魁的欢心。

10月4日，古德里安的部队继续向卡尔斯拜德进发。同侵占奥地利一样，古德里安的坦克战车上插了许多鲜花，以再一次表明侵占捷克斯洛伐克的行动是"和平"的进军。由于这一次古德里安的部队是与希特勒同行，先行到达卡尔斯拜德的德军部队组织了一个欢迎仪式，以迎接希特勒的到来。这个仪仗队由第1坦克团、第1步兵团和党卫军各一个连组成。虽然是在战时，可这个欢迎队伍的规模还真不小。

在这里，古德里安见到了自己的长子海恩兹·顾恩特尔。在这样的环境中，父子二人的会面是非常令人激动的。古德里安也同他的父亲一样，对儿子要求十分严格，就是在这短暂的相聚中，他也没有忘记对儿子的教诲。古德里安希望自己的孩子也能子承父业，使家族中再多一位

∧ 捷克民众在街头抗议入侵的德军。

将军。巧的是，儿子也同古德里安的经历相似，海恩兹·顾恩特尔也在父亲的手下当差，他是第1坦克团第1营的副营长。

这一次向捷克斯洛伐克的进军，由于吸取了上一次的教训，所以准备得比较充分，装甲第16军的情况远比上次好得多。因而，也给与古德里安在一起的希特勒留下了较好的印象。

在整个行动中，和大多数陆军军官一样，使古德里安高兴的是形势居然能够急转直下，最终在不必使用武力而且没费吹灰之力的情况下就解决了问题。无形当中，他也更增添了对希特勒的许多盲目信任。

动荡的1938年快要过去了，像许多军人一样，古德里安真希望在惊涛骇浪之后，能够有一个短期休养生息的过程。他们希望德国安定下来，慢慢消化在新近侵略中所获得的领土和人口。他们认为，现在德国在欧洲已经非常强大了，也不愿今后再有战争，而只是利用德国强大的力量达成“和平”侵略扩张的目标。

WH-32288

∧ 进入苏台德地区的德军部队。

< 希特勒在苏台德地区视察。

在这之前，贝克上将就看到了希特勒政策的危险性，为了不使国家和人民再受战火的摧残，他国不再遭受生灵涂炭。贝克萌生了一个想法，那就是提议全体将官发表一个拥护和平的宣言，以抵制希特勒继续的扩张行动。虽然这种想法是好的，但却遭到来自各方面的阻力，包括陆军总司令布劳希奇就坚决拒绝参加。所以，当哈尔德代替贝克担任陆军参谋总长时，德国陆军军官团并没有意识到什么，也更没有看到这件事情的深层原因。

快要到10月底的时候，魏玛市的大象旅馆有一部分新屋落成，当地的纳粹党部借机开了一个庆祝大会。希特勒亲临了这个庆祝大会，古德里安则以魏玛区驻军最高级将领的身份，也参加了此次活动。希特勒是最会鼓动人心的，不会放过任何煽动的机会，当众演讲必不可少。在希特勒的这次演讲中，他特别尖刻地攻击英国，尤其是挖苦丘吉尔和艾登。

由于古德里安前些日子都在苏台德地区，信息不那么灵通，也没有听过希特勒最近言论的内容，所以对他的这次讲话感到十分震惊。在演讲完毕之后，借希特勒请古德里安坐在他的桌子旁边的时机，古德里安在谈话中就顺便问他为什么要那样的攻击英国人。希特勒则很气愤地回答说，因为张伯伦在哥德斯堡对他有失态的地方，同时另有英国贵宾在见他的时候，也有礼貌不周的事情，这才刺激了他采取这样报复的态度。他说他曾经当面向英国驻德大使韩德逊说过：

“下一次你们英国人要再这样衣衫不整的来见我，那么我就会命令我的大使穿着睡衣去见你们的国王。请你把我这些话转达你的政府好了。”

希特勒又说，他认为英国人是有意侮辱他，英国人对与德国重建友谊关系并无真正的诚意。

听到希特勒这些言论，古德里安感到深深的失望，因为他一向都是梦想着通过两国之间的密切合作避免战争。这样看来，他的和平愿望将成为泡影。

但希特勒的野心不仅于此。就捷克斯洛伐克来讲，《慕尼黑协定》的墨迹未干，他就在1938年10月21日的命令中指出：“消灭捷克国家的残余部分。”

不管古德里安怎么想，希特勒有自己的想法，他不会满足于慕尼黑会议上得到的那一点儿点东西，他要的是整个欧洲乃至整个世界。为实现其野心和霸权目的，他必然要扩军。

>> 希特勒的任命

当古德里安回到柏林之后，陆军总司令布劳希奇就召见了古德里安。他说：“我想建立一个机关统辖摩托化部队和骑兵，这个新机构将命名为机动兵总监部，我对这个机关的职责已经拟订了一个草案，你看看，希望你能来负责此事。”

他将这个草案交给古德里安。从草案上，古德里安可以清楚看出，这个机构的负责主管

∧ 时任德国陆军总司令的布劳希奇。

只具有视察权，每年只有提出报告的权力，并没有指挥权，在训练勤务规程的编辑和发布方面也没有控制权，对于组织和人事两方面更无权过问。古德里安看完之后，当即就说："对不起，我不能接受这个新职务。"古德里安的理由很简单，这个有名无实的差事，他是不会愿意接受的，因此，拒绝是理所当然的了。

几天以后，陆军人事处处长博德温·凯特尔将军介入了此事，他自告奋勇地跑过来，以看望古德里安为名来做说客。凯特尔见到古德里安，先是没事找事地东拉西扯了一番，然后他话锋一转，说他是代表陆军总司令希望古德里安重新考虑，接受机动兵总监这个新职位。古德里安早就看明了他的来意，于是不假思索地说："阁下，我上次已经说过了，本人无法接受这个新职务，您还是另请高明吧！"而且他还再一次把理由讲了一遍给凯特尔听。凯特尔还是不死心，一再地说服古德里安接受这个职务，可无论他怎么说，古德里安都坚决表示不干。看到古德里安的态度如此坚决，凯特尔亮出了底牌，他明确地告诉古德里安说，设置这个新职的计划并不是布劳希奇所建议的，而是希特勒的意思，作为古德里安要识实务才对，拒绝希特勒的计划是不应该的。

说完真正的背景，凯特尔将军得意地说："古德里安，这次看你还有什么可说的，这是元首的决定，别说是你古德里安，谁敢不服从呢！"可是出乎凯特尔的意料，古德里安非但没给他面子，就连希特勒的账也没有买，他还是坚持不肯就任这一新职务。古德里安还抱怨陆军总司令为什么不把事实的真相告诉自己，同时，他还要求凯特尔将自己拒绝受命的理由转达给希特勒，最后他又补充说，如果希特勒认为必要的话，古德里安愿意亲自去向希特勒解释。凯特尔非常失望，他与古德里安的会面就这样不欢而散。

又过了几天，古德里安接到命令，希特勒要亲自召见他。由于是单独接见，古德里安决定好好利用这次会见的机会，于是借机将自己的想法对希特勒作了一个彻底的表述，以求得希特勒对自己的更进一步的了解。

II03

首先，古德里安从陆军最高统帅部的组织体制讲起，他说："我的元首，您是知道的，陆军统帅部内部的权威意见都是主张将装甲车配属给步兵的，在过去曾常常因为这个问题引起争执。凭我个人在陆军统帅部的这些年的观察，我认为在陆军统帅部内的一些重要人员的性格和认识是不会轻易改变的，他们对于装甲兵大规模攻势作战的理解，在一段时间里也是难以扭转的，因此，将来的发展很令人忧虑。所以我不能不认为，这种措施是走向错误方向的第一步。"

说到这里，古德里安稍稍的停顿了一下。希特勒没有说话，仍旧安静地坐在那里。看到希特勒有听的意思，古德里安接着说道："我现在是一个在位的军长，控制着3个装甲师，在这个岗位上，我对于装甲兵的发展所能作的贡献，实在要比那个有名无实的新职要多。此外，如果把骑兵和装甲兵合并在一起，也会引起许多困难。虽然今天的骑兵绝对需要加以现代化，但是这个举动肯定会遭到陆军当局和骑兵老将们的强烈反对。"顿了顿，古德里安进一步总结道："这个新职位的权力绝对不够，它使我无法克服许多方面的困难。所以，我恳请元首考虑装甲部队的现状，还是让我留任原来的职位。"

希特勒倒也真有耐心，竟让古德里安一口气说了20多分钟而没有打断。当古德里安说完以后，希特勒就告诉古德里安，他认为这个新职务对于一切摩托化部队和骑兵的发展，都应该具有举足轻重的控制权力。他拒绝了古德里安的要求，还是命令古德里安立即接受新职务。他最后说："假使当你执行职权的时候，遭遇到了你刚才所说的这些困难，那么你可以直接向我报告。我们可以合作来推动这些改革，所以我现在命令你接受这个新任命。"

军命难违，古德里安只得接受了这个不很情愿的职务，成为机动兵总监。

然而，正如古德里安所估计的那样，他继任新职务不久，工作中就发生了困难。古德里安理所当然可以向希特勒请求支援，可古德里安是个聪明人，他不会轻易向希特勒提出报告的，非到万不得已的时候，他是不会利用这一特权的。

< 布拉格街头的德军坦克部队。

这样，古德里安就升任了二级上将。德国军官制度中，少将中将之上就是二级上将，但上将前通常冠以兵种称谓。例如，古德里安则为装甲兵上将，其他各兵种将军也类似，例如步兵上将、炮兵上将等。再向上的一级上将则相当于美军的四星上将。古德里安有一间中等大小的办公室，三五个幕僚，就这样开始了自己的新工作。

德国装甲兵从建立一直到那个时候为止，坦克部队从来没有什么训练教范。所以古德里安首先开始了坦克教范的草拟工作。由于人手不足，古德里安便自己上阵，他和手下几个人通过一段时间的紧张工作，终于完成了教范的初稿。他们把初稿送到陆军训练处去请求批准，可是这个处却没有一个坦克兵出身的军官，所以审查稿件的人就以步兵的观点为基础，照猫画狗，结果可想而知是什么样子。古德里安一群人辛辛苦苦撰写的稿件常常被退回来，理由是："该件不合于步兵教范的格式，碍难照准。"令人啼笑皆非、哭笑不得！

按照古德里安运用装甲兵的思想，他认为骑兵要适应现代战争就一定要加以改组，使它们变成使用现代化武器而又能灵活运用的部队。基于这种想法，古德里安马上拟订了一个新型骑兵师的编制。但是这个想法还没有进一步实施，就给陆军军务总监弗洛门将军一脚踢了回来。古德里安这个新计划要新增加 2,000 匹马，而他却反对骑兵增加更多的经费开销。

古德里安就在这样一个环境中进行着自己的工作。

总的来说，德国陆军总部参谋人员的素质还是比较高的，进行战史研究的专家学者都承认这一点。他们和古德里安的想法不一致，并不是他们还抱有第一次世界大战时的阵地战思想。德国地处中欧，四面都有强大的邻国，逼得他们一定要研究同时在几个战场上作战的问题，作战研究也必须以优势之敌为前提。为了避免长期的消耗战，他们一定要力争速战速决，因而对"摩托化"是有共识的。不同也只是从各兵种利益出发，具体实现方式的不同。在这种利益的争夺中，德国的骑兵处于下风，所以一直到第二次大战爆发时候为止，德国的骑兵还是维持着旧有的编制。除了驻在东普鲁士的一个骑兵旅以外，其他的骑兵就只能用来和步兵师构成混合搜索营。这种混合营的编制有一个骑兵连，一个机车连，一个装甲车连。古德里安为此无可奈何，只能发发牢骚：

“指挥这样混杂的部队简直成了一种不可能的工作。而且在动员的时候，骑兵只能供平时正规师组织搜索营之用，至于新成立的师则都全部使用机车。所以这个骑兵的问题实在早就应该有一种新的解决方式。骑兵已经走到了山穷水尽的地步，尽管那些老资格的军人们都喜欢抒发怀古的幽情，特别地偏爱它。这就是理论与实践的分野。”

在古德里安为德军的建设而钩心斗角的时候，捷克斯洛伐克也走向了深渊。

1939年3月15日清晨，德国军队以保护捷克斯洛伐克人的自治权为名，在未遇任何抵抗的情况下，派兵侵入布拉格，占领了捷克斯洛伐克的领土。正如希特勒所说的，从此独立的捷克斯洛伐克在地图上被抹掉。它以波希米亚和摩拉维亚保护国的名义被德国彻底占领，最后干脆并入了第三帝国的版图。

对奥地利和捷克斯洛伐克的占领，不仅解除了德国西进的翼侧威胁，而且还大大增强了德国的实力。此时，德国统辖的人口和领土面积都在中欧居于优势地位。对此，希特勒不无得意地说：“这两个国家并入到德国意味着，由于防线的缩短和改善，我们就可以把军事部队腾出来派作其他的用途。另外，还有可能新建超过12个师的兵力，这样可以使德国在军事和政治方面大大减轻压力。”

在占领布拉格的那一天上午，陆军总司令布劳希奇召见了古德里安：

“元首为保护捷克，已派军队进入捷克斯洛伐克。又是一次和平进军！现在我命令你立刻动身到布拉格，搜集有关我们装甲战车部队在这次冬季行军中的一切有关资料，并且顺便视察捷克装甲兵的装备情形。”

古德里安受命后没有耽搁，不久便到了布拉格。在那里他找到了他的继任者，第16装甲军的军长霍普纳将军，后者就把在这次进军中的经验对古德里安作了一个详细的报告。此后，古德里安视察了好几个单位，以求找到原始的资料。在布尔罗，古德里安检查了所收缴捷克的一切装甲设备，发现这些装备保养得很好，还是可以使用的，便补充到德国的装甲部队中。这样，在随后的波兰战役中和法国战役中，德军都曾经使用过捷克制造的各种车辆，只是到了苏联战争的时候才完全换为德制装备。

第三章

德波之战的马前卒

1888-1954 古德里安

在随后几天之内，古德里安接连找了不少高级将领，希望大家能够采取行动，改善陆军在纳粹眼中的地位。但是这些陆军将领多数已看到了结果，知道最后还是得做一个执行希特勒扩张政策的顺民，谁也不愿意参与此事……

★“白色方案”

“白色方案”，是法西斯德国武装入侵波兰的军事行动的秘密代号。1939年3月，德国在吞并捷克斯洛伐克之后，立即将其侵略矛头直指波兰。同年4月3日，德国法西斯头目希特勒下了对波兰作战的“白色方案”。不久，德国最高军事当局根据希特勒的旨意详细拟订了方案的细节。方案规定对波兰以突然的强大打击开始军事行动，并争取迅速成功。1939年9月1日拂晓，德军依照“白色方案”大举入侵波兰，标志着第二次世界大战的全面爆发。

>> 跨过德波边境

在1939年的夏天，古德里安正在准备摩托化部队秋季大演习的计划。可是古德里安这些工作实在不过是白忙而已，希特勒现在已没有时间让他的部队进行演习，他对波兰的企图已是急不可耐。

1939年8月22日，在德国进一步扩军的情况下，古德里安被派去担任新成立的第19军的军长。当时这个军包括有3个师，即第3装甲师、第2摩托化步兵师和第20摩托化步兵师，另外还有一些军直属部队。第3装甲师增加了一个战车示范营，它所装备的武器是德军目前最为先进的战车：马克Ⅲ型和马克Ⅳ型。在军直属部队中还包括着一个搜索示范营。这个示范营是由装甲训练学校所改编的，古德里安的目的是要让他们也能获得一些实际的作战经验。

虽然6月中旬，军队就向希特勒呈交了入侵波兰的作战计划——“白色方案”★。但希特勒并不敢贸然进攻波兰，非常担心英、法、苏三国结成军事同盟，重演第一次世界大战中共同对付德国的旧戏。纳粹德国迫不及待要同苏联签订一项协议，以中立苏联。苏联原来为了自己的安全，曾要求与英法结盟。但英法不愿意承担对苏联的援助义务，对谈判采取了极不严肃的态度。到了8月中旬，苏英法三国谈判陷入僵局。在这种情况下，苏联为了自己的安全着想，决定满足希特勒的要求，以作缓兵之计，打破英法企图怂恿德国法西斯首先进攻苏联的企图。这一决策，为希特勒发动战争扫清了最后的障碍。8月22日上午，

希特勒召集德军有关人员，讲解了入侵波兰的具体计划，并宣布入侵波兰的时间有可能定于星期六，即8月26日拂晓。

希特勒在阿贝沙兹堡召开的这个军事会议，由于保密的原因，范围不大，古德里安没有出席，后来第4军团的司令克鲁格上将把会议精神告诉了古德里安，他才知道自己的第19军是归第四军团所管辖。古德里安的战区右界为曾波尔罗，左界则是柯尼兹。在古德里安的右翼，也就是他的南面，是斯陶斯将军的第2军；在古德里安的左翼，是考比希将军所指挥的边防部队。此次会议规定，一旦战争爆发，考比希将军的边防部队由第10装甲师加以增援，第10装甲师自3月以后就一直在布拉格附近驻防。在古德里安的后方担任军团总预备队的部队，是从波斯坦来的第23步兵师。

古德里安的任务是整个作战计划中的关键，就是要渡过布拉希河，渡河后以全速向维斯托拉挺进，这样就可在友邻的配合下，把所谓“波兰走廊”内的波兰军队拦腰切断并予以歼灭。进攻中，右翼的斯陶斯将军的部队也是同样以维斯托拉为目标，而左翼的考比希将军则以但泽为目标。

在走廊地带的波兰军队据情报有3个步兵师和1个波摩尔克卡骑兵旅。据德国情报机构的侦察，发现他们还有一些意大利的菲亚特厂出产的坦克战车。在波兰边界上，波兰军队是构筑有工事的，德军对于波兰军队的工事进行过很详细的观察。除此之外，德军预料在沿布拉希河的地区波兰军队会设置有第二道防御工事，也相应地作了准备。

< 1939年8月22日，希特勒与戈林等人商讨入侵波兰的方案。

不过德国陆军方面的态度却是非常的不安，经历过多次战争的军人们，有相当多的一部分人，已经看到战争从来就不是一场轻松的游戏，不管他们怎样盲目信服希特勒，内心也还是不希望战争真正降临。德军中那些年纪较大的军官和数以万计的士兵，都曾亲身经历过第一次世界大战的残酷，知道“凡尔登绞肉机”。他们也想到了自己的将来，如果战争从波兰扩大，则将来的祸患就会不堪设想，第一次世界大战的结局他们还记忆犹新。当然，还有一个更为重要的原因，促使军队将领反对向波兰开战。那就是尽管德国的陆、海、空军的兵力和装备以前所未有的速度扩充，但他们对德军1939年的军备状况并不满意，认为尚未达到发动战争的水平。

对于古德里安，他的儿子现在也都是现役军人。古德里安的长子已是第35坦克团的副团长，古德里安的幼子也才刚刚获得少尉军衔，正在第3装甲师第3装甲搜索营中服役，两人都在父亲的手下。古德里安此时也不希望战争，不过不行了，因为他的努力，已为希特勒的侵略扩张提供了有力的工具。

到了进攻行动的前一天，即1939年8月25日的夜间，攻击令却暂时被撤销。

原来，在《苏德互不侵犯条约》签订的8月25日，《英波互助条约》也正式签订。德国担心英国参战，使德国处于两线作战的境地，便推迟了原计划的进攻日期。

这样，已经出发或有所行动的部队，又都被紧急召了回

< 1939年9月1日，德军对波兰发动了大规模入侵。

> 入侵波兰期间，古德里安使用坦克用潜望镜观察地形。

来，恢复到准备状态。通过进攻命令的变更，古德里安敏锐地感觉到，外交活动还正在进行之中，他又对和平产生了一丝希望。可是希特勒不会允许他的军队有和平梦想，他要将他们推向战争的深渊，要他们为他的侵略充当打手。到了8月31日，部队又重新紧张起来，纷纷进入预定集结地区。

德国用来侵略波兰的兵力有54个师，其中装甲师和摩托化师15个，坦克3,600辆，飞机1,929架，组成了南方集团军群和北方集团军群。北方集团军群的任务是从波美拉尼亚和东普鲁士向华沙方向实施进攻，建立东普鲁士和德国之间的联系。尔后以全部兵力协调行动，粉碎在维斯瓦拉河以北地域防守的波兰守军，接着与南方集团军群合作消灭仍留在波兰西部的波兰军队。古德里安的第19军就隶属于博克上将指挥的北方集团军群所辖的第4军团。

1939年8月31日傍晚，150万德军乘着夜色向波兰前沿阵地移动。同时，一批身着波兰军装的党卫队员伪装成波兰士兵，"袭击"了位于德波边境的格莱维茨电台，并用波兰语发表了煽动性的反对德国的广播，制造希特勒侵略波兰的借口。9月1日清晨4点45分的时候，德军在边界上开始行动。230架飞机对波兰的军事设施、机场和城市进行了狂轰滥炸，2,500辆坦克从西南、西北、北面三路向波兰全线进攻。

波兰军队对德军的突然袭击始料不及，以致波兰空军的500架作战飞机还来不及起飞，便被德国空军全部炸毁，德军由此取得了制空权。在德国空军的配合下，德军装甲部队横冲直撞，如入无人之境。

枪炮声把古德里安尚武的狂热煽动起来了，在向波兰的入侵中，他在第一攻击波中与第3坦克旅一同前进，一直向前突击到曾贝堡以北地区的最前线，那里是战斗开始的地方。

这时，急于扩军而不能进行有效训练的德军的一些弱点暴露了出来，虽然古德里安已经严令第3装甲师的重炮兵不得开炮射击，但是在大雾之中，他们还是忍不住乱打起来。第一颗炮弹落在了古德里安指挥车前50米的地方，第二颗就落在指挥车后50米的地方。按照射击的一般规律，下一发炮弹应是古德里安所在的位置。古德里安想到这一点，吓了一身冷汗，赶紧命令驾驶员转过车来以最快的速度离开这个地区。没有想到驾驶员也被这突如其来的炮击搞得神经错乱，加大油门拼命一冲，坏了！只听得“咚”的一声，指挥车陷进了沟里。好在没有生命危险，但这辆半履带指挥车却严重损毁，不堪再用。

从沟里爬出的古德里安也不能向前走了，只好拦了一辆过路车，转回军部指挥所。然后他换了一辆新车，带着一肚子的怒火跑到炮兵指挥所，向那些热心过度的炮兵大发一通脾气。

后来古德里安写回忆录想到此处，还颇为自豪：

“在战场中使用装甲指挥车，以便与战车一同行动的军长，恐怕我还是第一人咧！”

换了新的指挥车之后，古德里安又赶上了第3装甲师的部队。虽然最先头的部队已经到达布拉希河，可第3装甲师的主力却还在普鲁兹克与小克罗尼亚，正准备停下来休息。当古德里安赶到师部的时候，师长已被集团军群总司令博克上将喊去问话。古德里安便向第6战车团的军官们询问布拉希河方面的情况，团长说：

“今天是不能渡河了，现在部队很疲惫，应该休息。”

他完全忘记了军部的命令，应在第一天内就渡过布拉希河。

古德里安历来强调，装甲部队的三大优势，即力量、速度和火力。速度是极为重要的，可是现在自己所培养的属下，竟然忘记了速度的价值。古德里安非常气恼，但是对一个团长他也不能说更多的，愤怒地走开了。正在想着应如何解决目前困境时，有一位年轻的德军中尉贵里克斯却跑向古德里安所站立的地方。看得出来，他在战斗中还是很努力的，为希特勒的侵略行动而兴奋狂热的他早已脱掉了上衣，衬衫的袖子卷得高高的，浑身上下烟熏火燎一般。他跑到古德里安面前：

“报告军长，我刚刚从布拉希河边回来，河那边敌军的实力异常脆弱。波兰人纵火焚烧哈米尔梁地区的桥梁，但已经被我扑灭了。这个桥现在还可以通过，我们的部队之所以停留不进的原因，就是因为没有人领导。军长，您该亲自指挥渡河。”

古德里安很诧异地看着这个青年尉官，没有想到一个下级军官这样对他讲话，也更没有想到他还真有点头脑。古德里安对他留下了极好的印象。

古德里安认为这个下级军官的建议不错，便立即驱车向哈米尔梁地区进发，在16点钟之后就到达了目的地，找到了自己的幕僚。当时，两军正在交火。虽然对岸的波军在不停地射击，古德里安第6坦克团的战车和第3步兵团的步枪也都正乒乒乓乓地回击，但经过观察根本就不见一人。古德里安立即命令停止这种没有什么意义的对射。他命令一直尚未经过战斗的第3步兵旅安根上校派出第3坦克营，找一个敌人不能威胁的地点，用橡皮艇首先渡河。等到他

∧ 德军先头部队在入侵波兰的战役中进行侦察。

们渡河成功之后，第3坦克营的士兵便占据了对岸的有利位置，对敌方进行监视。然后在第3坦克营的掩护下，古德里安便亲自指挥战车利用桥梁渡河。过河后，德军俘获了防守这个地区的波军，确如那个中尉所说，波军很少，原来只有一个脚踏车连，因此德军的伤亡也就很少。

这是古德里安装甲部队所遇到的第一场仗。

渡过河的部队立即构成一个桥头堡。古德里安让主力停止不动，命令第3装甲师搜索营继续向前挺进，一直越过土赫尔灌木地区，在希维兹附近直抵维斯托拉河。他们的任务是发现波军主力和预备队的位置。到了晚上6点的时候，古德里安的所有部队都已渡河完毕，因此当夜第3装甲师就已全员到达了目的地希维卡托弗。

之后，古德里安返回留在查思的军指挥所。

回来时天已经晚了，一路都是冷清清的，一声枪响也没有听到。可当古德里安到达查思附近的时候，却发现那些参谋人员头上都戴着钢盔，匆匆忙忙地在那里架设战防炮，摆出一副急于应战的架势。古德里安很惊讶：

“这是干什么？”

∧ 波兰军队骑兵正开赴前线抵御德军装甲部队的进攻。

∨ 在波兰境内作战的德军装甲部队。

原来，参谋人员被战场的枪炮声搞得惊惶失措，认为波兰的骑兵正在向这里挺进，司令部随时都有被突袭的可能，要做好充分的准备，以备不测。古德里安知道是虚惊一场，看到参谋人员的这种状态也是哭笑不得，便只好先让他们安静了下来，然后再走进自己的司令部，开始考虑下一步行动。

第一天总的情况不是很理想。

第2步兵师向古德里安报告说，他们向波兰方面装有铁丝网的防线发动了攻击，但未能获取成功。现在该师已将所拥有的三个步兵团都投入到了第一线，师里已经没有预备队。古德里安接到上述报告，便命令该师借助黑夜的掩护将左翼的第11团撤回转向右翼，以保证第二天就跟随第3装甲师，向土赫尔方面实行迂回行动。

同一时间，德军遭到了波兰军队的顽强抵抗，古德里安的第20摩托化步兵师费尽九牛二虎之力，才占领了柯尼兹，不过所推进的距离却很有限。古德里安为了保持进攻锐势，便不容喘息，命令次日继续向前推进。

虽然德军已有过多次侵略行动，但以前都是在对方屈服下的“和平”进军，这一次却是真刀真枪的交战。所以在开战的第一天，德军官兵神经紧张的事件曾经一再发生，连晚上也使得古德里安不能安静。过了半夜不久，第2步兵师师长用电话向古德里安报告，他们遭到了波兰骑兵的袭击，将要撤退！这是绝对不行的，古德里安没有说话，沉默了一会儿，似乎答非所问：

“将军，你是否曾经听过一个波美拉尼亚的‘榴弹兵’被敌方的骑兵赶得到处跑？”

第2步兵师的师长有所醒悟：“从没有听过。将军，我向您保证，第2师一定坚守现有的阵地，决不放弃！”

古德里安还是不放心，决定第二天一早就亲自去视察这个师。在大约5点钟的时候，古德里安就到了第2师，发现师部的那些参谋人员还处在惊惶失措之中。为了鼓舞第2师的士气，古德里安亲自率领夜间撤出的1个团，由大克罗尼亚的北面向土赫尔方面迂回，实现了第2师的既定任务。

终于都过去了，战争开始第一天出现的惊惶失措也渐渐平静了下来。

古德里安的第3装甲师搜索营在黑夜里抵达了维斯托拉河。在希维兹附近的波里德罗农村中，由于冒进，德军遭到了伏击，受到了严重的损失，不少军官死亡。而第3装甲师的主力则被布拉希河隔为两段。天一亮，波兰军队就利用第3装甲师被分割的有利时机，向东岸的德军部队发动了攻击。战斗十分激烈，一直战到中午，最后该师被波兰军队压缩到了森林地带。为了改善战斗态势，第22步兵师在第3装甲师的后面，用急行军的速度前进，以争取早日投入战斗。在另外的方向，两个摩托化步兵师越过土赫尔灌木地区的行动，则发展较为顺利。

到了9月3日，由布罗克多夫将军所率领的第23步兵师，便插入了已经推进到达维斯托拉河的第3装甲师与第20摩托化步兵师之间的地区，从而对波兰军队构成了合围态势，把当面的波兰军队包围在希维兹以北和格劳顿兹以西的森林地区。在古德里安装甲部队的快速突击面前，波兰军队陷入了极大的被动之中，有一个波兰炮兵团正在向维斯托拉河的撤退途中，被古德里安的坦克追上，结果全部被歼，他们的火炮甚至都没有发射的机会。

德军对波兰的入侵进展迅速，手持大刀的波兰骑兵根本不是德国坦克的对手。经过德军陆空的集中打击，波兰地面部队被空中的战斗机、轰炸机和俯冲轰炸机搞得惊惶失措，不久便被有着重型自行火炮和坦克支援的德军所击败。

★“波兰走廊”

特指波兰境内的一段狭长地带。南北长约230公里，宽30～200公里不等，位于波兰北部。第一次世界大战结束后，这一地带重归波兰。“波兰走廊”对波兰意义尤为重要，它使得波兰拥有了波罗的海的出海口。“波兰走廊”将东普鲁士、“但泽自由市”（格但斯克）与德国的其余部分隔开。德国曾以波兰政府拒绝德国关于收回“波兰走廊”的无理要求为由，于1939年9月发动对波兰的突然袭击，从而使第二次世界大战全面爆发。

9月4日，古德里安将包围的口袋缩紧，“波兰走廊”★之战也接近了尾声。

这一天，古德里安监督着第2装甲师和第20摩托化步兵师向森林地区推进。晚上，古德里安的部队开始肃清围在袋形阵地中的波兰军队残部。

正当古德里安在为肃清波兰军队残部而苦战的时候，国际政治形势有了较大的转变，英法等国的绥靖政策宣告破产。9月3日，英国和在英国压迫之下的法国都已经对德国正式宣战，古德里安等德军军官不想见到的大战终于爆发了，他们终于同希特勒一起走向战争，走向了自我毁灭的深渊。

∧ 希特勒视察波兰境内的德军时，古德里安（前）向其致敬。

战斗结束后，9月5日希特勒突然来到第4军团，古德里安一行便在土赫尔到希维兹的公路上恭候着他们的元首。当希特勒看到了维斯托拉河上那些已被炸毁的桥梁，看到那些被毁坏的波兰炮兵团一片狼藉的火炮时，他问古德里安：

“这是我们的俯冲轰炸机干的么？”

“不，是我们的坦克战车干的！”古德里安有些自豪。

在视察古德里安的第23步兵师和第2摩托化师中，古德里安和希特勒谈起了这一次作战的经验。

“元首，在全部走廊战役中，我所指挥的4个师大概一共死了150人，伤了700人。”

希特勒有些怀疑：

“在第一次世界大战中，我所在的那一团人在作战的第一天就死伤了2,000多人。”

古德里安便借机通过现实，再一次申明了装甲部队在战争中的优势所在：

“敌人固然也很坚强勇敢，但是我损失这样小的主要原因，就是因为我们的战车能够发挥高度威力。战车实在是一个致命的武器。在这次作战中，由于它的缘故，我们损失不大，却使敌人损失了两三个步兵师和一个骑兵旅，俘获了几千名战俘，数百门大炮。”

话题转到技术方面，希特勒希望知道关于战车装备发展中的成绩与问题。当然古德里安是不会丧失这样提出自己要求的机会的。他不失时机地提出了想要最新的马克Ⅲ型和马克Ⅳ型战车，并对坦克战车的速度、火力等方面也提出了详细的建议。

9月6日，第19军军部和所属各师的前卫渡过维斯托拉河，军部驻在多拉的芬肯斯坦伯

∧ 正在渡河的德军部队。

爵城堡。这个城堡曾被拿破仑两次用作他的司令部，现在那木质地板上还留着他靴子的马刺所划伤的痕迹。当晚，古德里安就睡在拿破仑曾经住过的那间房间里面。

这一天，波兰政府迁往卢布林。

9月8日，德军向波兰中部和首都华沙发起了进攻，古德里安所辖各师都已经渡过了维斯托拉河。晚上，古德里安奉令到驻在阿仑斯坦的集团军群司令部接受新命令。受领的任务是第19军配属给库也纳将军的第

∧ 古德里安在其指挥车内听取手下军官汇报军情。

3军团，在行动中古德里安的军与它的左翼保持密切的联系，由阿利斯地区，经过洛夏直趋华沙的东面。

古德里安认为如果与一个步兵军团保持密切的合作，不能发挥装甲部队的全部威力，这样迟缓的行动会使华沙地区内的波兰军队有机会向东撤退并沿布格河建立一道新防线，于是便向集团军群参谋长沙尔穆斯将军建议：

“将军，我所指挥的这个装甲军还是由集团军群直接控制为好，这样可以从库也纳军团的左面前进，经过维兹拉沿着布格河的东岸，向布列斯特和李托弗斯克快速突进。此举可以使华沙附近的波军无法建立一道新的防线。”

沙尔穆斯和博克同意了古德里安的建议。

在古德里安原来所辖的3个师当中，还保留着2个师，即第3装甲师和第20摩托化步兵师。第2摩托化步兵师则被调离担任集团军群的总预备队。但原来隶属于第3军团的第10装甲师，以及鲁曾要塞步兵旅则被拨归古德里安指挥。当时这两支部队还都正在维兹拉附近的拉利夫河与敌人交战。

古德里安首先向原属的两个师下达命令，然后就驱车往柯尔曾尼斯特拜访第21军的军长法根霍特将军，了解新部队的情况。此时，古德里安才知道从正面攻击洛夏的企图已经失败，右翼的第21军在拉利夫的北岸丧失了机动性。

第二天早上8点钟的时候，古德里安到了维兹拉。在那里他找到了第10装甲师的师部，询问了代理师长斯顿福将军，知道该师的步兵已经渡河，并已经攻占控制这个地区，目前战事在继续发展之中。随后，古德里安又去鲁曾要塞步兵旅，旅长加尔上校给了古德里安很好的印象。对他的指挥，古德里安比较满意。由于对第10装甲师不放心，古德里安又返回了第10装甲师的师部。

当古德里安回到维兹拉的时候，才知道早上关于该师步兵攻击成功的报告属于谎报军情。该师步兵虽然渡过河，却没有发现敌人的坚固工事，到现在为止，对敌人的消息还不清楚，因为根本就没有做过对敌人的侦察搜索。这个代师长是不称职的，但现在说什么也没有用。古德里安决定亲自过河去看看那位团长，却找不到他的指挥所，连一个营指挥所也找不见。他一直跑到了最前沿也没有看见该师的一辆坦克，仔细查问原来该团还没有过河，现在都还留在河的北岸。古德里安只好派自己的副官回去，命令他们立即渡河。

第10装甲师的前线真是糟糕透了！连队正在换防，在他们眼中却看不到战争的紧张气氛，一切都好像和平时一样，部队压根儿就没有接到过攻击命令。更可恼的是，一个重炮兵的观测所居然和步兵分队混在一起。古德里安问他们的任务是什么，可他们也不知道应该干什么。面对此种情况，古德里安首先加强了战场管制，让部队各就各位，制止了前线的混乱状况。然后命令所有的团营长都来见他，并命令炮兵观测所向敌方阵地瞄准。终于这个步兵团的团长来了，古德里安便立刻带他一同向最前线走去。到了战线的最前沿，他便命令这个团长："就从这里向敌人攻击！"

当古德里安回到拉利夫河边，发现坦克团还留在北岸没动，便立刻命令该团迅速渡河。命令虽然有了，可是桥梁却还没有准备好，坦克只能用船渡过河去。当一切都安排好以后，已是晚上6点。这时，该师才开始发起进攻。而攻击行动也立即获得了胜利，只受到轻微的损失。

对此，古德里安感叹，优秀的指挥官是多么重要！这些事情本该在上午就可以解决的。

处理完第10装甲师的作战行动之后，古德里安便叫来工兵部队的指挥官，向他三令五申，命令他要尽可能地、尽快地把桥架好，以保障第10装甲师的后续部队和第3装甲师迅速渡过河去。

>> 冲杀在前的将军

然而，在古德里安回到军部的这段时间，又出现了意外。9月10日早上5点的时候，古德里安发现本来应在昨天半夜就架好的桥梁还没有架好。原来在古德里安尽快渡河的严令下，第20摩托化步兵师的师长下达命令，把正在架设中的桥拆掉，相关物资材料则被移到下游去重新架桥，以保障该师渡河。这样，主要渡河方向的第10装甲师和第3装甲师也就只能利用渡船进行渡河，这大大影响了渡河的进度。具体原因则是那个工兵军官没

> 德军士兵与坦克在波兰首都华沙街头。

有把古德里安的命令告诉第20师的师长，所以才出现了这个失误。没办法，古德里安的装甲师便只能在河岸边一直等到下午，在重新架好一个新的渡桥后，坦克战车才渡过河去。

由于古德里安的主力装甲师未能渡河，渡过河的第20摩托化步兵师的主力在向卢尔方向推进过程中，在查布罗夫附近遭遇到波兰军队而进行了一番苦战。后续渡河的装甲部队则进展较为顺利。

跟随装甲师前进的古德里安终于感到自己孤身冒进的弊端。由于他离开军部太远，许多指挥上的问题便不能立即得到解决。所以在9月11日的上午，古德里安都在等待军部的到达。而此时各师作战中出现的问题，也只能独立解决。波兰军队总司令雷兹元帅下令撤退，北部的波兰军队从洛夏向东南方向撤退时，在查布罗夫以南与德军第20摩托化步兵师迎头碰上，由于不知其他友邻的情况。该师师长命令他的部队绕过波军，向布格河前进，以迂回同后续的友邻相配合将敌人包围歼灭。在等待军部到来的过程中，古德里安无法指挥其他部队，只好调动第10装甲师的一部分去协助第20摩托化步兵师包围敌人。但是在第10装甲师左翼推进的第3装甲师却突然听到消息，说古德里安在维索基被波军围困，于是又派了第3机车步兵营兼程赶来“解围”。反正这一天上午，由于古德里安不能指挥所属各部队的行动，他的整个部队有点乱。

9月12日，第20摩托化步兵师在第10装甲师的协助下，把波兰军队包围在安达尔柴夫地区的附近。第10装甲师到达维索基－李托弗斯克一线地区，第3装甲师则到了比尔斯克地区。在比尔斯克，那天下午古德里安又看见了自己的小儿子库尔特。在紧张的战斗间隙，能够经常看到自己的孩子，也算古德里安的一大安慰。

由于部队的不断推进，古德里安的军部移到比尔斯克。这时，作为集团军预备队的第2摩托化步兵师再度调拨给古德里安指挥。古德里安便命令这个师沿着洛夏到比尔斯克的路线前进，目的是与本军的其他各部队会合。命令中的一句话，很鲜明地体现了古德里安指挥的风格：

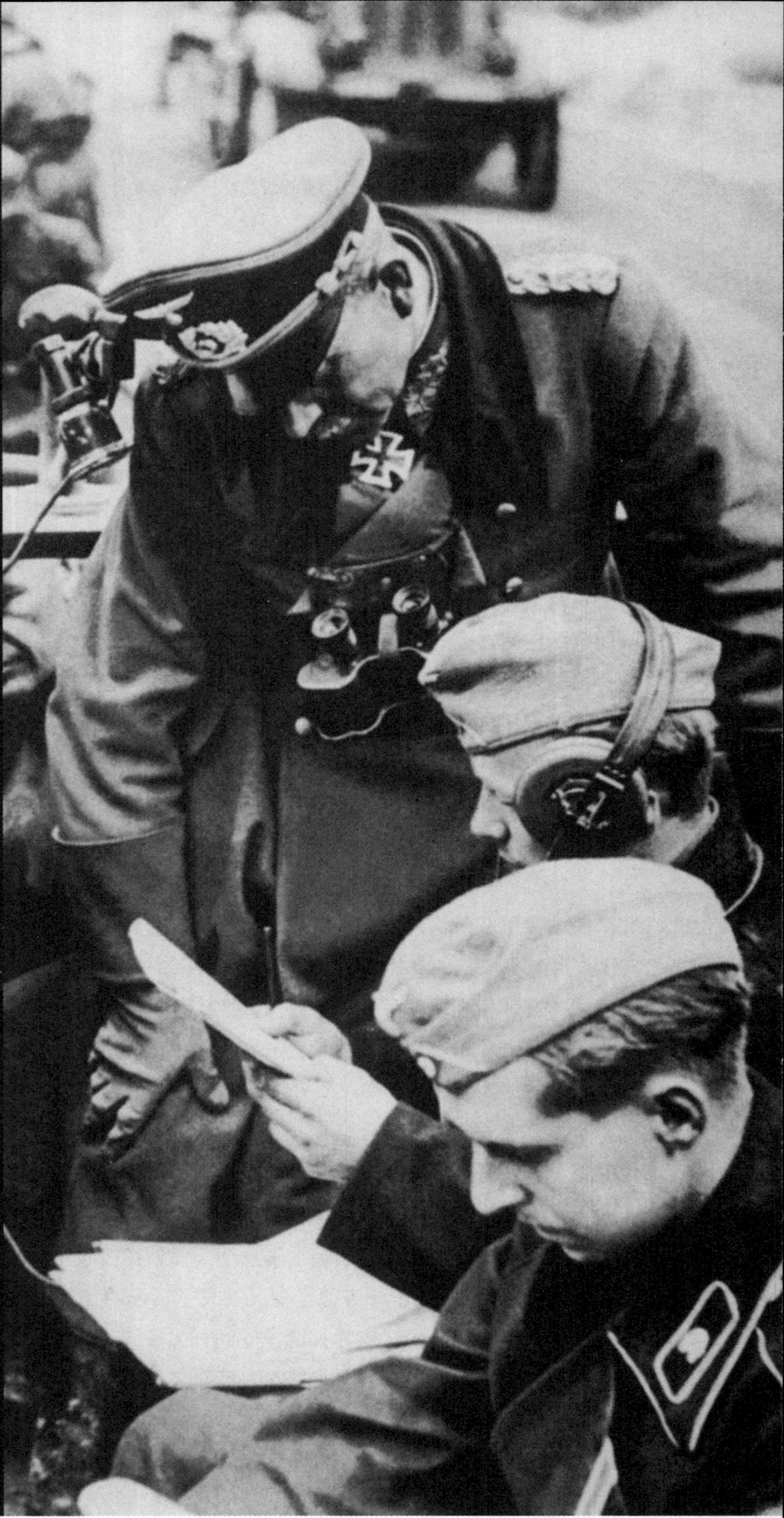

> 古德里安在其指挥车内听取手下军官汇报军情。

> 在华沙附近的一节火车车厢里，波兰被迫向德军投降。

“师长应在师的先头前进。”

第2摩托化步兵师师长巴德尔将军还真照命令行事。在13日的上午，他走的太靠前离开了他的部队很远，身边只有一辆无线电通信车。这时，巴德尔等人一头碰上了波兰的溃兵，溃兵当然不会放过孤立的敌人。双方交火很长时间，后来巴德尔一看自己势单力孤，有被生擒的危险，就赶紧用无线电求救，后续德军才把他接了出来。

这一天，在安达尔柴夫被围的波军投降了，波军第18师的师长被俘。古德里安的第3装甲师到达卡明尼克－李托弗斯克地区，第3装甲师的先头搜索部队则远达布列斯特－李托弗斯克地区。

古德里安下了攻击布列斯特－李托弗斯克要塞的命令后，就在比尔斯克宿营过夜。

布列斯特－李托弗斯克要塞是一座百年要塞，有着较长的历史。它东西横跨在布格河上，位于西面的卫城较小，要塞的大部分位于河东。河上有桥相连。

德军知道波军已经到达了著名的比罗维查森林地区。古德里安不希望在森林中作战，因为装甲摩托化部队在那里作战，是难以发挥自身优势的，会被牵制住大部分的兵力。而且与古德里安的主要作战目标——占领布列斯特－李托弗斯克相背离。于是古德里安只留下极少数兵力在森林的边缘进行监视。

9月14日，古德里安的第10装甲师的部分兵力，即搜索营和第8战车团，突破了布列斯特各外围防线。古德里安立即命令全军都用全速向布列斯特推进，以求扩张这次奇袭成功的效果。

9月15日，古德里安在布格河东岸对布列斯特卫城已经完成了合围。但是波兰人用一辆旧雷诺式的坦克塞住了城门，古德里安想以坦克奇袭的方式来突破该城的企图遭到失败。

这一天，古德里安的军部又移到了卡明尼克－李托弗斯克。

9月16日，古德里安的第20摩托化步兵师和第10装甲师对卫城发起进攻。他们向卫城冲锋前进，但是在波军利用有利地形的顽强防守下，攻击失败，主要原因是步炮之间的协同不好。第10装甲师的步兵团虽然接到在炮兵弹幕掩护下立即前进的命令，却没有严格按命令执行。当该团最后攻上去的时候，时机已经太迟、队形混乱，不仅遭受到了很重的损失，而且没有达到目标。令古德里安最为难过的是，他的副官布劳巴赫中校在这次战斗中也受了重伤，几天后就死掉了。他的死，对古德里安来说，是一个严重的损失。

要塞不能攻克，古德里安的第3装甲师只好从东侧绕过布列斯特，向南面的弗罗达伐推进。第2摩托化步兵师紧随在后面，向东对柯布里恩推进。

正当波军溃败之际，波兰政府置民族危亡于不顾，于9月17日逃往罗马尼亚。

9月17日的清晨，波兰守军正企图从西面经过那未破坏的桥梁撤出该城的时候，哥尔尼克上校所指挥的第76步兵团在黑夜里渡过了布格河，攻下要塞的卫城，结束了这个阶段的作战行动。

19军军部立即迁到布列斯特，古德里安这时已知道苏联红军也由东线向波兰进攻了。

被德军第18军和第17军从南、西、北三面包围的雷姆贝格波军拒绝投降，仍进行了顽强的抵抗。9月20日，德第17军的部队推进到布格河上游。

现在，古德里安所率部队的位置是沿着布格河面向西方，准备攻击的态势。第19军的后卫由第2摩托化步兵师担任，虽然在柯布里恩附近还有战斗发生，但目前还没有更大的战斗行动。古德里安最远的搜索部队已经到达了鲁波尔地区。

克鲁格将军的第4军团已经追上了古德里安的部队，于是古德里安的军队又再度归他指挥。鲁曾要塞步兵旅一直是古德里安军的左翼，最后也一起转给第4军团指挥。转变指挥关系后，克鲁格命令第19军继续向前推进，一个师向南，一个师向东，向何布里恩钳形攻击前进。古德里安的另外一个师则向东北方的拜里斯托克推进。对第19军的任务划分，古德里安是十分不愿意的，因为这样就无法对全军进行统一指挥。令古德里安感到万幸的是，苏联红军出现了，德军也就不能继续向前推进，计划当然就作废了，古德里安又避免了一场与上司之间的争议。

一位德国青年军官坐在装甲搜索车里，作为苏联军队的前导，通知古德里安：布列斯特已经划给苏联人，布格河就是界线。古德里安必须于9月22日以前撤回到分界线以西去。过了分界线的德军虽然抱怨时间仓促，要把全部的伤兵和所有受损的装甲车辆后送都有点儿来不及，但还是得遵照执行。

交接的那一天，同古德里安进行接洽的苏联指挥官是少将克利弗金，也是一位装甲部队指挥官。由于外交部并未给交接的德军以明确的指示，古德里安就以协商的方式办理一切移交的手续。德军将自己所有的装备全部带走，俘获的波兰物资无法运走，只好全部移交给苏军。

在离开之前的9月21日，古德里安亲自把他的副官布劳巴赫中校送进了他永久安息的地方。损失了这位勇敢而能干的幕僚，古德里安感到无限的伤感，更为伤感的是他所受的伤不太重，只是因为心脏衰弱的原因，才最终丧命。

这样，9月22日下午古德里安回到查布罗夫。第3装甲师已经开回了东普鲁士，其他各师也都随后各自开去。

9月22日，德第8集团军实现了对维斯瓦河的突破，并对莫德林和华

∧ 被德军俘虏的波兰士兵。

＞ 1939 年 10 月 5 日，德军进入华沙市中心。

沙的波军实现了完全分割。9 月 28 日，在水电遭到破坏，食品、药品断绝，完全丧失抵抗力的情况下，华沙无条件投降，守城波军 12 万人被俘。

9 月 27 日，莫德林停止抵抗，3 万名波兰士兵被俘。

10 月 1 日，波兰最后一个抵抗中心——海尔半岛也陷落了。

10 月 6 日，在登布林以东的科茨克附近，有大约两个师的波兰军缴械投降。至此，波兰军队全军覆没，德波战争结束。

此役，波兰军队的损失是阵亡 7 万人，伤 13.3 万人，被俘 70 万人。德军损失是阵亡 1.1 万人，伤 3 万人，失踪 2,300 人。

>> 进言希特勒

古德里安回想装甲摩托化部队在作战中的表现，感到自己多年的努力是德军取胜的重要因素之一。所以在以后的回忆录里，多次自得地提起自己建立德国装甲部队的功绩。在战间无事的日子里，古德里安想起了自己的两个儿子来。小儿子库尔特，古德里安见的比较多，知道他平安无事，可他却一直没有接到长子的消息。在整个战役中，古德里安家里人都没有接到长子的消息，这令他心神不安。

在这个相对平静的阶段，古德里安去看了看住在东普鲁士的亲戚，并得知他还有一个侄子在与波兰军队作战并已被俘。在亲戚的请求下，古德里安找到侄子被关押的地方，把他放了出来。

10月9日，古德里安的军部接到命令迁回柏林。令古德里安非常高兴的是，他终于又看到了自己的大儿子，他因为参加了对华沙围攻而获得一级和二级铁十字勋章。

10月27日，古德里安接到命令去总理府受勋。到那里后，古德里安发现受勋的德国军官总共只有24人，这些人都准备接受武士级铁十字勋章。能够在这样小的范围内受勋，古德里安感到非常高兴，不仅高兴自己能够获得勋章，更高兴自己经过长期的奋斗、历尽波折所创建的这个新型的装甲兵，从这次战役中得到了证明。这个勋章就是一个成功的、无可辩驳的证明。因为他知道，这次战争能够这样神速地进行，死伤如此的轻微，并不是因为那几十个普通的步兵师，而主要是依赖于装甲兵的迅猛突击的威力，这一点是任何人都不可抹杀的。

对这一点，希特勒也是知道的，他是不会让一个为自己的侵略扩张做出重要贡献的人

★伦德施泰特（1875～1953）

德国陆军元帅，曾参加第一次世界大战。1938年晋升大将后退役。1939年8月应召再次服役，任南方集团军司令。1939年10月，任“A”集团军群司令。1940年7月晋升为元帅，10月任西线总司令。1941年6月到11月，任南方集团军群司令，率部参加侵苏战争。1944年盟军在诺曼底登陆后，与希特勒发生分歧，于7月初被免职。1944年9月复任西线总司令。德国战败后被美军俘虏，1949年获释，1953年卒于汉诺威。

受到冷落的。在授勋典礼之后的欢庆宴上，古德里安被安排坐在希特勒的右侧。席间，他和古德里安起劲地谈论装甲兵的发展和这次战役中所获得的经验教训，既表彰他所做的一切，也不断鼓励这个小卒子为自己的侵略扩张努力加倍工作。然而希特勒毕竟是希特勒，他的突发奇想，总是让他的卒子们意想不到。

快要吃完饭的时候，希特突然冒出一句和欢庆宴完全不相关的问题。他问古德里安：

“将军，我想知道普通民众和军人对于我新近签订的德苏条约的反应。你给我谈谈你的看法？”

古德里安一愣，一时搞不清希特勒到底什么意思。但是又不能不回答，只好如实回答：“元首，当我们在8月底听到条约签字的消息之后，都松了一口气。我们认为，由于条约的签订，使我们对将来有了一种安全感。这样我们就不会像第一次世界大战那样腹背受敌。”

可是希特勒并不因古德里安对条约的赞同而有所动，相反却以怪异的眼神，诧异地注视着古德里安，一语不发。古德里安感到希特勒对这样的回答并不满意，却又搞不透希特勒的真实含义，如坐针毡，心里七上八下。好在希特勒没有就此话题再说下去，而是立即改变了谈话的主题。

这件事，困扰了古德里安很久，最后他才认清了希特勒是非常仇恨苏联的。他当时提出这个问题，只不过是要向古德里安展示一下他对于敌人的这种惊人之举。古德里安的回答，令他大失所望。

1939年的11月中旬，古德里安的军部移到柯布仑兹。在那里，按照统帅部的安排，古德里安的第19军归“A”集团军总司令伦德施泰特★上将指挥。

在进行军事准备的同时，德国法西斯为了适应即将到来的世界大战，也在积极进行思想上的准备。重要的一项内容就是对军官团加强了政治灌输，特别是统一将军们的思想，强调对希特勒侵略扩张的绝对支持与服从。他们在首都柏林对这些高级将领举行了一连串的讲话，进行主讲的人有纳粹政治家戈培尔、希特勒的亲信戈林等要人。在11月23日政治洗脑结束的时候，希特勒也亲自对他们进行训话。基于长期以来对德陆军参谋本部军官团的怨恨，希特勒和他的卒子们对军官团自负的心理狠狠地踩了一脚：

"空军将领们，在戈林领导之下，是绝对可靠的；海军将领也可以信任，但是党对于陆军的将领们却并不敢有这样的信任。"

陆军军官团的人，对此讲话大为不满。他们觉得希特勒等人抹杀了他们的"汗马功劳"。特别是古德里安，自认为是在侵占波兰中立了首功的人，就更是不满。所以当古德里安回到柯布仑兹之后，就去找集团军参谋长曼施坦因将军，大谈自己的不满，并且还与曼施坦因商讨该怎么办。

曼施坦因也对这个说法有意见，说他早已和总司令谈过这个问题，可是这个软弱的总司令不愿意、也没有能力领导陆军抗议此事。最后，曼施坦因就建议古德里安和集团军总司令伦德施泰特谈一谈，看能不能够说动他带头抗议这件事。古德里安马上就去见了总司令。伦德施泰特对这个事情当然是清楚的，但他在听了古德里安的发泄之后，推辞说他只能再和陆军总司令谈谈。

古德里安一看大家不愿出头，就直接反驳：

"元首所指责的对象主要就是陆军总司令本人，所以动员他去抗议这件事不妥。最好换一个人去和元首直接解释，要求他撤回这种不公平的指责。"

伦德施泰特为了自保，坚决不愿意出头，甚至也不愿意参与。

在随后几天之内，古德里安接连找了不少的高级将领，希望大家能够采取行动，改善陆军在纳粹眼中的地位，但是这些陆军军官多数已看到了结果，知道最后还是得做一个执行希特勒扩张政策的顺民，谁也不愿意参与此事。无奈之下，古德里安就去拜访李希留上将，他知道李希留上将和希特勒及国社党的关系一向处得很好，想请他帮忙说几句话。

但是见到李希留上将的结果，使古德里安大吃一惊。李希留上将明确告诉古德里安：

∧ 德国入侵波兰期间，希特勒前往前线视察时与古德里安（左一）握手。

“将军，我早已和元首因为这个事发生过激烈的冲突。所以我是不可能见元首谈论这个事的。我也感到应该让元首明白陆军将领的感情，你不妨自己去和元首谈一谈。”

“我去不合适。我是军长阶层里资历最浅的一个，在许多老将军面前，我怎敢代表全体陆军将领说话。”

李希留上将不听古德里安那一套：

“将军，这是为大家的事，没有人会认为你不合适的！”

接着他就向总理官邸通了电话，请求元首接见古德里安。

第二天，古德里安就接到命令立刻去柏林。

这样，古德里安就在这种情况下再次被希特勒召见。这次希特勒又是单独一个人接见古德里安，而且还让古德里安一个人不停地发泄了20多分钟，中途一点都没有打断他。古德里安把他在柏林所听到的三篇演讲的内容简要地叙述了一下，直接指出这些都是针对陆军将领的。古德里安抱怨道：

“我曾经和许多将军都谈论过这个问题，他们也觉得政府首脑人物居然说出这样的话来，实在是感到非常地惊异和不平。事实上，最近发生的战事就很好地证明了陆军军官团的忠诚，他们在波兰战役中是冒着生命的危险来报效国家的。是他们的忠诚勇敢，才使得这场战争能够在三个多星期内就胜利地结束了。”讲到这，古德里安话题一转：

“现在我们对西方国家的恶战还没有开始，将来会有更大的战事，我们认为在军队的最高领导层中决不能发生裂痕。”

随后，古德里安向希特勒解释，为什么他这么一个资历最浅的将领，跑来提出这个问题。他说，他曾经请求那些老前辈们来向元首解释，只是他们都不愿意来。说到这里，古德里安刻意表白自己：

“我可不想让我的元首以后说，‘我曾经当面向那些陆军将领们说，我不相信他们，他们就接受了我的不信任，没有一个人提出抗议。’因此我今天才来晋见您，是想让您知道，对于这种说法我们提出抗议，这种说法对于我们不仅是不公平，也是极大的侮辱。我想最多不过是个人的问题，如果您对某个将领感到不信任的话，您可以把他免职。”

在古德里安的申诉快要结束时，他再次恳切地要求希特勒：“未来的战争一定是一个长期的过程。我们在军事领导上决不可以有裂痕，相互之间一定要建立信任。我们再不能像第一次世界大战时兴登堡和鲁顿道夫尚未接任最高统帅以前那样的一团糟。那一次是坐失时机，到他们两人上台时，也已经来不及了，根本无法扭转战争形势。从我们的事业出发，这一次我们的最高领导层一定不要再重蹈过去的覆辙。”

希特勒听得倒是非常的专心，静静地听着古德里安一路说下去。当古德里安说完之后，他直接回答道：“那不过是陆军总司令一个人的问题。”

“如果说您对于现在的陆军总司令感到不能信任，那么元首您就应该免除他的职务，调换一个您完全信任的人。”古德里安没有过多思考，便直接回答了希特勒的问题。结果这个回答恰恰陷入希特勒的圈套，他马上就将话题引到一个古德里安最难于回答的问题：

“你推荐什么人来接替他的职务？”

古德里安的脑袋里当然有一张自己所认可的名单，他认为名单上的任何人都可以并能够有资格担任这个职务。结果从古德里安第一个提出的李希留上将开始，古德里安所提出的人选全被希特勒所否决。这一系列的否决，使得希特勒的表情是那样的愉快。从希特勒连续的否决里，古德里安虽然确信李希留并没有说谎，但也渐渐感到希特勒至少对陆军的高层领导人是不满意的，而不仅是一个人的问题。最后，古德里安无话可说，就只好沉默下来。

这时希特勒就打开了话匣子，开始滔滔不绝地宣泄。他大谈他之所以对于这些将军不信任的原因。在他开始重新武装德国的时候，弗利特希和贝克就和他伟大的设想唱反调。他希望立即成立36个师，而他们却找出种种理由认为只能成立21个师。在莱茵非军事区的问题上，不但陆军的将军们反对他重占莱茵河流域振兴德国的计划，而且在事实上陆军的将军还抱着只要法国人一有所行动，马上就会转过身开溜的想法。最后，只是由于他的外交胜利才算是免于使德国遭受新的“污辱”。而他信赖的布隆堡元帅的行为也使他感到深深的失望。

对于弗利特希事件，希特勒非但没有自责，却反咬一口，说德国将军的行为给他造成了极为不利的影响。接着，希特勒又谈到了在捷克危机的时候，贝克是多么地反对他的领导，不得已才将其免职。现任的陆军总司令的能力不够，他对于重整军备的一些建议都太一般，提不出真知灼见。最显明的例子就是在这期间轻型野战火炮的产量太少，少得简直令人可笑。在前不久结束的波兰战役中，他和他的将军们之间也早就有很多不同的意见。基于上述种种原因，对于未来的西方战役，他也不敢相信陆军总司令能和他保持一致。

当然希特勒不会错过任何拉拢部下的机会，宣泄时也不忘宽慰一下他的卒子：

“我的将军，你能处处为统帅部着想，我非常感谢！谢谢你的坦白陈述。”

就这样，希特勒结束了和古德里安的谈话。前后共经历一个多小时，但古德里安却没有得到任何想得到的回答，只是被希特勒教训了一顿。离开总理官邸，古德里安就像泄了气的皮球一样，垂头丧气。

> 1939年，希特勒乘车外出视察时所摄。

第四章

西线的辉煌攻势

1888-1954 古德里安

经过连续的忙碌，古德里安感到极度的疲劳。特别是部队的进攻和行动部署正常之后，心理一放松，整个人就像马上要垮了下来。一回到兵团部，古德里安连军服都没有脱，便一头扎在一堆稻草上睡了过去，舒舒服服地睡了3个小时 ……

希特勒与手下将领在一起。

★"黄色方案"

"黄色方案"是德国最高军事当局拟订的对西欧发动进攻的战略计划。德国灭亡波兰之后，开始准备进攻西欧。1939年10月9日，希特勒下达了第6号指令，后德国陆军总司令部拟订了代号为"黄色"的行动计划。这个作战计划实际上是第一次世界大战前德国"施利芬计划"的翻版，即通过比利时中部向法国首都巴黎实施突击。后来该计划经过德军最高统帅部的修改，最终于1940年5月10日实施。

>> 飞渡马斯河

由于德国入侵波兰，英国、法国被迫与德国宣战。古德里安的个人命运也被深深地卷入了战争之中。

1940年2月24日，德军发布了新的对英法作战的"黄色方案"——也就是"曼施坦因计划"。

在围绕着"黄色方案"★进行准备的过程中，关于对装甲部队如何指挥的问题，曾经引起了长期的争论。当"曼施坦因计划"被采纳以后，这个问题也就得到了解决，德军决定成立一个装甲兵团，由古德里安的第19装甲军和魏特夏将军的第14装甲军所组成，克莱斯特将军担任兵团司令。后来，考虑到古德里安指挥装甲兵所表现出的卓越才能，才又决定由古德里安的装甲军担任进军阿登山林地区的前锋。布西将军所统率的第16军团则处于古德里安的左翼，作为掩护。为了完成所担当的任务，古德里安在明确了任务后便立即赶回去，忙着训练他的部队去了。

古德里安此时指挥的部队有第1装甲师、第2装甲师和第10装甲师3个师，及一个"大

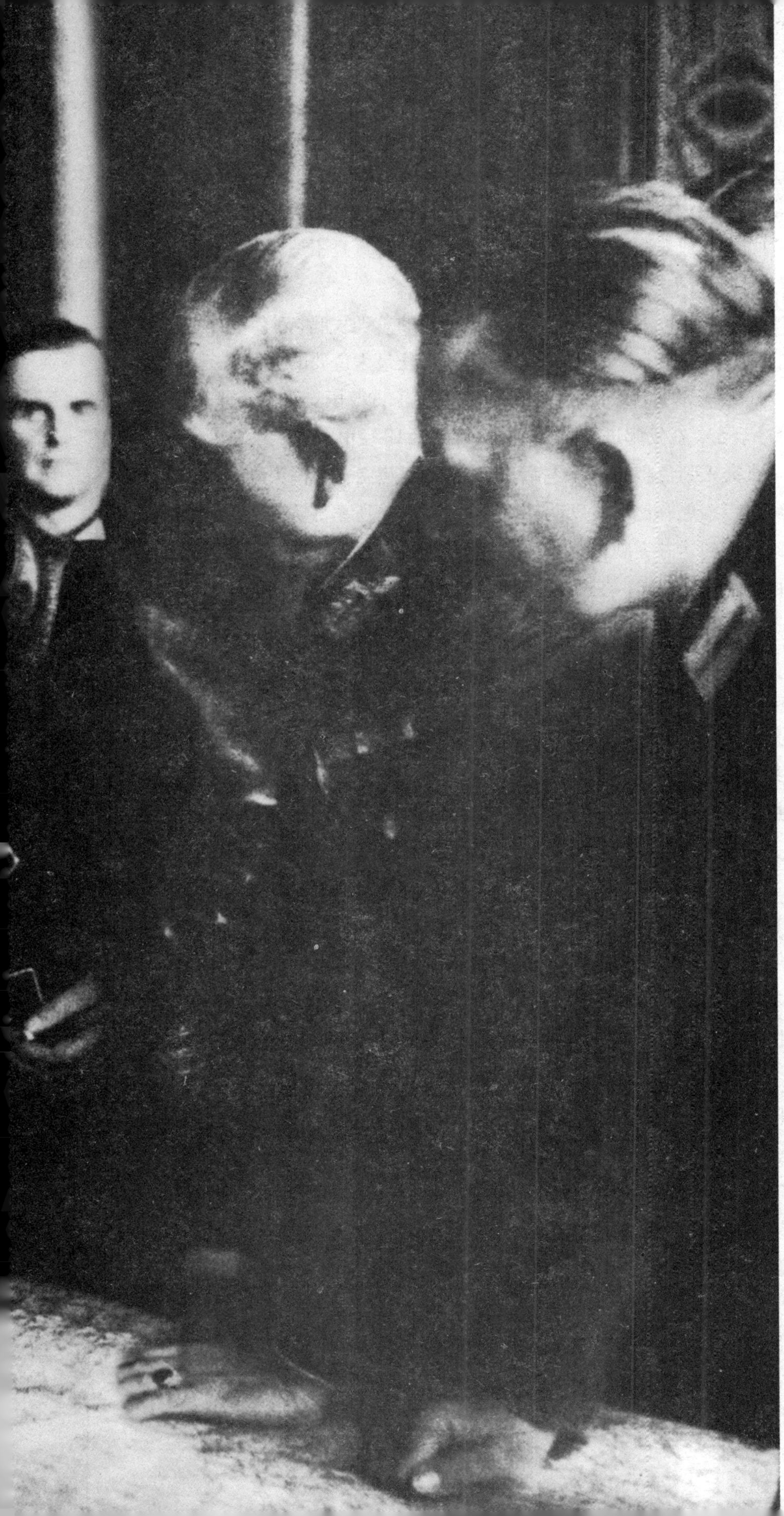

< 德军入侵法国之前，古德里安（右二）与其他德军将领一起讨论作战计划。

德意志”步兵团，另外还包括一个迫击炮营等军直属部队。这些部队中，除了“大德意志”步兵团以外，其余的部队都是由古德里安一手培养起来的。他曾带领他们参加过训练，也参加过战争。古德里安为了能够完成对阿登山林地区的突破任务，可真是不遗余力，不久便累得精疲力竭，不得不在3月下旬请一个短假，进行休息。

在古德里安休假前，A集团军的高级将领被召集到希特勒的总理官邸，对作战准备情况及有关内容进行汇报。古德里安最后一个发言，他的这个军担任最为重要的突破任务，希特勒当然也是非常关注他未来的行动，因此希特勒特别仔细地听了古德里安对其任务的表述。

“元首，根据作战命令规定，在发起进攻当日，我率领的第19装甲军要越过卢森堡的国界，经过比利时南部，一直突入到色当，强渡马斯河后，在对岸建立一个桥头阵地，以掩护后续的步兵军渡河。在经过卢森堡和比利时发动进攻的时候，我将所率部队分为3个纵队前进。我争取进攻发起的第一天到达并突破比利时边境；第二天我争取到达劳夫夏特；第三天可以到达波仑，并渡过西蒙斯河。这样，在进攻发起的第四天我就可以到达马斯河，而第五天我就可以渡河了。如果不出意外，在第五天的下午我可以建立一个桥头阵地。”

希特勒听到这里，反问了一句：

“那么以后你又准备做些什么呢？”

这个问题问得很突然，以前古德里安没有想过，别人也从未向他提出过这个重要的问题。沉思片刻，古德里安巧妙地回答：

“除非我接到了其他的命令，否则我在渡过河后会继续向西推进。最高统帅应该决定我的最终目标是阿敏斯还是巴黎。依照我个人的看法，正确的路线是应该过阿敏斯，直接突向英吉利海峡。”

希特勒点点头，没有再说什么。

这时突然有人高喊一声：“我就不相信你可以渡得过马斯河！”

这一句话看来是触动了希特勒，也许是他也担心自己的冒险进攻出现失利，脸上不自觉地显出紧张的表情，用眼睛注视着古德里安，寄希望古德里安做出有力可信的回答。古德里安淡淡地说一句：

“无论如何，我的任务总不会需要您来代劳！”。

虽然希特勒提到了渡过马斯河以后的问题，可是统帅部却一直到战争爆发也没有指示古德里安在马斯河上获得了桥头阵地之后，应该如何进行下一步的行动。是不相信古德里安会如此顺利地突破，还是感到为时尚早而没有必要进行这个问题的研究，亦或是德军上层内部的纷争，反正一直到古德里安到达大西洋海岸之前，对这个问题德军最高统帅部始终没有一个明确的决定。

1940年5月9日的下午1点30分，古德里安接到进攻的预先命令。下午4点，古德里安率领他的部队离开了柯布仑兹，在当天就到达了索仑霍夫的军部。此时，进攻的部队已奉命

> 率部进攻法国时的古德里安。

在凡登与以赫特纳之间完成部署，集中在边境一线，就等一声号令越过国境线，扑向对方。古德里安认真察看了当地的地理情况，并进行了细致的研究。为了能迅速突破卢森堡和比利时两国边境上的防线，古德里安命令他所率领的3个装甲师一字排开。由占据中央部位的吉青纳将军指挥的第1装甲师担任主要攻击任务，军部和高射炮兵部队的主力随后跟进。在第1装甲师的右翼，是怀尔将军指挥的第2装甲师。在第1装甲师的左翼，是由夏尔将军指挥的第10装甲师和“大德意志”步兵团。这3个师长都是古德里安的老部下，完全赞同古德里安的想法，他们认为只要装甲兵发动了攻势，那么就应该勇往直前决不回头，一直向前、向前、再向前，直至不能再前进了，或者直到把敌人彻底击垮为止。

1940年5月9日凌晨5点30分，德国与英法联军的战斗打响了。进攻首先是由戈林的空军发起，他们疯狂地向荷兰和比利时的几十个机场进行了突然袭击，荷兰和比利时在这强大的攻势面前只有招架之功，没有还手之力。德军摧毁了他们的机场，致使三四百架飞机成为

< 一群德军士兵越过壕沟向法军阵地发起进攻。

> 德军坦克部队向前推进。

废铁，为随后两个星期内的空中优势奠定了基础。紧接着，在B集团军的猛烈攻势下，英国和法国开始调集大量的军队进入比利时。他们万万没有想到，这恰好中了曼施坦因计划的圈套，一直在等待的希特勒兴奋不已，狂叫着：

“我简直高兴得要哭了！他们正好掉进了我的陷阱。”

而与此同时，李勃将军的C集团军也摆开了架势，准备对马奇诺防线正面实施进攻，使法国军队对是否从南部撤回部队，用以增强其它方向的防御而犹豫不决。可当法国最后还是决定撤回部队的时候，却为时已晚，德国的空军早已将铁路线破坏殆尽。

这样，英法联军防线中的阿登山区便成为最空虚的地方，在马奇诺防线的西端与英军防线之间只有战斗力较差的几个师在防御，为A集团军的顺利实施进攻创造了条件。

而此时，古德里安和第1装甲师在一起，从华仑多夫附近越过了卢森堡的边境，向马尔特兰挺进，第一天就摧毁了卢森堡人在边境构筑的障碍。到了第一天的下午，该师的前卫部队已经突入了比利时的边境线，向着劳夫夏特的要塞发起猛烈的进攻。担任防御任务的守军，一部分是从边境上撤退的比利时军队，另外还有一部分法国的骑兵。比法两国军队从未认真设想过如何对付装甲部队的迅猛突击，不知该如何有效地抵抗对方的进攻，结果在短暂的交火之后，守军的阵地就被德国的坦克所突破，随即比利时的劳夫夏特也被攻占。运用新战术的德军，在空中火力的支援下，借助装甲的有效防护，便以较小的伤亡取得了作战初期的胜利。

随后，古德里安的第1师继续向前进攻，又占领了贝提克斯。到黄昏的时候，第1装甲师到达波仑的近郊。而法军也停止了溃退，在波仑组织防御，以抵抗德军的进攻。古德里安的其他两个装甲师，按照预定计划也在顺利发展之中，前进中只遭遇到极度轻微的抵抗，这一天，第2装甲师业已攻下李布蒙。

5月12日清晨5点的时候，古德里安率领着他的幕僚，来到波仑前线，监督第1步兵团任务执行情况。不断向前进攻是古德里安的本性，他刚到第1步兵团，就命令团长巴尔克中

校马上组织部队向波仑展开全面的攻击。第1步兵团接到命令不敢怠慢，在7点45分向波仑开始全面的进攻。情绪低落的法国士兵人心涣散，根本无法对抗士气正旺的德军的猛烈攻势，战斗开始不久，德军就攻下了这个目标。

然而，法军在撤离时已经破坏了西蒙斯河上的桥梁，但是好在这条河并不是很深，古德里安的部队最后在附近找到一处渡河点，坦克战车可以涉水渡过去。于是古德里安就随着坦克战车的钢铁洪流，越过河流，向色当方向前进。当古德里安到达前线的时候，正赶上第10装甲师的前锋搜索营向敌人的阵地进行攻击，步兵紧跟着搜索部队后面向前推进。这个师的师长夏尔将军和旅长费侠尔上校也都学古德里安的样子，走在部队的前面，带领着部队攻击前进。这样，在优势德军的连续不断的攻击下，不久森林中联军的防御阵地便被德军攻克。随后，第10装甲师的部队经过夏培里，向着巴齐内斯－巴南继续推进。

到5月12日夜幕低垂之前，古德里安的第1和第10装甲师都已经占领了马斯河的北岸，并且攻下了历史名城色当，南哈特的第41装甲军接近了提尔米，隆美尔的第7装甲师接近了豪克斯。这样，德军的装甲部队已成功地越过了安第内斯山脉，安第内斯山的屏障已被德军抛在后面，同时也将在安第内斯山区组织防御的比利时军队抛在了后面。但是在进攻过程中，各快速兵团的距离拉得很大，后卫及其随后跟进的各摩托化师还在莱茵河附近，而前卫部队则已到了马斯河。由于敌人占领了有准备的防御阵地，德军又没有预先进行周密的侦察，也没有收拢兵力并作好各种准备，得不到强大的炮兵支援，德军上层对是否于5月13日强渡马斯河是犹豫的。最后考虑到时机的重要性，好在还有空军的几百架飞机可以进行支援，还是决定了于次日强渡马斯河。

当时，从古德里安各部所处的态势上看，第1和第10装甲师到达预定的位置是没有问题的，只是第2装甲师却在沿途遭受到各种阻碍。是否能在进攻开始前准时赶到进攻出发阵地，古德里安心中也没有底。为了保证自己的攻击力量，古德里安坐飞机到装甲兵团司令部，当面把第2装甲师的实际情况报告给了克莱斯特将军，并向克莱斯特反复说明了兵力强弱对进

∧ 德军部队正穿过法国一个小镇。

攻的影响，希望克莱斯特能够考虑自己的实际情况，使自己有较多的兵力建立起有力的攻击部署。但克莱斯特却不肯改变他的观点，决定按原计划原部署发起进攻。

既然在装甲兵团司令部不能解决什么问题，古德里安只好带着满腹怨气坐上飞机回军部安排自己的作战行动。回来的时候，飞行员换了，不是原来接古德里安的那个人，而由另外一个新的飞行员送古德里安回军部去。不知由于紧张，还是对该地区地形不熟，反正这位青年人找不到古德里安原先起飞时的跑道了。古德里安坐在这架没有武装的飞机上，在法军阵地上空慢慢地飞来飞去。好在古德里安的命还真大，竟然在法国人的头顶上安然无恙地兜了一回风。但想到这一点，古德里安心里真是极不舒服，总是这样下去也不是办法，他提起精神来，仔细回忆来时的路线，便命令驾驶员向北飞。终于找到了来时起飞的跑道，在飞机着陆的时候，汽油也就要用完了。

回到军部之后，古德里安立即安排参谋长赶紧撰写作战命令。因为时间紧张，参谋人员只好从档案中把以前在柯布仑兹演习时的命令取了出来，照猫画虎。好在它与目前的情况极为相似，只需把时间改了一改，就可发下去使用。军部这样做，第1和第10装甲师也是依样画葫芦，把以前演习的旧命令拿来简单地改动一下，就发到所属各单位执行。所以虽然时间紧张，但是命令的下达还是在较短的时间内便完成了，迅速而简单。

5月13日上午8点15分，古德里安命令所属的3个师于当日下午4时正式发起进攻。其部署是：第2装甲师从邓齐里两侧地区渡河，渡河后占领邓齐里南侧地域，然后再转向西，越过安第内斯运河，沿着马斯河横扫敌方阵地。第1装甲师在格莱尔和托赛之间强渡马斯河，扫荡在马斯河湾内的敌军后，前进到马尔费森林。第10装甲师则在色当与巴齐里斯地区渡河，同第1装甲师一起扫荡马斯河湾内的敌军，然后占领毛吉斯点附近的高地。

古德里安各部忙着作渡河攻击的准备工作，军直属炮兵和装甲兵团直属炮兵也进入了阵地。攻击的主要方向在第1装甲兵师那里，对它实施增援的部队有“大德意志”步兵团、军直属炮兵及它的两翼师所属的炮兵营。

5月13日上午，古德里安首先到了第1装甲师，看了看他们的准备情况。随后他经过地雷尚未扫清的德军已占领地区，冒着法军的冷炮威胁，到了在沙格尼的第2装甲师师部，察看了第2装甲师的准备情况。这个师的先头部队已经到了法国边境。正午的时候，古德里安才回到在夏培里的军部。

正午过后一直到下午4点，德国空军的俯冲轰炸机一直不停地攻击马斯河西岸的法军防御阵地，摧毁了法军的炮兵阵地、工事、地堡和机枪火力点。在飞机的尖叫声、炸弹的爆炸声中度过的守军士兵，精神受到了极大的震撼，本不旺盛的战斗意志更为削弱。

下午3点30分，古德里安到了第10装甲师的一个炮兵前进观测所，想亲自看一看炮兵射击和飞机轰炸对敌方阵地的破坏情况，以便组织有效的进攻行动。下午4点，德军的渡河攻击正式开始，野炮、战防炮和高射炮都加入了射击的行列，空军也准时到达加入攻击的行动。

现在，古德里安急于想去参加步兵分队的渡河战斗了。德军分乘数百艘橡皮艇进行强渡，虽然死伤严重，但是到下午5点30分的时候，终于在马斯河西岸建立了一个滩头阵地。

古德里安从圣孟格斯转到佛洛因，到了第1装甲师的预定渡河地点，走上第一艘渡船。在河岸的那一边，古德里安看到第1步兵团的团长巴尔克中校。团长和他的幕僚在河的对岸迎接古德里安，古德里安所坐的船近了岸，他喊道：

“马斯河里禁止游船！”

这是古德里安自己的一个典故。在过去演习的时候，有些青年军官们对待演习的态度不认真，古德里安就常常用这句话间接地批评他们，要他们认真对待演习。现在巴尔克中校反用这句话，以显示德军战斗发展的顺利情形。

虽然渡河的初期战斗紧张一些，不过总的来讲，德军的这次渡河行动还是较为顺利的。古德里安的第1步兵团和“大德意志”步兵团的攻击发展，几乎就是日常演习的翻版，完全按照计划进行。河对岸组织防御的法军，在德国空军不断的攻击下，炮兵基本上处于完全瘫痪的状态，而守军沿着马斯河构筑的混凝土工事也大都被德军的战防炮和高射炮所击毁，幸存的机关枪火力点在德军重武器与炮兵的火力压制之下，也都抬不起头来。相对于如此不利于强渡一方的地形条件，古德里安部队遭受的损失还是比较小的。

到了晚上8点，色当以南的马尔费森林已经被德军占领；晚上10点的时候，德军又占领了邓齐里。现在古德里安已经穿透敌方防御阵地的纵深，他命令部队在夜间不许休息，继续向前进攻，又占领了色当以南13公里处的齐美里。到了晚上11点，古德里安的部队已经到达了法国的主要防线。一直到这个时候，古德里安才转回自己的军部，并开始着手研究翼侧方面的战况报告。

第19装甲军第2装甲师参加作战的部队不多，只有它的前卫搜索营和机车营以及重炮兵参加了强渡马斯河的战斗，现在还未过河。第1装甲师的步兵已全部渡过马斯河，坦克战车和炮兵则正在等着马斯河上的桥梁一旦架好，这些武器装备和人员就可以过去。第10装甲师发展较快，已经渡过了马斯河★，并且在对岸建立了一个小型的桥头堡。不过由于师属炮兵调归第1装甲师使用，得不到炮兵火力的支持，该师不得不经过一天的苦战，方才基本完成任务。但在明天的战斗中，第2装甲师和第10装甲师的情况就可以大幅改善，能得到军属重高射炮的支援。

> 德军乘橡皮艇渡过马斯河。

★马斯河

西欧河流，流经法国、比利时和荷兰。第二次世界大战期间，盟军与德国军队在马斯河一带进行过多次激战。1940年5月13日，德国装甲部队在马斯河沿岸的迪南与色当横渡马斯河。之后，德军在马斯河下游南岸建立了宽大的桥头堡，并配备重兵把守。1945年2月8日起，盟军与德军在马斯河一带展开激战。同年4月前后，德军在马斯河沿线的兵力才被盟军全部扫清。

晚上，古德里安决定挖苦一下那些当初反对他的、认为他不可能打到马斯河的人。他打了一个电报给上次在希特勒会议中藐视他的布西将军，特意向他通报已经渡河成功。对方的反应倒是出乎他的意料，布西将军非但没有气恼，反而给了古德里安一个很亲热诚恳的回电，祝贺他的成功。

相形之下，古德里安却未免心胸有些狭窄了。

5月14日一大早，古德里安就接到了第1装甲师的报告，说他们在昨天夜里已经通过了齐门里。得知这个消息后，古德里安受到极大的振奋，于是直接驱车奔向齐门里。在途中，古德里安看到在马斯河的河岸上，集结着成千上万的战俘，这些战俘多数是法国人，一个个无精打采，面无表情，对周围的一切漠不关心。

当古德里安到达齐门里的时候，第1装甲师遇到了新的情况，据通报有一支强大的法国装甲部队正朝着这个方向开进。师长正在下达作战命令，命令坦克战车部队向斯东尼方向进攻，力求给前进中的敌人一个迎头痛击。古德里安没有干涉第1装甲师对情况的判断与处置，而是跟着反击部队回到了缪斯桥，命令第2装甲师的第2坦克旅，立即跟在第1坦克旅的后面渡河，以保证河对岸有足够的装甲兵力对付法军装甲部队的攻击。

战斗很激烈，法军向德军进行猛烈的进攻，经过一番激战之后，最终法军的进攻还是被古德里安的装甲部队遏制住了。虽然法军的坦克是20吨重的索马基本型和重30吨的索马B型坦克，性能比德军所使用的10吨重的马克Ⅱ型和22吨的马克Ⅳ型坦克要好，不过在战术运用上逊色得多，所以法军坦克的技术优势最终也不能挽救失败的结果。法军在布尔逊损失了20辆坦克，在齐门里又损失了50辆，没有取得任何战果，也未能改变法军的被动局面。古德里安的“大德意志”步兵团占领了布尔逊，并且以此为出发阵地向费里尔斯实施了进攻。战斗中最为不幸的事件是，古德里安的装甲部队遭到了德国的俯冲轰炸机轰炸。就在古德里安离开齐门里不久，突然来了一群轰炸机，稀里糊涂地对着德国的密集部队投下许多炸弹，使古德里安的部队蒙受了极大的损失，气得古德里安对空军司令官大发脾气。

这个时候，第2装甲师已经在邓齐里附近渡过了马斯河，并在河的南岸一路攻击前进。古德里安为了了解该师的战斗情况，便驱车去了一趟，感到第2装甲师的指挥官们还是比较认真的，部队正按计划顺利前进，便又赶回到马斯河。

现在围绕着破坏与保卫那座唯一的桥梁的战斗正在激烈进行中，那里正遭受着前所未有的猛烈空袭。如果不能在马斯河上切断德军的进攻势头，联军的整个防御体系便有崩溃的危险，为此英法两国的空军得到了严令，一定要破坏德军保持进攻的唯一通道，飞行人员都十分勇敢，他们不顾生命危险，想炸断古德里安部队的这座桥梁。德军为此也投入了主要的防空部队，在激烈的对抗中，德军的高射炮到那天黄昏为止，已经一共打下了100多架联军的飞机。因此，担任防空任务的高炮团团长希迪尔上校获得了武士级铁十字勋章。

> 在法国境内指挥作战的古德里安。

< 法军对入侵的德军进行了顽强抵抗。

在激烈的空袭中，第2坦克旅的坦克还是一辆接一辆地通过渡桥过了马斯河。快到中午的时候，德军A集团军总司令伦德施泰特上将也亲自来到马斯河边，视察这里的战斗情况。这令古德里安大为振奋，于是站在桥上的中央位置，把自己部队的战况全面地向伦德施泰特做了汇报。而这个时候，英法空军的空袭还在进行，战况比较激烈。听了古德里安的汇报，伦德施泰特上将有些怀疑，淡淡地问道：

“这里的情形总是这样么？”

古德里安毫不犹豫地回答：“是的，将军。敌人的空袭一直不断。”

伦德施泰特于是就对古德里安所部的英勇战斗精神进行了一番表扬，然后又了解了一下有关作战的其他情况，便离去了。

他们走后，古德里安回到第1装甲师的师部，找到师长温克将军。上级未对渡过马斯河后的行动有具体的规划，古德里安虽然有自己的想法，但是还想知道部下对下一步行动的想法，便向他们提出一个问题：

“你们看，现在全师已经渡过了马斯河。下一步是一直向西推进呢？还是在南侧安第内斯运河的东岸留下一个侧卫部队，其他部队再向前开进为好？”

温克师长到底是古德里安的老部下，从话中听出了他的深层含义，知道军长是征求他们对下一步行动的意见。他便用古德里安常说的话作了回答：“只准集中，不准分散。”

这正和古德里安的想法相一致。古德里安马上就给第1装甲师和第2装甲师下达了命令，改变进攻方向，向西推进，越过安第内斯运河，以突破法国防线为攻击目标。为了保证两个装甲师的行动协调一致、互相配合，古德里安又赶到第2装甲师的师部协调行动。

德军在5月13日和14日的行动，给英法等联军带来了严重的影响。克莱斯特的这两个

∧ 法国境内的德军坦克。

∧ 一名荷兰军官扛着白旗向德军投降。

装甲军迫使法国骑兵部队在色当与那慕尔之间沿着马斯河后撤以后，在色当南面渡过马斯河并建立起了桥头堡，完全冲垮了法国第9集团军的防线。14日这天，希特勒下令一切可以利用的装甲师和机械化师都要集中起来，从克莱斯特在马斯河对岸建立的桥头堡出发，向西然后向北，迅速朝英吉利海峡进攻。因而古德里安的3个装甲师渡过马斯河后，随即受命展开不停顿的进攻，将战火引入了法国境内。

5月15日清晨4点钟的时候，古德里安和魏特夏将军在古德里安的军部见了面，商谈德军据守的桥头堡的交接事宜，古德里安将占据的桥头堡交给魏特夏将军接防。交接完毕以后，古德里安与魏特夏又一同到了布尔逊附近的第10装甲师师部商议交接的具体细节问题。在师参谋长李本斯坦中校的建议下，古德里安和魏特夏同意：在交接期间，第10装甲师和“大德意志”步兵团都暂由第14军指挥，待他们的部队到齐之后，第10装甲师和“大德意志”步兵团再归建。

离开第10装甲师的师部，古德里安又转到了在斯东尼的“大德意志”步兵团的团部。进一步明确了交接时的注意事项和任务。当古德里安赶到时，恰逢法军正在发起攻击行动，团里的指挥官一个也找不到。直至击退了法军的进攻后，古德里安才算找到了人，把交接的事情交待下去。

晚上，古德里安回到马斯河南岸沙波根附近的一座小森林当中的新军部。但军部很是令古德里安不满意，没有他所想像那样，一派紧张而有序的样子，至少那天晚上军部是异常混乱的。因为古德里安的上级又发出同以前不一致的命令，兵团司令克莱斯特突然命令所有的部队都不准前进，不准超出桥头阵地的范围以外；而军长古德里安的命令却是继续进攻。对此，军部人员搞不准应怎样处理，如何是好。

原来在战斗还在激烈进行的时候，荷兰的抵抗便已崩溃，上午11点的时候，荷兰宣布放弃抵抗，与德国签订了休战协定。得此消息后，正在向布里达前进的法军第7集团军转身撤回了比利时境内。联军整个战线左翼的枢纽已经被德军所打破，也没有力量再重建一条新的防线，阻止德军装甲部队的进攻。政治形势也发生了变化。兵团司令克莱斯特搞不准上级下一步作战行动的企图，便下令部队保持原地不动，等待统帅部的指示。

但古德里安对于这个命令是不同意的，也不愿执行这个命令。他从一个战场指挥官的角度看，现在正是进攻的有利时机，决不能给敌方以喘息之机。古德里安马上与克莱斯特上将直接交涉，坚决要求他收回成命。双方你来我往、唇枪舌剑，争论得非常激烈。最后，克莱斯特作了一定程度的让步，他勉强答应，在随后的24小时之内，古德里安可以继续发动进攻，24小时之后，停止进攻行动。

古德里安获得暂时的行动自由后，第二天一早就赶到第1装甲师的师部，他只知道昨天夜里在巴维里蒙附近曾有激烈的战斗，具体情况不十分清楚，于是就想到这了解一下具体情况，并布置下一步行动。在那个战斗引燃的大火尚未熄灭的村庄大道上，古德里安找到眼睛上挂满血丝的步兵团长巴尔克中校，才明白原来是他的部队昨天夜里又攻占了一个村庄。借着这个机会，巴尔克中校也不忘向上司诉苦，向他说部队已经非常疲劳，自从5月9日以后就没有过真正的休息。现在部队的弹药也快用完了，士兵就熟睡在他们战斗的散兵坑里。昨天晚上的战斗也是勉强进行，当时巴尔克命令部队行动时，部队已不愿再打下去。无奈之下，他只能说："我自己一个人去打下这个村庄！"说完就一个人向敌人阵地走去。

看来巴尔克平时和部下相处得还不错，不管怎么说，他的部属最终还是和他一起打下了这个村庄。知道这些情况后，古德里安为了表彰他这一天的辛苦，便给他授了武士级的铁十字勋章，以示鼓励。到这时，虽然还能听到敌方机关枪对着村庄街道的射击声，但是德军攻占村庄的战斗基本上已经接近了尾声。

古德里安担心他的下属指挥官不能真正理解他的意图。在波特隆，古德里安又找到了第2装甲师的参谋长，再把第19装甲军目前的战况给他讲一遍，命令他继续向蒙卡内追击。

到了蒙卡内后，古德里安见到了第41军第6装甲师的师长肯夫将军。现在他的部队在渡过马斯河之后，已与古德里安的部队一同到达了蒙卡内。因为装甲兵团部对于这2个军之间，并未划定作战行动的分界线。古德里安为了保证进军的速度，决定为第1、第2装甲师和第6装甲师划定道路，以便于各部队顺利通过这个镇市向西推进。但是怎么划定呢？敌方已呈瓦解之势，向前的攻击前进也不会遭到守军有力的拦阻。于是古德里安和几个师长商定，大家齐头并进，直到将坦克用完最后一滴汽油为止。

这一天结束的时候，古德里安的先头部队已经到达了马尔利和德尔西，距离早晨出发的位置已经超过了64公里，距色当已经只有88公里。

在蒙内卡，古德里安的部队搜捕了好几百个法国战俘。他们从属于各个不同的单

> 法军坦克赶赴前线与德军作战。

< 被德军俘虏的法军官兵。

位，从他们的脸上惊奇的表情可以看出，他们还是对德军的快速行动感到很吃惊的，这对于他们的部队来讲是难以想像的速度。战俘中有一个敌方战车连的俘虏，是属于戴高乐师的，本来也正打算从西南面进入这个镇实施防御，没有想到还没战斗便做了俘虏。

这样，英法联军虽然在局部地区也曾击退过德军的进攻，但终究抵挡不住德军强大的攻势，于这一天开始撤离比利时。

古德里安的军部在蒙内卡以东一个叫索伊兹的小村中安置完毕后，他和第1、2装甲师取得了联络，对全军进军情况进行了全面掌握。然后把一天的经过用无线电报告了兵团司令部，表明对敌方的追击顺利，并再次坚持自己的追击决心，希望在5月17日这一天能继续率军前进。

现在法国防线的缺口达到了97公里，德国的装甲部队逼近圣康坦，威胁到了法国第1、第7两个集团军和英国远征军的后方交通。古德里安的军部停了下来，他的部队却并未停止行动。早晨的时候第1装甲师已经攻下了利贝藏和克里西。第10装甲师的前卫部队由色当以南开始对敌方的追击，也到达了弗内利考。古德里安真是用尽了自己的力气，进展极为迅速，到17日黄昏时候，在莫伊附近越过阿以西河，并建立了一个坚强的桥头堡。到5月18日上午9点，第2装甲师到达了圣昆丁。它左面的第1装甲师渡过了阿以西河，正向皮龙尼前进。19日的清晨时，第1装甲师强渡索姆河，建立了一个桥头堡。由于德军推进的速度太快，有几个法国的参谋军官在前线视察时，便因为德军的突然出现，来不及逃走而被俘。

古德里安的前进指挥所移到西克村。

到5月19日的时候，德军进攻的前锋到达了法国北部运河一带。隆美尔的第7装甲师到达了马尔昆；在它两侧的第6装甲师和第8装甲师到达了因齐和包梅兹以东地域；第5装甲师则保护着第7装甲师的外侧；古德里安所属的第2装甲师到达孔布里斯以东、第1装甲师到达皮隆尼、第10装甲师则保护着第1装甲师的外侧。法军第7集团军的指挥官吉罗将军在搜索前进的过程中，突然进入了德军的一个前哨阵地而遭被俘的命运，成为开战以来法军被俘的首名高级将领。

5月19日这一天，古德里安的部队经过了第一次世界大战中的索姆河战场。直到现在为止，他的部队都是沿艾斯尼河、西利河和索姆河的北岸前进，这些河流对于古德里安第19装甲军的左翼恰好构成了天然的掩护。

从5月16日时开始，戴高乐的法军第4装甲师就已经在这个地区中活动，对古德里安的部队进行着不断的袭扰。在19日那一天，曾经有少数的法国战车已经突入古德里安部队的防区，最近的时候，距离古德里安在何隆森林中的前进指挥所不到2公里远，确实是很危险的，古德里安前进指挥所的人们都十分紧张，做好了抗击的准备。但是很巧的是，向前推进了不久，法军的这些不速之客就向其他方向去了。

那时，德军知道在巴黎地区集结着一个法国预备军团，有8个师的兵力。但德军对法军的作战思想研究得很透，知道只要保持自己的部队于运动之中，法国就会搞不清战场态势到底如何，当然在一定要等待把敌情完全弄清楚之后才会采取行动的僵化作战原则的指导下，法军也就不会有大的举动。所以古德里安的部队也就敢于继续向前推进。

>> 勒兵敦刻尔克

这一天黄昏的时候，第19军已经推进到了康布雷、皮龙尼、汉门一线。第10装甲师代替了第1装甲师担任古德里安部队越来越长的左翼掩护任务。第1装甲师的先头部队是古德里安手下的悍将巴尔克中校，古德里安后来才知道，巴尔克立功心切，担心走晚了就会赶不上对阿敏斯的进攻战斗，所以还没等接防的第10装甲师到位，就匆忙地向前进发。第10装甲师的指挥官对此大发雷霆，告到了古德里安那里。不过也算巴尔克幸运，他率军离开防区时，法军并未乘虚进攻，让巴尔克捡了一个便宜。后来，在古德里安去阿敏斯的途中，还特意到了皮龙尼，察看一下第10师是否已经到位，真正代替第1师接管了那些防区。

虽然德军很快放弃了停止前进的命令，但今天古德里安才真正接到可以继续向前推进的命令。这样，19日夜间，古德里安军部移到马尔利维利。第10装甲师仍然负责掩护左翼的任务，并规定其任务一直从柯尔比到阿敏斯以东地域，第10装甲师原有防御地带则由第29摩托化步兵师接替。第1装甲师直趋阿敏斯也就是人们常说的亚眠，并迅速地在索姆河的南岸建立了一个桥头堡。到这时，从斯卡尔皮河到索姆河之间的广大地区都已经全部落入了德军的手中，英军的交通线已被德军切断，到海峡港口的道路已为德军所打开。在11天之内，德军前进了355公里。随后，第1装甲师又接受了新的任务，即经过阿尔贝特向阿贝维利进攻，并在那里渡过索姆河后建立另外一个桥头堡、肃清该地区的残敌。

古德里安初步估计了一下，他的第1装甲师有可能在上午9时开始向阿敏斯发起进攻，所以早上5点的时候赶到了前线。他想亲自参加这一有历史意义的战斗。

∧ 在法国境内作战的德军坦克。

法国人为了守住从艾斯尼河到索姆河之间的新防线，从各地抽调兵力，勉强拼凑了3个新的集团军。第6集团军配置在阿提格尼与索松斯之间的艾斯尼河上；其中新的第7集团军，由被俘的吉罗将军的一部分老部队加上新司令弗利里将军的部队构成，配置在索松斯与皮隆尼之间的阿以西河上；第10集团军则配置在索姆河上的皮隆尼一直到海岸线之间。

当古德里安在5月20日上午8时45分到达阿敏斯外围的时候，第1装甲师正对守军的阵地进行猛烈的攻击。第1装甲师的攻击还算顺利，不到中午就将这个城市攻克了，并且还在城市外构成了一个桥头堡，纵深近7公里。古德里安将第1装甲师新的桥头堡大略地看了一下，对第1装甲师的行动进行了表扬。当然他也不忘了对这个城市风光浏览一番，饶有兴趣地看了看这个以美丽的教堂著名的城市，随后匆匆赶回阿尔贝特。

在回阿尔贝特的路上，古德里安看到了无数因战争而流离失所的难民。更有意思的是，急剧发展的战况使联军陷入了混乱之中，也使德军向前推进的部队不屑于俘虏零星的敌

★戴高乐（1890～1970）

法国总统，将军，政治家，军事家。1912年毕业于圣西尔军校。参加过第一次世界大战。1940年5月任第4装甲师师长，6月任国防部次长，是主战派将军。7月组建成法国第一支“自由法国”部队。10月在非洲建立“保卫帝国委员会”。1942年将自由法国改为战斗法国。1943年任全国解放委员会主席，领导了法军在北非的战役。1944年6月将全国解放委员会改为法兰西共和国政府，8月进驻巴黎。1958年12月任法兰西第五共和国总统，1969年4月离职。

人。古德里安看到有一些敌军的车辆居然跟着德军纵队行进，这些敌军想通过这样混水摸鱼的手段逃回巴黎。古德里安马上命令行军纵队检查自己的队伍，抓获混入行军纵队中的敌军，很快就抓获了15个英国俘虏。这种情况看来是相当普遍的，戴高乐★曾回忆道：

“16日那一天……我也看见许多士兵把武器丢了。他们都是前一天被德国装甲部队击溃的士兵。他们逃跑时，被敌人的机械化分遣队追上了，叫他们放下武器赶快往南逃，免得挡住了路。敌人告诉他们说，我们没有时间来俘虏你们！”

到了阿尔贝特，当古德里安找到怀尔将军时，正看到第2装甲师的一部分人在处理抓获的俘虏。第2装甲师的迅速行动完全出乎守军的意料之外，俘获了一个完整的英国炮兵连，加上其他抓获的俘虏，各种国籍的俘虏挤满了市场和附近的街道，一片忙乱景象。第2装甲师的怀尔将军原以为他的部队汽油用完了，正打算命令部队停下来，以等待补充油料。古德里安见得多了，经过仔细了解，发现根本不是这回事。第2装甲师油料不足的原因和战场上大多数没有汽油的情况一样，当部队疲倦想休息的时候，就谎说汽油已用光。古德里安是绝对不允许这样的，只要还有汽油，他就不会让部队停下来。所以他立刻命令第2装甲师在今天傍晚7点钟以前必须赶到阿贝维利。

之后，古德里安返回已转移到奎利优的军部。在军部古德里安再一次受到自己人的攻击，德国空军飞到后，不辨目标，向着古德里安军部所在地就投下了炸弹。异常恼火的军部防护部队也毫不客气，拿起各种武器向着飞机就开火。对战中，古德里安的高射炮打着了一架飞机，两个驾驶员不得不跳伞离开着火的飞机，当他俩降落到地面后，发现了地面上的“敌人”竟是德军，当然是非常的不高兴。

对于这起友军之间的事件，空军可以说是误伤，而地面部队却是明知故犯，再说空军还有戈林作靠山，更何况今后的作战行动还离不了空军的支援。为了大事化小、小事化了，古德里安只好屈尊请这两位年轻的空军军官喝香槟以赔不是。

这一天，德军的进展极为迅速，古德里安的第2装甲师在空运补给的保障下，一天就走了80公里。而到那一天晚上的时候，第1装甲师斯比塔营长率领的部队已经通过了罗也利斯，成为第一支到达大西洋海岸的德军部队。

这天下午，克莱斯特的装甲兵团没有接到下一步行动应该怎么做的指示，古德里安的装甲军当然也就不知道应该向哪个方面走，已抵达法国阿布维尔附近大西洋岸边的德国装甲部队，只好命令部队原地休整待命，停顿了一天的时间不知该向哪里去。

到了21日的上午，古德里安才接到继续向北推进的命令，命令中提出要最终彻底占领海边的各个港口。通过对战场情况的了解，古德里安知道他所在的A集团军从色当到法国西海岸之间构成的这一道战线，已经切断了联军南逃的退路。而北面博克的B集团军攻占了荷兰和比利时东部后，正向西推进。这样，被包围的75万联军部队逃跑的唯一希望就是在法国北部的几个港口。为此他应以最快的速度抢占这几个港口。古德里安立即下定决心：第10装甲师向邓扎尔克也就是敦刻尔克推进，第1装甲师向卡莱斯即加莱推进，第2装甲师则向包罗根推进，希望以装甲部队的快速推进一举切断联军的退路。

一切准备妥当，部队就要行动时，第10装甲师却突然被总部抽走了，

∧ ∨ 在法国境内作战的德军坦克部队。

被调回担任兵团预备队，不再属于古德里安指挥。这样一来，明天进攻时古德里安手上只剩了两个装甲师，进攻力量被大大削弱。古德里安强烈要求保留原有的3个装甲师，以保证他可以迅速占领法国北部各主要港口，但是兵团司令克莱斯特没有商讨的余地，坚决不同意，拒绝了古德里安的请求。无奈之下，古德里安虽然感到十分痛惜，也只好改变自己原定的计划，以适应手头这点兵力。第1装甲师的任务改为加强“大德意志”步兵团，以沙美尔、地斯弗利斯、卡莱斯为作战目标，而第2装甲师则沿着海岸向包罗根推进。

古德里安部队的新攻势从5月22日的清早开始，向北渡过奥斯河。只是进攻力量有些太弱,更何况还不得不另外留下一些部队防守索姆河上的桥头阵地，这些部队只有待第14步兵军接防后，才能抽出用以发展进攻。

这一天下午，在地斯弗利斯、沙美尔以及包罗根的南面，古德里安的部队与盟军发生了激烈的战斗。与古德里安相对抗的主要是法国人，也有一些英国、比利时、荷兰等国家被打散的士兵，在地面的防御已经难以构成一个完整的体系，就投入了大量的空军支援地面作战，联军空军的作战是比较积极的，向古德里安的部队发动了多轮空中攻击，飞机的投弹和扫射给德军的进军造成了一定的影响。而这时的德国空军由于地面部队的迅速推进，空军的基地够不上对向前推进的德军全面支援，古德里安只好在无空中火力支援下向前推进。

好在克莱斯特很快将第10装甲师又交给古德里安指挥，于是古德里安把已推到离卡莱斯不远处的第1装甲师，调到了敦刻尔克方向，让第10装甲师接替第1装甲师原来的作战任务，第2装甲师则独立攻击包罗根（亦称布伦）城。在23日上午的时候，第1装甲师在俗称“坟墓线”的地方遭遇了英法军队极为顽强的抵抗，而同时第2装甲师在包罗根的周围和城里，也发生了猛烈的战斗。包罗根城的城墙异常坚固，古德里安的炮兵和战车火力打在城墙上根本不起作用，最后调来了88毫米口径的高射炮，直接向城墙射击。这样，在高射炮强大的火力掩护下，步兵才得以用梯子爬进城，突进了城区。

5月24日，古德里安的第1装甲师越过了在海岸与荷尔查之间的运河，并在运河对面占据几个桥头堡；第2装甲师则继续扫荡包罗根的残敌；第10装甲师也到达了地斯维利斯沙美尔一线。

为了迅速进攻，加速联军的最后崩溃，A集团军又把党卫军“希特勒近卫师”也调给古德里安，由他指挥参加进攻行动。古德里安命令该

∧ 法军炮兵正向进攻的德军目标开火。

∨ 正在渡河的德军部队。

师向华谷方向进攻，以协助第1装甲师进攻敦刻尔克。第2装甲师则只留极少数兵力占领包罗根，其余部队都抽调出来向华谷方向增援。第10装甲师已经向卡莱斯包围，正准备对这个古老的海上要塞发起进攻。进攻前，古德里安下午去视察了这个师，特别关照他们要审慎的前进，避免无谓牺牲。第二天，古德里安又把在包罗根方向的军属重炮兵部队调来增援。

战局发展到现在，德军已经胜利在望。古德里安的装甲军在摩托化步兵师的支援下，已经到达了英吉利海峡，切断英国远征军以及与英军协同作战的法、比部队向南的交通线，联军在北方的几支军队整个被隔绝在英吉利海峡沿岸格拉夫林和纽波特之间，以敦刻尔克为中心的不断缩小的三角地带上。法军和英国远征军的防御已完全被打破，联军陷入了分散混乱之中，如果再攻克敦刻尔克，那么联军将被德军全部包围，各个歼灭。而现在，古德里安的第19装甲军的主力已到了离敦刻尔克16公里的达格林夫林。朗哈特的第41装甲军也已经渡过运河，到达艾尔－圣阿美尔－格拉夫林运河一线，并在圣阿美尔占据了桥头堡。

德军前线的官兵，无不急切想在合围联军的最后一战中有所表现。

可是就在这一天，希特勒突然下达了一道莫名其妙的命令，命令部队停止向前推进。左翼各部队全部停在运河一线，禁止渡过运河。5月24日当天晚上，德国陆军的参谋总长哈尔德极为不满，在日记中写道：

“左翼，由装甲部队和摩托化部队组成，前面没有敌人，但在元首直接命令下，将就地停止前进。歼灭被围之敌的任务规定留给空军。”

∧ 德军参谋总长哈尔德将军。

为什么作这样决定，古德里安当时无从知晓，只是在给他们下达的命令上说：敦刻尔克完全留给空军去对付，若是在攻占卡莱斯的过程中也感到力不从心的话，那么也可以将任务交给空军去执行。接到命令时，古德里安等人都无话可说。元首既不向他们解释停止进军的理由，也不给他们表达想法的机会，只是命令他们执行。所以各装甲师就只好将命令立即传达下去：坚守目前规定的阵地，部队休整待命。

无缘无故的暂停进军，使古德里安等前线军人感到痛惜，在眼看就要完成合围的关键时刻的任何犹豫与拖延，结果必然将严重影响到整个战争的结局，必将受到无可挽回的重大损失。

25日的上午，情绪低落的古德里安到华谷去视察党卫军的“希特勒近卫师”，看看他们是否已经发出命令，停止进攻。古德里安到达该师防区的时候，却看到部队紧张地忙碌着，正在渡河。在该师渡河地点对面是一座山，名字叫华谷山，山不大，只有771米高。在这个平原地区，它却对周围地区有控制全局的作用，是该地区重要的制高点。在一座古炮台的废墟旁，古德里安找到了那位“希特勒近卫师”的师长戴垂希，便问他为什么不服从命令，停止任何军事行动。戴垂希似乎没有把他们的行动当回事，便说联军据守的这个山头正控制着河岸，使对面河岸上的德军无法进行防御，为了便于防守现有阵地，他不得不决定渡河将这座山攻下来。古德里安本就对让他停止进军的命令感到极不痛快，现在部下有了行动的理由，他怎有不支持的道理？所以，他

∧ 被德军俘虏的英法联军官兵。

不但不反对戴垂希的行动，反而觉得他的看法极为正确，立即批准了他的行动。除此之外，他又以支援该师的名义，命令第2装甲师立即向前推进，支援党卫军的行动。

虽然上级命令停止向前推进，但是在一些地区的战斗并未停止，仍然在激烈地进行着。这一天古德里安的部队肃清了包罗根的联军，完全占领包罗根；包围了卡莱斯的第10装甲师在卡莱斯的卫城以外作战，逐渐压缩对守军的包围。古德里安也曾想劝降守城的英军，不过英军拒绝了德军的劝降。

到了5月26日的中午，古德里安为了“落实”上级的命令，在第10装甲师的师部里向该师师长问道：“要不要把卡莱斯留给空军去解决？”

第10装甲师的师长一听，感到别人在怀疑他们师的战斗力，更何况这个时候他的部队撤出，岂不是让他人抢了自己的功劳。他反驳道：“将军，你认为空军的炸弹能炸毁那厚厚的城墙和古老要塞的地下室吗？我反对这个提议！而且让空军去轰炸，那么我军要组织撤退，反而增加了行动的复杂程度。我们能够攻克这座城市！”

古德里安当然同意，随后第10装甲师发起了更加凶猛进攻。到了下午4点45分的时候，英国人支持不住了，宣布投降，卡莱斯终于被第10装甲师所攻克。这一仗，古德里安的部队俘获了两万联军官兵，其中三四千人是英国人，其余的都是法国、比利时、荷兰的士兵，而且是德国人在他们被关押的地方俘虏的。原来虽然守军的人数众多，但是参加战斗的只有英国人。其他国家的士兵早就不想打了，英国人担心他们制造麻烦，便只好把他们锁在地下室里面。

>> 回师横扫法兰西

德军攻克卡莱斯以后，克莱斯特将军来到这里，特意表扬了古德里安的部队所取得的成绩。这是他第一次表扬古德里安的部队。

古德里安的主力一直等到5月26日，希特勒才允许他们继续向敦刻尔克进攻。不过这个时候已经太迟了，不足以实现完全将英法军队彻底歼灭的目的。

接到命令后，古德里安的部队在当日晚间发动了一次攻势。他以第20摩托化步兵师、党卫军“希特勒近卫师”和“大德意志”步兵团为主力，在重炮掩护下，向温尔门胡特发起了进攻。与此同时，第1装甲师在左翼一同向前推进。由于“大德意志”步兵团得到了第10装甲师第4坦克旅的有力支援，很快捷占领了克洛奇高地；第1装甲师的装甲搜索营也占领了布罗克尔克。现在，古德里安的部队可以看见大批的英法运输船只从敦刻尔克开进开出。

5月27日这一天，古德里安正准备向敦刻尔克实施进攻。可是新的命令又来了，古德里安的部队在一眼可以望见敦刻尔克的地方停止了前进！第19装甲军只能静观空军的战斗，看着海滩上来来往往的大小船只，络绎不绝地把英军撤走。

< 德军克莱斯特将军。

德军在行动上的种种变化，就是在今天看来，也实在令人不解。

对于敦刻尔克英国远征军的成功撤退，古德里安认为如果不是最高统帅部突然制止第19军的前进，那么它早就被攻克了，而且胜利的成果也要大得多。如果俘虏了英国远征军的全部兵力，那么未来欧洲战局的发展就会令人难以预料。而且如果全歼英国远征军，也可以在外交谈判上多一个讨价还价的筹码。他认为造成不应有的结果的主要责任是希特勒，是他个人神经质的行为将本是很好的作战行动给弄糟了。所以，他也对希特勒以弗兰德平原地区是河川纵横不适于坦克进攻，而在24、25日让装甲军停止前进一事耿耿于怀。

古德里安在紧张的战斗中，虽然有着诸多的不如意，不过可以欣慰的是，他还能时常知道儿子的消息。当他在弗兰德平原作战的时候，他知道他的长子负了伤，但伤势不是十分严重，没有生命的危险；他的小儿子则在进军法国的作战中，因为战功获得了第一、二级铁十字勋章，特别幸运地是他在装甲搜索营服役，很危险却一直没有受过伤。

6月2日，英国在敦刻尔克丢下全部作战物资，却将33.8万名英法军队撤退到了英国，以待来日报仇雪恨。由于希特勒错误的决定，导致了“敦刻尔克大撤退”的奇迹。

也就是在同一天的晚上，希特勒正在为“敦刻尔克大撤退”如坐针毡的时候，他桌上的电话铃响了。电话是陆军总司令打来的，他兴奋地报告说：“元首阁下，第一阶段作战结束，德军只受到了轻微的损失，而法军却遭到了惨败，他们不仅损失了1/3的兵力，剩下的部队也是相当弱，面对德意志军队的坦克狂潮，法军已经无力抵抗了。现在，拥有136个师的德国陆军将以2:1的优势对抗法军的66个师，现在是开始进行‘红色方案’的时候了，德军将彻底打败法国。”

陆军总司令的报告使希特勒的情绪有了好转。

5月28日的时候，希特勒一道命令下来，让古德里安组建一个新的“古德里安装甲兵团”，并由他负责指挥。接到命令，古德里安立即行动起来，开始了新装甲兵团的组建工作。6月

< 从敦刻尔克登船
撤退的英法联军。

∧ 希特勒与手下将领一起商讨法国战局。左起：希特勒、凯特尔、哈尔德、布劳希奇。

1日，古德里安把他的装甲兵团迁到西格尼，并着手准备下一次的作战。这个装甲兵团的司令部，是在古德里安第19军的班底基础上组成的，主要人员仍是原来第19装甲军的人，参谋长还是古德里安信赖的内林上校。在编制上，这个兵团辖有第39军，军长为希米德将军，该军所属部队为第1装甲师、第2装甲师和第29摩托化步兵师；第41军，军长为朗哈特将军，所属部队为第6装甲师、第8装甲师和第20摩托化步兵师。除了这两个军之外，“古德里安装甲兵团”另外还有一些其他的通信、炮兵、工兵、医疗等直属单位。

在指挥关系上，古德里安的这个兵团将归A集团军李斯特上将的第12军团所管辖。

德军对法军的最后一战，是在沿着索姆河的右翼最先发动的，博克集团军于6月5日就开始了对法军的进攻。而沿西里河和艾斯尼河的中部伦德施泰特集团军的进攻发动较迟，一直等到6月9日才开始。

在伦德施泰特集团军的战区当中，第12军团所担负的任务是渡过艾斯尼河后，向南推进。对于渡河的任务是这样分配的，步兵负责在8个渡河点先行渡河，并开始架桥工作。当在河的对岸建立的桥头阵地稳固、桥梁架好之后，古德里安所率领的装甲师才能越过步兵阵地，向前发展进攻。根据当时的态势，“古德里安装甲兵团”的任务是以巴黎、南格里斯或凡尔登为作战目标。究竟是哪个，渡河后将根据当时的情况再最后确定。

古德里安现在唯一的念头就是，祈祷步兵能够迅速地渡过河去，并且在河对岸建立稳固的桥头阵地，这是自己的作战计划成功的先决条件。为了观察步兵的行动，同时也为了便于指挥装甲部队渡河后的行动，6月8日，古德里安的兵团司令部移到贝格尼山。

6月9日是第12军团发动攻击的第一天，古德里安在前一天就派出观察员到8个渡河点。自己跑到了利塞尔东北面的一个观察所里，他要亲自看着那些步兵渡河，准确掌握步兵分队的行动，以保证自己的部队不失时机地渡过河去。古德里安去得很早，因为进攻通常都是在黎明时分发起。可是不知为什么，担任进攻的步兵部队迟迟没有开始进攻，从早晨5点钟到10点钟，古德里安在观察所里没有得到一点关于行动的情报。古德里安忍不住了，就命令自己的传令官到其他的渡河点去看看步兵是否已经渡过了艾斯尼河。

到了中午12点钟的时候，派出的人回来了，果然不出古德里安所料，他们带来了很不好的消息，回来的人报告说：“步兵在8处渡河地点的进攻基本上都失败了，只有第3步兵军强渡成功，建立了一个唯一的桥头阵地。所建立的这个桥头阵地的横向宽度不过1.5公里，纵深不过2.5公里，也不过是勉强立住脚而已。”古德里安越听越生气，啪地一声拍到桌子上：“这是步兵在渡河，不是蜗牛在爬。”古德里安心急如火，他知道自己找军团司令协商是不会有结果的，于是想到了自己的朋友——第十二军团的参谋长麦根逊将军。古德里安找到他商量对策，私下里和他达成共识，请他出面做工作，向司令请示。以期能按照自己的意见，利用夜暗的有利条件，装甲兵就通过这唯一的桥梁冲过河去，完成部署，争取第二天一早向敌人进攻，突破对方防御阵地。

在麦根逊将军请示的同时，古德里安不想浪费时间，便又到夏陶－

波尔西去了，以了解那里的情况，为渡河做准备。这期间，当然还少不了同步兵第3军的指挥官进行协商，因为夏陶－波尔西桥头堡是属于他们军的。古德里安和该军军长仔细地讨论装甲兵越过步兵阵地的一些细节问题，与幕僚人员察看完桥头阵地之后，马上回到所属的第39军军部，同军长希米德将军和第1装甲师的师长吉青纳将军，对如何使第1装甲师在黑夜顺利渡河的方法进行了研究。

渡河的事落实之后，古德里安在兵团部停留了一段时间之后又回到夏陶桥头阵地，亲自指挥坦克战车渡河。

古德里安在前线一直停留到午夜1时。战斗是激烈的，在渡河与稳固桥头堡的过程中，法军与德军进行了反复的争夺。德军的坦克部队和搜索部队都受到了一定的损失，不断有伤兵运回。古德里安为进一步鼓舞士气，便对受伤的官兵进行了慰问，对他们的英勇表达了敬意，并感谢他们的英勇战斗所取得的成就。然后，他向所属各部发出准备进攻的命令。

战斗进行到了下午，德军在夏陶的东西两侧，又建立了两个纵深有限的桥头阵地。如此一来，就可以使古德里安的第2装甲师和第1装甲师的后续部队，都能够迅速渡河投入战斗，从而增强了装甲部队的进攻力量，增大了古德里安取胜的把握。

古德里安坦克战车的进攻行动是在6月10日上午6点30分开始的。战斗发起后，古德里安一直留在前线，亲自组织协调进攻部队的行动，督促落后过远的步兵加速前进与其他部队保持同步。在双方的协同配合下，古德里安进展得很快，迅速突进到了适宜坦克高速前进的开阔地。到了开阔地以后，古德里安的战车部队几乎没遇到什么抵抗。原来法军采取了新防御战术，集中全部力量去防守森林和村落这些孤立点，而把开阔地完全放弃，任由德军的战车自由活动。这种战术也是法军基于自身条件所不得不采取的对策，因为前一阶段的作战中，法军自知无力抵抗德军的坦克进攻，只好希望利用森林和村落等不便坦克进攻的点防御德军。可是这样一来，法军又在不自觉中将自己的步兵分割了，为德军造成了各个击破的机会。因此尽管德军步兵在每一个村落里，都会遭遇到法军激烈的反击，但德军的坦克部队却还是在向前推进，一直前进到了利托恩河。

之后，古德里安的第1装甲师沿着河流的两岸继续向前推进，第1战车旅在河的南面推进，而巴尔克的步兵团则在河的北面推进。下午第1装甲师到达了周尼维利附近，在那里遭到法军强大装甲兵的反攻。双方在周尼维利的南面发生了大规模的坦克战，激烈的对抗持续了2个小时，最后德军获得了胜利。随即古德里安的部队占领了周尼维利。在这次战斗中，德军也受到了相当大的损失。法军的坦克质量是比较好的，在战斗过程中，古德里安曾想利用一门缴获的法军47毫米口径的高射炮，击毁法军的CharB型的坦克战车，但结果是炮弹打到坦克的身上，却从装甲上弹了回来，没有对它造成任何的损伤。相对而言，古德里安装甲部队所装备的37毫米、30毫米口径的火炮，对这样实力的坦克就更是无能为力。但到最后，还是战术战胜了技术，法军遭到了失败。

∧ 1940 年 6 月，古德里安在法国。

到了这天黄昏的时候，在周尼维利的北面，德法两军又进行了一场激烈的坦克对战。法军虽然在努力地反攻，但没有成功，被德军击退。法军预备队对德军进攻军队的翼侧实施的这几次反冲击，虽然未能对德军造成多大伤害，但还是在10日、11日暂时阻止了德军的攻势。

不久，古德里安的第2装甲师也在夏陶的西面渡过了艾斯尼河，并向南推进。可是古德里安所属41军朗哈特将军所部，因为没有渡河点，还继续留在河的北岸。这样，他的部队所属的一部分兵力便跟随着第1装甲师的后面前进。

< 法军顽强地抵抗德军的进攻。

< 向前线开进的德军装甲部队。

古德里安的兵团司令部设在艾斯尼河的西维格尼。经过了连续的忙碌，古德里安感到极度的疲劳。特别当部队的进攻行动正常之后，心理一放松，整个人便垮了下来。一回到兵团部，古德里安连军服都没脱，便一头扎到一堆稻草上睡了过去。古德里安的副官李布尔中校很小心地在古德里安睡着的地方挂上一个帐幕，并且派了一个卫兵守在那里，让古德里安好好地睡了一觉。

古德里安舒舒服服地睡了3个多小时以后，6月11日的清早，他又到了纽维利，亲自监督第1装甲师的进攻行动。

这一天，古德里安的第2装甲师推进到了艾波尼，第29摩托化步兵师推进到了艾波尼村西南面的森林地带。朗哈特的41军则在第39军的东面前进，在击败了法军第3机械化师和第3装甲师的翼侧攻击后，继续向南推进。

6月12日德军继续攻击，古德里安的第39军和第41军已是齐头并进。在最后的胜利关头，德军各个部队都在努力向前冲，步兵和装甲兵

∧ 正在渡河的德军坦克。

都希望在最后时刻抓获更多的法军，为自己的战绩再添一笔。所以德军步兵和装甲兵较着劲，不惜昼夜行军，努力向前推进，以便早日遭遇敌人。虽然战场没有意外的变化，但是一个个地攻克法军守卫的村庄，迟滞了古德里安装甲部队的进攻速度，所以步兵渡过了艾斯尼河之后，很快就追上装甲部队。

那一天上午，德军到达了香槟高地，这个地区古德里安很熟悉，早在第一次世界大战时的 1917 年秋天，他就到过这里。今天德军又到了此地，古德里安自然要感慨一番。由于自己的努力，现在德军终于又获得机动性，没有再次陷入第一次世界大战中的胶着状态，想到这他的心中颇感到自豪。在这一地域执行作战任务的是古德里安的第 29 摩托化步兵师，虽然这个师是第一次上前线，但指挥官所表现的素质却让古德里安放心，他没有在此过多地停留，又去了在加龙斯的第 2 装甲师师部。

相对于第29摩托化步兵师指挥官表现出的素质，多次参战的第2装甲师的表现可不是很好。当古德里安到达加龙斯的时候，这个地方刚刚被攻克不久。虽然先头搜索部队已经把马因河上的桥梁完全夺取了，不过他们太疏忽大意了，没有按要求检查桥梁是否埋有炸药。结果当部队正过桥的时候，法军预设的炸药发生了爆炸，造成了一些不必要的死伤。

古德里安得到这个消息后非常生气，但事已至此，已是无法挽回，更多的斥责是没有用的，古德里安只好同第2装甲师的怀尔将军再次商谈今后的注意事项，以保证不再发生诸如此类的事情。

到了下午，朗哈特的第41军和从西面反攻的法军，打了一场遭遇战。这一次战斗对德军的行动有着重要的影响，而对于法军来说，这一仗的失利如同雪上加霜，使法军陷入了更为困难的境地。古德里安为了表示对下属的重视，便亲自去视察了该军的各部，对他们的英勇进行了表彰。

这一天结束时，古德里安的部队已经占领了索安、塔胡利和马利。也是这一天，法国陆军上将魏刚断定“法军防线即将崩溃，法国会战已告失败。”

6月13日上午，古德里安先去了朗哈特的军部，随后又去了正与凡尔登和阿尔哥内斯方面的法军作战的第6、第8师，了解了进展情况。

黄昏时分，古德里安听到了关于第1装甲师行动的一些情况，心中有些不放心，就赶到了该师师部。在艾特皮的郊外，古德里安遇到了第1师的勇将巴尔克中校，古德里安就问他：

“已经攻下运河上面的桥梁了吗？”

巴尔克没有了往日果敢大气的作风，略有些迟疑地说：

“我们……已经攻下了桥梁。”

“那你现在也一定在对岸建立了桥头堡？”

巴尔克犹豫了，他迟疑了好一会儿，才勉强回答：

“刚刚建好。”

古德里安心中不解，他是了解巴尔克的，他今天反常的表现实在是不应该，因此古德里安感到事情的异常，他想：一定是有什么问题。为了弄个究竟，古德里安就叫巴尔克上车同他到桥头看一看具体战况。而巴尔克不知是福是祸，坐上了古德里安的车，一起来到桥头。看到桥梁和桥头堡都完好地掌握在德军手中，古德里安非常高兴，当场就对在夺占桥梁和巩固桥头堡战斗中作出突出贡献的德国军官进行了表彰，给他们颁发了一级铁十字勋章。古德里安再追问巴尔克为什么不继续冲过河进攻时，才知道是39军军部早有命令叫他们停止，并命令该师不能越过莱茵－马因运河。对于这个命令，古德里安是不知道的，也绝对不会批准这个命令的。因为在他的观念里，装甲部队应该一直向前，再向前，而不允许有其他的命令。现在他终于明白了当初为什么巴尔克吞吞吐吐，因为他所做的事已经超过了上面命令的范围，他是害怕古德里安会斥责他。

这一次又和在巴维利蒙的情形一样，古德里安所部的推进顺利，胜利就要唾手可得的时候，却戛然而止。不过这一次，古德里安有了更大的指挥权，他不会允许这样的事发生。当巴尔克汇报说当前在运河对岸的法军是一支黑人部队，并没太多的炮兵支持，防御的火力较弱时。古德里安敏锐地感到，这不是迟疑拖延的时候，当即命令巴尔克直接向圣地则尔前进。接着古德里安回到了第1师的师部，下令全师都跟着巴尔克向前推进。当夜，第1装甲师到达了圣地则尔。

∧ 德军装甲部队到达圣地则尔。

>> 古德里安的最高军衔

6月14日上午，德军开始进入“不设防城市”巴黎。

此时，古德里安的第39军其余各部也在西面渡过了莱茵－马因运河，在艾特皮以东的第41军也到达利维格尼附近。

正午的时候，古德里安进入了圣地则尔。没想到的是，古德里安在城里看到的第一个指挥官就是他所赏识的下属——巴尔克中校。当时他正大大咧咧地斜坐在市场中的一把椅子上，昏昏沉睡。看样子，他已经休息了几个小时，虽然古德里安知道他这几天几夜也实在是够累的，却不允许他有更多的休息时间，在这个时候，前进得越快，那么胜利的成果也就会越大。所以还没有休息过来的巴尔克又接到了立即向调格里斯挺进的命令。当然，古德里安的第1师其他各部队也就同时尾随其后，向前推进。同时，古德里安还命令第29摩托化步兵师由华赛向周齐能考进攻，第2装甲师由蒙特能德向巴尔进攻，朗哈特将军的第41军也奉命向南移动。

确如古德里安所预料的，前进得越快，收获也就越大，古德里安给第1装甲师所赋予的任务，到了当日的夜间便宣告完成。第二天清早时分，这个古老的要塞就被德军完全占领。这次进军，又使古德里安所部多抓了3,000名战俘。

6月15日的中午，古德里安到达了南格里斯，命令第1装甲师向沙尼河上的格雷和比沙肯一线进攻，第29步兵师向格雷的西南面进攻，第2装甲师向提尔恰特方向推进，而第41军则保持原来的进攻路线不变。

当第1装甲师在下午1点出发后，古德里安的工作终于算是告一段落。于是他就带着自己的几个参谋人员，到法军原来的军官食堂里面休息。法军军人真是会享受生活，军官食堂所在的那个花园，青草、碧树、鲜花错落有致地散布，给人一种赏心悦目的感觉。坐在食堂向东看去，视野开阔，使人在视觉上又增添了纵深感，风景更好。

只坐了一会儿，古德里安的心思便又回到当前的作战态势中。在他的右侧是克莱斯特兵团的第16军，正向着第戎方向前进，他完全不用担心这个方向的安全问题。他心里所不放心的是自己的左翼，随着德军的快速发展，翼侧拉得越来越长，暴露的地点非常之多，虽然法军攻击性行动很少，但是如果发动攻击，那将是很危险的。而且，据最近的敌情通报说正有一些法军从东面向这个地区进攻。想到这古德里安的心总是放不下。好在到了下午的时候，魏克托林将军的第20摩托化步兵师到达了南格里斯后，及时向维索尔的推进，使古德里安的左翼获得了一定掩护。

不管古德里安如何担心自己会受到攻击，到了黄昏的时候，他对各部队下达的作战目标巴尔、格雷等地都已经被德军所攻克，完成了既定任务。

现在古德里安的兵团司令部移到了南格里斯。他实现了总部下达的任务，但是下一步如何呢？向何处发展？古德里安没有得到这方面的指示，也许是他们没有想到德军会这样快地实现第一步作战目标。但是部队还是要行动的，不能停下不动而给对手造成喘息之机，为此古德里安只好请陆军统帅部的联络军官坐飞机回去请示，并通过他提出了自己的建议：继续向瑞士边境推进！

总部没有其他想法，同意了古德里安的建议。

6月16日，古德里安的第1装甲师在沙尼河上距格雷不远的地方，抢到了一座保存完好的桥梁，这使古德里安很高兴。这座桥再加上他们正在架设的桥，就可以保障部队渡河。但是让古德里安非常气愤的是，德国空军不辨目标的狂轰乱炸，把古德里安正在架设中的那座桥给炸毁了，从而影响了古德里安的进攻部署。好在当时飞机轰炸精确度不是很高，只适合于面积轰炸，对点目标的破坏能力有限，所以给古德里安造成的损失并不太大。

到下午的时候，第39军已经到达了比沙肯，第41军的3个师分别到达了维索尔、波尔特和包尔波尼。这一天，德军在清理战俘时还发现了波兰籍战俘。

6月17日是古德里安的生日，这是他在战场上度过的第一个生日，在紧张的战斗生活之中接受了参谋长内林上校率领全体幕僚的祝贺。也是在这一天，他还接到了第29摩托化步兵师已经到达瑞士边境的报告。

这个消息令古德里安等人非常高兴，因为这意味着对法国的战斗就要结束了。于是古德里安又立即赶到前线，亲自去向勇敢的属下祝贺。在潘塔里前线的时候，古德里安和第29摩托化步兵师的师长南格曼将军察看了许多部队。德军官兵知道自己到达瑞士边境后，战争就快结束，他们很快就要回家了，一扫往日的疲惫，精神状态非常的好，一路都向古德里安欢呼致意。

古德里安立即将他们到达瑞士边境的消息向最高统帅部发了一个电报，报告自己已经到达了潘塔里。接到电文后，希特勒不认为这是真的，立即回电来问：

“你处的通信地址一定有误，我认为你所说的一定是沙尼河上的潘塔里？！”

古德里安当即回电：“绝对无误，我们已到达瑞士边境。我现在就在瑞士边境上的潘塔里城待命！”

德军最高统帅部★没有想到，德军这样快就突入到瑞士边境，自然也是极为高兴，对古德里安取得的成绩大大地表扬了一番。

对于中立国瑞士，德军是不能进入的，法军也不能进入。古德里安对到达边境的搜索营官兵稍作慰问，便进入了对下一步行动的思考，即如何尽快完成对法军的分割围歼。古德里安在潘塔里用无线电通知第39军各师改变行动方向，朝边境线东北面推进，第41军也奉命从原地向左推进，以艾皮纳和卡尔美为目的地，与在上阿尔萨斯的德军第7军团会合，切断留在阿尔萨斯、洛林两州内的法军退路，防止他们与其他的法国军队会合。对于一个大部队来讲，战斗队形由纵向改为横向前进是有一定困难，需要极为有效的组织指挥。在这一点上，古德里安做得不错，他向全军下达了改变行动方向的命令后不久，古德里安装甲兵团便完成了部署的改变。也是在这一天傍晚，古德里安接到李布集团军的通知，知道自己已经改属他们指挥，并接到了立即向贝尔福到艾皮纳一线推进的命令。

∧ 希特勒最信任的将领凯特尔元帅。

★德军最高统帅部

是第二次世界大战时期纳粹首领希特勒统率德国陆海空三军的最高指挥机构。1938年后建立，下辖作战局、国防处、谍报局、办公厅等。希特勒通过最高统帅部的参谋长指挥德国陆海空三军的总司令部，再通过三军司令部直接指挥部队的军事行动，是德军在整个战争时期的真正权力指挥中枢，曾担任最高统帅部参谋长的有凯特尔、约德尔、哈尔德、古德里安等。

∧ 古德里安与参谋长内林（左）一起在瑞士边境研究作战计划。

< 1944年6月17日，法国贝当元帅发表广播讲话，呼吁全国"停止战斗"。

> 古德里安在法国境内指挥作战。

接到命令后，古德里安立即回电：

"此令已开始执行。我部正向预定目标推进！"

接到回电，李布将军不相信这件事，认为古德里安不可能如此迅速地完成作战部署的改变，为此6年后他与古德里安被盟军关在监狱里，还特意询问过此事。当然古德里安也是不可能在瞬间完成作战部署转换的，只不过是他提前进行了部署转换而已。他个人军事素养上的这一点优势，是使他致力于发展装甲部队，成就盛名的资本。但也是这一点，使他对上级的指挥有了更多的评判，多次违逆希特勒的旨意，与上级发生多次冲突与争执，成为上司眼中的一个"刺骨头"。

现在，德军在特鲁瓦地域到达了卢瓦尔河，并在奥尔良附近渡河成功，先头坦克进到了第戎城下和蓬塔利埃、贝尔福地域的瑞士边界附近，德军第1军团则在圣阿沃尔德和萨尔布吕肯之间楔入了马奇诺防线，法国已不能组织防御，只有溃退一条路可走。鉴于此种状态，6月17日法国政府决定通过西班牙向德国求和，贝当通过广播发出了一个对法国军民的号召，希望全国"停止战斗"，这一举动使顽强抵抗德军的法国军民大为沮丧。

这个时候，年事已高的贝当元帅已组织了新内阁，早在6月16日开始就与德国休战谈判。贝当的这一行动自然得到了纳粹的欢呼，法西斯的喉舌《人民观察家报》为贝当的投降行为大加颂扬，称他是"一贯正确的老战士，当今唯独他一人还能给法国人民带来慰藉"。

虽然知道法国有了谈判的举动，但在最后协议签订之前，德军还是要对法军进行力所能及的打击，要充分利用法国军事上已停止抵抗这一机会加速进攻，以增加谈判的筹码。古德里安现在主要的任务同以前差不多，还是要和多尔曼将军的第七军团联手，完成对阿尔萨斯和洛林两州法军残部的包围圈。

根据上述任务，古德里安的第29摩托化步兵师一路且战且走，在经过了优拉后，直接奔向罗蒙特和普能屈特之间；第2装甲师到达了上莫西里，第6装甲师占领了艾皮纳。值

得一提的是，在法军的溃败中，古德里安的1个师就在艾皮纳地区俘获了4万多法军战俘。在古德里安兵团进军的同时，第7军团也不甘人后，它的前卫部队也已经突入到了上阿尔萨斯。

在双方的快速推进下，6月19日在贝尔福的东北方向的夏培里，古德里安的装甲兵团与第7军团会师了。此举标志着对法军的合围圈正式形成。德军由外向内，对已不成体系的法军展开了进攻比赛。混乱不堪的8个军的法军残部共50万人遭到了围攻，法国现在已经是完全崩溃了。6月20日柯尼蒙被占领，21日孚日山陷落。古德里安的第2装甲师已经到达了广圣阿米和左内，第29师到达了地利和贝尔福。古德里安由于在此一阶段的行动中，为包围法军做到了突出的成绩，按李布将军的裁定，古德里安装甲兵团一共俘获了15万名俘虏。

< 古德里安与被俘的法军军官交谈。

这样总的算来，自从渡过艾斯尼河进攻联军以来，古德里安兵团已经大约俘获了25万人的敌军，各种装备更是不计其数。

6月22日，法国政府同意休战。

与法国的战争结束了，将来会怎样呢？德军中的每个人都在思索这个问题，古德里安当然也不例外。

6月27日的黄昏，古德里安正率军驻在比沙肯，他的老朋友、第19步兵团的荣誉团长艾普将军，借着到前线视察自己部队的机会，顺便来看望了古德里安。古德里安与他交往多年，他们是一对非常谈得来的知己，对一些问题往往能够敞开心扉进行深入的交谈。在这个时候总算有一个知心的人来了，古德里安和艾普将军从对法国休战的看法，到今后对英作战的种种问题，两人尽兴地长谈了一次。

7月5日，战时生产部长托德博士来到古德里安的部队，他的目的是来搜集前线军人的意见，以修改将来对于战时生产的计划。在公务之余，古德里安也与他交流对当前时局的看法。从托德那里，古德里安知道希特勒对于与法国签订的休战条约是感到很满意的，而德国人民也觉得开心，他们终于可以完全摆脱一战以来的阴影，可以在法国人面前扬眉吐气了。

∧ 1940年8月，希特勒任命一批军官为元帅军衔。

对于德国对法国的处理方式与方法，古德里安虽然只是一个小人物，却有着自己的见解。这见解在一定程度上反映了德国军人对法国人的普遍态度。他认为要么完全解除法国的武装，用德军占领他们全国，并接收他们的舰队和殖民地；要么借着维持法国的领土完整和主权独立的名义，强迫法国同他们绑在一起，全力对付英国，实现对英国的战略目标。反正不管怎样讲，无论采取什么手段都要使德国能够在有利的条件下，结束整个战争。

他还认为，要迫使英国讲和，靠希特勒在国会中的讲演是不行的。而如果外交手段失败，就应立即采取军事手段。现在德军虽然有对英作战的"海狮计划"，但德军的准备不足，这个计划是很难实现的。德国应该探讨其他可以更为有效的方法，使英国不得不接受德国施予的和平。此外，古德里安还对托德谈了非洲对于德军所进行的战争的意义和如何实施的个人看法。他所讲的这些，无疑是想通过艾普将军和托德之口，间接地向希特勒提供建议，再次受到党魁的赏识。但古德里安毕竟只是一个希特勒用来冲锋打头阵的卒子，而不是希特勒的谋士，他对时局的看法并不像在装甲部队发展方面那样合希特勒的胃口。所以艾普将军找到了一个机会，把古德里安的意见在希特勒的面前提出来后，希特勒对此并不感兴趣。

也正是在这个期间，古德里安曾到过里昂一次，看了看自己的大儿子。儿子还真像他父亲，由于在战争中立有战功，获得了提前晋升的机会。

到了7月初，古德里安兵团被正式解散，兵团所属部队有些师调回德国，有些则开往巴黎地区。兵团部的参谋人员也随古德里安的调动，到了巴黎。

在巴黎，古德里安不但有机会再一次到凡尔赛和枫丹白露进行观光游览，同时他又再次受到希特勒的提拔。7月19日，古德里安和许多高级将领奉召来到柏林，出席德国国会的开会典礼。席间，希特勒当众宣布提升古德里安为一级上将。这次提升，使古德里安达到了其军事生涯中的顶峰，从那以后，他再也没有得到希特勒的如此青睐。

对于这次提升，古德里安认为受之无愧。但是对于整个事件来说，却让不少德国军官颇有微词。在这次会议上，希特勒宣布西线战役正式结束，并为了表示对军人的感谢，任命了12名陆军元帅和1名海军元帅。从历史上讲，元帅军衔在德国是一种极高的荣誉，除了威廉二世任命的几位元帅外，其他获得元帅军衔的人，无不有着极大的战功。希特勒授予的元帅中，除了组织指挥过两次战役的陆军总司令外，还有最高统帅部既不是指挥官又不是参谋长的主管，还有空军的副部长。曼施坦因就报怨如此授予元帅荣誉，是对它的一种贬低，希特勒的行为有些过度。

在巴黎停留没有多长时间，8月初古德里安被调回了柏林。当时，德国在法国的部队已开始“海狮作战”的准备工作。不过由于希特勒心中始终对英国抱有幻想，总希望拉英国下水，所以对英国的这个作战计划，从一开始就没有被德军严格执行，德国陆海空三军之中，只是空军参与了对英国的空袭，海军对英国进行了一定程度的封锁。而德军最为强大的陆军，却没有什么实质性的举动。

“海狮”对于古德里安的装甲部队的影响只有一个，那就是对于水陆两用坦克的试验。8月10日，这种类型的坦克在德国战车炮术学校中开始试用。在1941年对苏作战时，还曾经利用它们来渡过布格河。

在柏林的日子里，古德里安只是负责整编和训练自己所属的装甲部队，虽然工作相对单一，但是却也很忙碌。工作之余，他虽然常常想到整个时局，想到如何彻底结束德国对外战争，然而只是作为希特勒打手的他，既无法向陆军统帅部和参谋本部反映自己的建议，更是无缘纳粹的“军国大事”，所有想法只能讲给自己听。

在这段时间内，国际形势发生了变化，新的战争又在酝酿之中！

>> 检索……相关事件

01

> 被焚毁后的国会大厦。

纳粹分子纵火焚烧国会大厦

1932年11月德国选举之后，希特勒出任政府总理。为了陷害德国共产党和欺骗群众，建立法西斯独裁统治，希特勒指示戈培尔和戈林等人策划了纵火阴谋。1933年2月27日晚，纳粹冲锋队队员通过戈林官邸中的隧道进入国会，放火焚烧了国会大厦。纵火当晚，戈林即下令逮捕德共党员和反法西斯人士，查禁德国共产党和社会民主党报刊，封闭德共办事处。希特勒以此为契机建立起纳粹党的法西斯独裁政权。

德国宣布重建空军

随着纳粹头子希特勒的上台，德国对外侵略扩张的野心日渐膨胀，为了大力扩军备战，1935年2月26日，德国宣布重建空军。希特勒下令要在1937年4月1日前完成扩建空军计划。1932年德国仅有36架飞机，1935年已上升到3,183架。根据扩建计划，到1939年德国飞机将猛增到8,295架，这个数字多于英、法、波三国空军力量的总和。这将为希特勒发动第二次世界大战奠定基础。

美国出台第一个中立法

在意大利入侵埃塞俄比亚前夕，美国国会内外的孤立主义派利用美国人民不愿卷入新的战争的和平情绪，推动国会于1935年8月31日通过第一个中立法，规定"在两个或若干个外国之间发生战争时或在战争过程中，总统将此事宣布，嗣后凡由美国或其属地之任何地点把武器、弹药及军事装备输往交战国港口，或输往中立国以转运至交战国者，均属违法"。然而，此法案的出台，并没有使美国长久地置身于战争之外。

retrieval

∧ 冲锋队头目罗姆(左)被希特勒枪杀。

希特勒恐怖清洗冲锋队

为希特勒崛起立过汗马功劳的冲锋队的势力，在希特勒上台后迅速膨胀，从1933年的50万人增加到1934年的250万人，其创建者罗姆与希特勒关系密切。罗姆不满足于冲锋队的依附地位，企图用冲锋队取代国防军，成为不受纳粹党控制的独立军事组织，引起了希特勒的极大不满。1934年6月30日，在希特勒的指示下，纳粹党卫队发动大规模行动，清洗了冲锋队。清洗持续到7月2日，被杀者达1,000多人。此事件加速了希特勒确立和巩固独裁恐怖统治的进程。

日本皇道派军官发动兵变

1936年2月26日拂晓，日本皇道派军官纠集第1师团和近卫师团的1,400余名官兵发动兵变，迅即占领陆军省、参谋本部、国会和首相官邸等政府中枢机关，杀死内大臣斋藤实、大藏大臣高桥是清等人，首相冈田启介也险些丧命。兵变部队要求让皇道派的精神领袖荒木贞夫大将上台执政，建立军部独裁政权。因各方面均表示反对，2月29日，兵变被平息。但此后日本迅速走上全面扩大侵略战争和全面法西斯专政的道路。

德意法西斯武装干涉西班牙内政

1936年2月16日，西班牙举行大选，人民阵线获胜，成立了联合政府。1936年7月18日，西班牙军官佛朗哥发动武装叛乱。10月1日，叛军在布尔戈斯成立政府，西班牙内战开始。内战初期，西班牙人民在南部阻止了法西斯叛乱军队的进展。当希特勒、墨索里尼看到西班牙叛军受挫之后，德国派军5万人，意大利派军15万人协助叛军作战。自此，西班牙内战演变为西班牙人民反抗法西斯侵略的斗争。

>> 检索……相关事件

国民党爱国将领发动“兵谏”逼蒋抗日

在中国共产党抗日民族统一战线政策的感召下，全国人民掀起了抗日救亡运动的新高潮。然而，蒋介石却不顾全国人民的强烈要求，继续推行“攘外必先安内”的政策。国民党爱国将领张学良、杨虎城在“哭谏”无效的情况下，于1936年12月12日凌晨将亲临西安督战的蒋介石及其军政随员数十人扣押，逼蒋抗日，发动了震惊中外的“西安事变”。在各方的共同努力下，蒋被迫接受“停止内战、联共抗日”等条件。12月25日，张学良送蒋介石回南京。

retrieval

03

中苏订立互不侵犯条约

1937年8月21日，中国国民党 政府和苏联政府在南京正式签署了《中苏互不侵犯条约》。其主要内容是，中苏双方申斥以战争作为解决国际纠纷的方法和推行国家政策的工具；两国彼此保证互不侵犯；当缔约一方遭到第三国侵略者时，缔约另一方将对该第三国不给予任何援助。中国国民党政府与苏联政府签署互不侵犯条约，系中国共产党和全国人民抗日主张推动所致，具有一定的积极意义。

共产国际呼吁世界和平力量支援中国

1938年9月，共产国际执行委员会主席团发表了一份声明。声明指出，中国人民抗击日本帝国主义的斗争不仅仅是为了保了自己国家的自由与独立，同时也是为了保卫全人类的自由与和平事业。中华民族的解放战争，“是世界无产阶级及整个先进人类反法西斯总斗争的最重要的组成部分”。因此，国际工人运动和全世界一切进步、民主与和平的力量都应给予中国支援。此声明在国际上引起了巨大反响。

04

慕尼黑阴谋助长法西斯侵略气焰

1938年9月，英、法、德、意四国首脑在德国慕尼黑举行会议并签订了《慕尼黑协定》。协定规定：1938年10月10日前将捷克斯洛伐克苏台德地区及同奥地利接壤的南部地区，连同上述地区的一切建筑和设施，移交给德国；日耳曼居民是否占多数尚不确定的地区，暂由国际委员会占领，通过公民投票，决定归属，最后划定边界。慕尼黑会议及协定粗暴地践踏了国际法和国际关系的基本准则，鼓励和助长了法西斯国家进一步发动侵略战争的野心。

德意两国订立“钢铁同盟”

为了进一步在欧洲扩大势力范围，准备全面的侵略战争，德国和意大利两国于1939年5月22日签订了军事同盟条约，又称“钢铁同盟”。此条约中规定，缔约双方中的一方被卷入同其他一国或数国的军事纠纷，另一方必须给予陆、海、空军的军事援助。这一条约的签订，大大刺激了德、意法西斯称霸世界的野心，加快了其对外侵略扩张的步伐。随后不久，德国就入侵波兰，挑起了第二次世界大战。

< 1939年，德意两国主要领导人在柏林。

第二次世界大战全面爆发

1939年9月3日，继纳粹德国闪电入侵波兰后，英法两国对德宣战。在德国军队突破波兰后，法国和英国政府立即向德国发出最后通牒：“终止一切对波兰的侵略行动，并从波兰的领土上撤出军队，否则联合王国和法国将履行我们的义务。”9月3日，英国首相张伯伦郑重宣布英法两国的军队将与希特勒的军队交战。英法对德宣战，标志着第二次世界大战的全面爆发。

第五章

希特勒的豪赌

1888-1954 古德里安

苏军的这个重要边境城堡一直坚守了好几天，直到6月29日战斗方才停止。苏军的顽强抵抗严重打击了古德里安所部的行动，使他无法利用经过布格河与马恰维克河的公路、铁路交通线运送物资、调动部队……

★“巴巴罗萨”计划

第二次世界大战期间，德国最高军事当局拟订的进攻苏联的计划，是德国法西斯对外侵略扩张最重要的计划之一，是中世纪妄图称霸欧洲的神圣罗马帝国皇帝腓特烈一世的绰号。该计划要求以突然袭击和闪电战的方式击溃苏联，并规定必须在6周至两个月内结束战争，最迟不得超过1941年圣诞节。“巴巴罗萨”计划实施初期，曾给苏军以巨大打击，但计划最终被苏军挫败。

>> 令人不安的“巴巴罗萨”

“海狮”计划搁浅后，英国问题在希特勒头脑中的地位降了下来，如何解决东方的敌人——苏联，成了他的头等大事。征服苏联并使之成为德国的殖民地，一直是这个“奥国小班长”的梦想，也是他扩张“生存空间”的目标。希特勒一直梦想着有朝一日，由他来控制苏联丰富的小麦、石油、锰及其他资源，而俄罗斯平原将作为征服者德意志民族的定居地。

二战前，英法等国欲借德国人之手消灭苏联，却没有想到自食其果，相继先于苏联遭到了德军的灭亡和重创。而苏联虽然将祸水西引，为自己赢得了一定的准备时间，但还是避免不了同德国的开战。早在1940年7月的时候，被扩张的欲望烧晕了头的希特勒狂妄地对他的将军们大放厥词：“我认为，苏联人也是不足以与德军相抗衡的，只要一次突击就可以了。”他还对德国陆军总司令下令：

“你现在就要着手研讨对苏战役的作战计划。我的直觉告诉我，我们在4到6周的时间内就可以完成攻打苏联的准备。”到了这年的12月18日，希特勒终于下了决心，决定在1941年的5月15日开始执行“巴巴罗萨”计划★。他在计划的开头就强调：

“德国武装部队必须准备在对英国的战争结束以前，以一次快速的战役击溃苏联。”

这个计划的作战目标充分体现了希特勒的想法：

“用装甲部队纵深楔入的大胆作战，摧毁苏联西部的苏军陆军主力，并且要防止有战斗准备的苏军完整无损地撤退到苏联的广阔地区去。这次作战行动的最后目的是要建立一道从伏尔加河到阿尔汉格尔的防线，以对付苏联的亚洲部分。”

1940年底，苏联外交部长莫洛托夫来访柏林后不久，古德里安的新任参谋长李本斯坦中校和作战处处长拜尔林少校，奉陆军参谋总长的命令，出席一次极其重要的会议。在会上，他们第一次听到了所谓的“巴巴罗萨”作战计划，古德里安也只是在会议结束后，通过手下的报告才知道了该作战计划。当手下把一张苏联地图铺在他的面前，向他报告会议内容时，

古德里安简直不相信自己的眼睛：

自己还尽心尽力地为德国如何战胜英国而出谋划策，但希特勒的心思却是在东方！

“难道这是真的吗？德国一向要避免的情况要变成一个事实吗？想当初，我们的元首是多么痛恨1914年决定德国命运的领袖人物们。他曾明确地指出他们没有能够避免两线作战，从而对德国造成了伤害。但现在，我们却要进行两面作战。在今天对英国的战争还没结束之前，为什么他居然又出尔反尔，突然想起对苏联开辟第二战场呢？”

“所有的军人们都曾经一再劝告元首不要重犯两面作战的错误，我也这样做过。现在我

< 1940年底，苏联外长莫洛托夫（前右）访问柏林时受到德国外长里宾特洛甫（前中）、凯特尔元帅（前左）的欢迎。

是无法理解元首的决定的！”

虽然古德里安承认自己在战略筹划上不是内行，但是他实在无法隐瞒自己不满和失望的情绪。

可是他的两个手下李本斯坦中校和拜尔林少校，早已在参谋部会议上就被陆军参谋总长哈尔德说服，对未来将要进行的战争充满乐观，拥有盲目的自信，所以对于古德里安的激烈言论，不免感到十分惊讶。他们开始做古德里安的工作：

“将军，我们的参谋总长哈尔德对所有各种因素都作了充分的考虑。”他们进一步解释说。

“通过对敌我力量和其他情况的分析对比后，可以充分肯定，只要8个星期到10个星期就可以击败苏联。到那时，我们还可以继续进行我们的对英作战行动。而这个期间英国不会有什么作为的，我军也不会处于两线作战的境地。”

随后，古德里安的这两个手下又向他汇报了对苏作战的详细计划。计划规定，侵苏德军共编成南方、中央和北方三个集团军群，下辖7个军团和4个装甲兵团，共计152个师。主要的作战行动将以普里皮亚特沼泽地来划分。主要的打击将在沼泽以北地区，用整整两个集团军进行。北方集团军群将通过波罗的海国家，向列宁格勒推进。南面的中央集团军群将通过白俄罗斯东进，然后挥戈北上，同北方集团军群会师，从而包围从波罗的海退却的苏军残余部队。希特勒规定，只有到这时，才应对莫斯科发动攻势。南方集团军群将在沼泽以南通过乌克兰向基辅进攻。它的主要目的是包围和消灭在第聂伯河以西的苏联部队。再往南，德国－罗马尼亚部队将掩护主要作战行动的翼侧，并向敖德萨推进，再从那里沿黑海推进。在这以后，将占领苏联60%的工业集中地顿涅茨盆地。

同时，罗马尼亚和芬兰的任务也被确定下来，它们将充当德军的极北翼和极南翼的进攻出击基地，并提供军队援助德军。

听完手下的汇报后，有着良好的军事指挥功底的古德里安心中不仅产生了许多疑问？

“这三个集团军群实力大致相等，分别向他们各自的目的地进攻，整个计划似乎并没有明确规定它们单独的战略目的或共同的战略目标。从军事战略的立场上来看，这个计划的目的性不明确，力量使用又不集中，它到底是干什么呢？”

不管它的目的如何，古德里安认为这个计划对于即将进行的作战是不符合军事常规的。于是他让自己的参谋长李本斯坦中校将意见转呈陆军总参谋部。结果石沉大海，没有任何回音。

虽然心里有这样那样的想法，但同希特勒的战车绑在一起的古德里安，此时却是与纳粹德国融为一体，心甘情愿为希特勒卖命，他的想法只是如何在未来的结局中更为“军人化”一些，不过分掺和希特勒的纳粹政治而已，并未从中走出去。相反，在认识到未来战争的沉重与艰辛后，他反而集中一切精力来训练和装备他的部下，使他们能够更加充分的适应这场战争，让他们在战争中表现出更多的军事才能和素质。

为此，他非常明确地告诉自己的部队：

“德国的将士们，这场将要进行的战争是你们所遇到的最为严酷的战争，你们将要遭受到极其困难的局面，艰难的程度远远要比波兰战役、西线战役，不知道又要高出了多少倍，你们要加紧训练、努力训练，为未来作好充分的准备。”

其他更为具体的内容，古德里安的军事素养告诉他，不能讲得更多、更具体、更肯定。

无论古德里安及其他德国军官是多么希望在对苏战争中应占有充分的优势，但遗憾的是，德军的准备并不充分。

法国战役后，希特勒又扩充了许多装甲师和摩托化师，那些被补充到德军的缴获坦克，大多都是法国货。这些坦克在西欧的作战环境中使用是合适的，对于东欧战场上的自然环境来讲，就不太合适了。但是德国是毫无办法的，它本身的坦克生产不充足，无法满足膨胀的需求，所以只好利用这些较为差一些的外国车辆来代替德国货。

古德里安就负责整编和训练这些装甲部队。这个任务虽然是他的老本行，执行起来驾轻就熟，但令他头痛的是坦克装备的数量、质量和人员的素质实在是太差了，这样怎能胜任未来的战斗？由于对苏作战的需要，虽然装甲师的数量增加了一倍，但是坦克的数量却没有增加，坦克师的战车数量只有标准的一半，还包括一些缴获的质量不好的坦克在内，有3,200辆左右。

希特勒根据西线战役的经验，曾要求每个月应生产800到1,000辆坦克，不过德国武器弹药部部长托特对整个生产计划计算的结果是：如果每月生产800辆到1,000辆的坦克，就要耗费20亿德国马克的巨款，动员10万个技术工人和专家！无奈，希特勒只好打消这个念头。对于陆军要新建11个装甲师并加强炮兵的火力，并提出坦克的平均产量应从1940年9月的121辆提高到每月380辆的要求，德国的生产部门也难以达到，到1941年3月31日时，德国军工企业只能生产坦克1,490辆平均每月为213辆。

坦克的数量是没有办法了，希特勒便从火力上做文章，他下令把马克Ⅳ型坦克上的37毫米火炮改成50毫米的火炮。不过兵工署由于实施上的困难，便背地里用50毫米的L42号火炮代替了L60号50毫米火炮，炮管短得多，威力也减少了许多，直接影响到德军装甲部队的作战能力。

在组织训练德国装甲部队的过程中，唯一使古德里安感到称心的是不管如何，陆军的坦克现在全部都是马克Ⅲ型和马克Ⅳ型，多多少少可以弥补坦克不足的缺陷。

还有一件事，让古德里安对德国装甲部队对抗苏联红军产生了莫名的怀疑和忧心忡忡。

在德苏未曾开战，都在为战争进行准备的日子里，两国的经贸关系和军事合作却还正常进行，至少表面上看是这样。战前，苏联人还在严格地遵守贸易协定，准时向德国运交货物，甚至在开战前的最后几天里，苏联还用快车从远东向德国运送了印度产的橡胶。在1941年的春天，希特勒对德国的坦克工厂和坦克兵培训学校发布了一项特殊的命令：

∧ 希特勒在检阅德国防军。

∧ 1940年11月，希特勒在柏林接见来访的莫洛托夫。笑里藏刀的他不久后便露出了狰狞的面孔，向苏联发起了全面进攻。

“最近将有一个苏联的军事代表团参观我们德军的坦克学校和工厂。在他们的参观过程中，有关部门的所有先进武器装备都可以让他们看，没有必要对他们隐瞒。”

希特勒之所以如此狂妄，毫不隐瞒自己的军事潜力，是因为当时的德国陆军已是最为强大的，他并不担心苏联会怎么样，而且不久就要进攻苏联，这么短的时期内，苏联是不会有什么作为的。不过当那些苏联的军官们参观完德国的坦克生产线以后，却不相信德军的“T－4”型坦克就是他们的最新坦克，坚持说德国人故意把最新式的坦克藏起来了，并没有遵照他们元首的命令，将最新装备给他们看。苏联军事代表团如此咄咄逼人的态度引起了德军有关部门的怀疑，无意中暴露了苏联人自己的秘密。因为，如果说苏联人认为这些坦克还不是最先进的，那么反过来说他们应看到过更为先进的坦克。最后德国的兵工生产主管部门得出了这样一个结论：

“苏联人有可能已经拥有了一种更好和更重的坦克！”

所有这些，都构成了古德里安这个“装甲兵之父”心头挥之不去的阴影！

>> 砸开苏联的大门

进攻苏联的“巴巴罗萨”作战计划中，对作战中使用的德军编成了3个集团军群，兵力大致相等，只有中央集团军群编有两个装甲兵团，其他两个集团军群，则各编1个装甲兵团。古德里安奉命指挥第2装甲兵团，他的北面就是霍特将军的第3装甲兵团。这两个装甲兵团都属于中央集团军群。

第2装甲兵团的编制如下：司令官古德里安上将，兵团参谋长李本斯坦中校。下辖3个装甲军，具体情况是：

第24装甲军由盖尔二级上将指挥，包括莫德尔中将指挥的第3装甲师、朗格曼少将指挥的第4装甲师、罗普尔少将指挥的第10摩托化步兵师及费尔德中将指挥的第1骑兵师。

第46装甲军由魏亭果夫二级上将指挥，包括夏尔中将指挥的第10装甲师、豪赛尔中将指挥的党卫军“祖国”摩托化步兵师及斯克豪生少将指挥的“大德意志”步兵团。

第47装甲军由李美尔逊二级上将指挥，包括艾尔林少将指挥的第17装甲师、内林少将指挥的第18装甲师和波尔吞斯登少将指挥的第29摩托化步兵师。

装甲兵团兵团部直属部队有维比格少将率领的空军支援飞机、艾克逊少将率领的哥林高射炮兵团、海尼曼将军指挥的炮兵部队、贝克尔将军指挥的工兵部队、普劳恩上校指挥的通信兵部队和巴尔希维希中校指挥的侦察机分队。

在战斗中，对装甲部队进行掩护的战斗机部队则由莫德尔斯上校负责指挥。

针对德军总体方案，中央集团军群赋予古德里安这个装甲兵团的任务是：在攻势发动的第一天，应从布列斯特－李托弗斯克的两侧渡过布格河。在突破苏联的防御阵地之后，尽快扩大战果，一直向罗斯拉夫尔－叶尔尼亚－斯摩棱斯克地区前进。目的是要阻止苏军重新收集残部，再构成一条新的防线，为1941年的战役奠定胜利基础。在实现此目标后，古德里安的装甲兵团再接受新的命令，以决定以后的行动方向。

从1941年初开始，德国人陆续将用于对苏联作战的部队开进靠近苏联的边境线，集结隐蔽进来。为了对苏作战，德军把投入的部队分成了7个兵团、146个师，其中包括4个装甲兵团和3支航空队，配备了3,580辆装甲车辆、60万辆运输车、7,180门大炮、1,830架作战飞机和75万匹战马。当然这些部队中还不包括协从国罗马尼亚准备参战的部队。

6月14日，希特勒对他的下属训话时，曾经问过古德里安：

“你要多长时间才能够到达明斯克？”

当时，古德里安满怀信心地回答说：“大约五六天的时间就可以了。”话虽然是这样说了，古德里安还是放心不下。他的对手是苏联而不是西方国家，这个对手的实力究竟怎样，古德里安无法估计，德军中也没有人能够准确地加以描述。在和平时期，苏联的保密制度也是相当严格的，军队中的团级单位都不编番号。如果说在其他国家里，可以装作平民通过个人的经济活动从事谍报工作，但在苏联对经济进行集中领导的情况下，通常的谍报工作是找不到任何活动场所的。因此，无论是德国还是其他国家的有关人员，想准确判断苏联的武装力量是极为困难的。德国对苏联情报的获取，只能是一些分散的、零散的情报，加上一般的经验方法所获得。古德里安对仅凭一些初步的、零碎的资料得出的结论，绝对不敢掉以轻心。

古德里安的感觉是正确的，苏联武装力量的规模的确令人吃惊。但是德军中却有狂妄之徒，7月4日，负责记录最高统帅部作战日记的格雷纳曾狂妄地断言：

“苏联人失去了这么多飞机和4,600辆坦克，他们一定所剩无几了。”

可是到了7月末，德军俘获或毁坏了苏军12,000辆坦克后，仍能见到不断涌出的苏联军队。德国人的嚣张气焰被打下去了。希特勒在8月4日走访中央集团军群的时候，就郁郁寡欢地向古德里安承认：

“要是战前知道苏军有这么多坦克，我就会对战争作出重新考虑的！”这时的他丝毫没有战争之初取胜时的狂喜。

所以希特勒的训话结束之后，第二天古德里安就飞往自己幕僚们的所在地华沙，进行所能想得到、办得到的一切准备。直到6月22日对苏战争开始之前，古德里安都一直忙于视察部队，审查他们的阵地部署，同时还努力加强与邻近单位的协调，以保证战斗中各部队间的密切合作。还好，毕竟都是自己亲手训练的部队或亲手组建的部队，它们向集中地区的开进和攻击的最后准备，总的说来还算令古德里安满意。

6月17日夜间，古德里安去了前线，在一些下属指挥人员和参谋部高级人员的陪同下，视察将要渡过的布格河两岸形势。对岸的苏军，似乎对德军的行动一无所知，至少古德里安相信这一点。古德里安看了看周围的环境，都是一派宁静、祥和的气氛，除了水声、风声、鸟鸣声，就是岸边的几棵大小不一的树孤独地立在那里，唯一与之相伴的是各种花朵野草，丝毫见不到大战即将来临的预兆。“呜”的一声长鸣，一列由莫斯科开往柏林的直达快车从大桥上呼啸而过，车窗还闪烁着点点灯火。“这样的火车还会有几辆呢？”若有所思的古德里安喃喃自语。透过望远镜，可以望见布列斯特－李托弗斯克卫城内的灯光广场，有一些苏联红军士兵正

∧ 古德里安深入部队了解武器装备情况。

和着军乐队的演奏，在那里进行演练。苏军沿着布格河的工事没有士兵把守。虽然苏军沿边境的工事在过去几个星期当中，也修筑了一些，不过增加的数量实在是很有限。古德里安想，在战斗发起时的进攻方式应该是有效的，但是炮兵的射击是否要取消呢？为了防止苏军可能的反冲击，古德里安决定还是不取消炮兵的射击过程，而把它作为一个预防的手段。

天有些亮了，布格河上弥漫着淡淡的雾气，静静的水面上反射着鳞鳞星光。“该走了，否则容易被苏军发现！”参谋提醒他。走吧，古德里安宽慰自己，“无论战争结果怎样，都是要进行这场战争的，想那么多有什么用？”

古德里安心事重重地离开了观察所。

19日，古德里安访问了兵团的右邻麦根逊将军的第3军，并同第3军的有关部门和单位再一次敲定协同计划，以确保作战行动中的协同配合。

20、21日，古德里安又到了前线，观察了所属部队的准备情况，检查他们的准备情况。

6月21日晚上10点，希特勒富有煽动性的声音传到了东线200多万德军官兵的耳朵里：

< 1941年6月22日，德军向苏联发起进攻前，古德里安（右一）等德军将领在前线。

∨ 一辆德军坦克正涉河上岸向前攻击。

“数月来，重重的忧虑压得我透不过气来，现在我终于能向你们，我的士兵们公开说明了。俄国把大约160个师部署在我国边境。数星期来，我国的边界不断遭到侵犯，许多俄国巡逻队侵入帝国的疆域。东线的士兵们，军事集结此刻正在进行着，其规模之大和数量之多，都在历史上空前的，我们和芬兰军队结成联盟，我们的同志正和纳尔维克的胜利者们并肩驻守在北极的海上。你们正驻守在罗马尼亚，驻守在普鲁特河畔，驻守在多瑙河至黑海一线，德国和罗马尼亚军队肩并肩地屹立着。如果要在这条历史上最漫长的战线上采取行动，其目的不仅仅是为了创造最后结束这场伟大战争所必需的条件，或是保卫受到威胁的各国，而且也是为了拯救整个欧洲的文明和文化。德国士兵们，你们即将参加战斗，参加一场艰苦卓绝、生死存亡的战斗，欧洲的命运、德意志帝国的未来、我们民族的生存，现在完全掌握在你们手中。决定命运的一刻终于来了，古德里安繁忙的准备工作结束了。愿上帝在这场斗争中保佑我们大家。"

进攻发起的这一天，古德里安在凌晨2点10分就进入了兵团前进指挥所。为了观察方便，古德里安的兵团指挥所设置在波豪卡莱以南的一个瞭望塔里，位置大致在布列斯特－李托弗斯克西北方约15公里的地方。

3点15分，天还没有亮，德国炮兵开始准备射击，前线排列了7,000多门各种口径的火炮。由于这一天是星期天，苏军比往常更为松懈一些，突然之间德国的高爆炮弹就落到了苏军的头上，一时间苏军难以做出有效的还击。

3点40分，德国的俯冲轰炸机开始对苏军阵地的第一次攻击，近千架俯冲轰炸机遮天蔽日地扑向了苏联腹地的机场、军事指挥中心和交通枢纽。

4点15分，德军的炮火向前延伸，古德里安的第17、18两个装甲师的前卫部队开始渡过布格河。

4点45分，第18装甲师的领头战车开始涉水渡河，为了执行渡河任务，他们事先装备了防水装备，这些装备曾在"海狮"作战计划★中试用过，可以使他们渡过深度达3米的河水。半小时后，第18装甲师的先头坦克就渡过了布格河，冲向苏军的防线。随后，其他部队的坦克也渡过了布格河，突破苏军薄弱的防线。德军的坦克一边开炮，一边向预定目标——明斯克奔去。

对苏联的进攻比预想得要顺利，

苏军明显地被打了个措手不及，德国的炮击开始不久，苏军的一个指挥部在慌忙中用明码向上级发了电报：

"我们正在遭受炮击。该怎么办，请指示！"

∧ 力主进攻英国的德国戈林元帅。

★"海狮"作战计划

德国最高军事当局关于德军强渡英吉利海峡、在英国登陆作战的战备方案的代号。德国战胜法国后，希特勒于1940年7月16日发出了对英登陆作战的决定，下达了关于"海狮计划"的第16号指令。"海狮计划"规定，在德国空军航空兵的支援下强渡英吉利海峡，以两个集团军约25个师的兵力，在英国多佛尔和朴茨茅斯之间登陆，然后向西、向北发动进攻，并包围伦敦。

上级却没有遭受战争的炮火，对下级进行了一顿训斥："你们一定疯了！为什么来电不用密码？"

德军在前线取得了顺利的突破，6点50分的时候，古德里安带着几名随从在柯罗德罗附近坐着一艘攻击艇，渡过了布格河。之后，古德里安小小的移动指挥部，包括两辆装甲无线电通信车、一些越野车辆和一些通信联络用的摩托车，也在8点30分渡过河，同古德里安会合。这样，古德里安尾随着第18装甲师的坦克，从苏军前沿阵地的后方，向苏军的纵深驶去。古德里安的移动指挥所一直跟着第18装甲师，到下午4点30分才回到了柯罗德罗的桥头阵地，并在那里停留到晚上6点30分，回到自己的前进指挥所。

向前推进的德军不久就到了里斯拉河上的桥梁。这座桥对于德军的前进具有重要价值，直接影响到古德里安的第47装甲军进军，德军一直担心桥梁遭到苏军的破坏。当德军的坦克到达那里后，却发现那里只有和往常一样多的苏军哨兵在警戒，守桥的士兵无力抵抗德军重型装备，力量相当有限，而且事先并没有针对这种情况的预案，一时不知该如何应对，只是在向上级报告的同时被动地用手中的武器进行抵抗。当然这种微弱的抵抗是不能阻止德军的，随即便被德国人击溃了，苏联士兵只好向其他各个方向撤退。

看到苏联士兵向后退去，古德里安的两个传令兵认为他们也像西线联军士兵那样容易抓获，求功心切，便不顾古德里安的警告，向这些溃散的苏军士兵追去。而这时，苏军这些士兵也从最初的惊愕中明白过来，知道与德军进入了交战状态，他们本就对未能守住桥梁感到自责，现在看到两个德军又不知死活送上门来，怎能放过！当即将这两个德军引离大部队后，加以击毙。古德里安的部队虽然对自己士兵的损失极为恼怒，却也不能停下和这些苏联士兵缠打，只好作罢。

这样，10点25分的时候，德军领头的第一辆坦克战车从桥上跨过里斯拉河，接着就是第18师的师长内林将军所乘坐的坦克战车。古德里安的部下毕竟是古德里安的部下，还是和他当初一样，不是坐镇后方进行指挥，而是一直跑到部队的最前沿。

古德里安最初的设想是很好的，沿着装甲兵团所担任的整个前线，对苏联发动突然袭击，通过一次快速行动打败对手。但是情况的发展却很快有些变化，在布列斯特－李托弗斯克的南面，第24装甲军将布格河上的桥梁都完整地夺取过来，在要塞的西北面，德军渡河的桥梁也依照原定计划架设好了。但在中部，也就是苏联边陲重镇布列斯特－李托弗斯克要塞，苏军很快就从德军最初的奇袭中清醒过来，并立即在他们已经准备好的阵地实行顽强的抵抗，虽然德国步兵一度突入到布列斯特，但遭到苏联驻军的顽强抗击。最后，苏联的这个重要城堡一直被坚守了好几天，直到6月29日战斗方才停止。苏军的顽强抵抗严重打击了古德里安所部的行动，使其无法利用经过布格河和马恰维克河的公路铁路交通线运送物资、调动部队。

到了这天黄昏的时候，古德里安的装甲兵团已经在马罗雅它、柯布尔恩、布列斯特－李托弗斯克、普鲁查拉等地相应地发生了一些激烈交战。在普鲁查拉附近，古德里安的第18装

∧ 古德里安亲临前线指挥作战。

V　在苏联境内的德军坦克被苏军击毁。

甲师曾经与苏联的坦克部队首次会战。结果仓促应战的苏军当然不是有充分准备的德军的对手，在双方互有伤亡后，苏军失利，普鲁查拉被德军占领。

6月23日，古德里安在早上4点10分的时候就离开了司令部，战斗进行一天了，所属各部的具体情况他还未彻底掌握，所以今天他想全面掌握一下部属的作战情况，以便为下一步行动作准备。他先到了第12军的军部，在那里听取军长希罗斯将军报告了当前最为艰巨的布列斯特－李托弗斯克附近的战斗情况。接着古德里安带几名随从，乘坐装甲指挥车赶往第47装甲军的军部。当时，第47装甲军的军部设在距布列斯特－李托弗斯克约为23公里的一个叫比尔戴基的村子。在那里古德里安与47装甲军的李美尔逊将军商谈了一会，并在那里向自己的司令部通了一个电话，再一次通报了最近的情况。随后古德里安到第17装甲师的师部，当他在8点到达那里后，该师步兵旅旅长韦布将军又把部队作战的一切经过详细地向古德里安进行了汇报。

好在接受报告和进行报告的人都是战场上的军人，报告没有什么修饰、也没有什么点缀，一切都是那么简洁、那么利落。到了8点30分，古德里安便又回来和第18装甲师师长内林将军见面、和47装甲军的李美尔逊将军商谈，随后又赶到普鲁查拉。现在古德里安的兵团司令部已经移到这里，前进指挥所的人员也到达了。

计划中，在这一天第24装甲军全天都要沿着柯布尔恩－贝里沙－卡尔图斯卡公路向斯鲁兹克推进。其下属的第1骑兵师则行进在队伍的最右翼，走一条装甲部队和步兵分队都无法通过的沼泽路，确实太难了，骑兵师时而骑马、时而步行、时而人马相扶，一步步艰难地通过了沼泽地。在第1骑兵师前进的途中，德军不禁为苏军步兵的行动所震惊，这里的苏军步兵充分利用地形杀伤进攻中的德军，他们是在没有组织有效的火力掩护下，不顾伤亡，一波又一波地进行着冲击。第1骑兵师边打边走，用了7天的时间，才到达科勃林和品斯克。古德里安在了解情况中形成了一个感觉，这也许就是军人特有的敏感，他感到第24装甲军是整个兵团的右翼，行动路线是沿着沼泽地的北侧边缘前进，所受危险不会很大，但第47军则将不可避免地会与向东南方向朝拜尔雅斯托克移动的苏军发生遭遇战，战斗将会极为艰苦。为了更为有效地指挥部队，古德里安决定明天起仍然跟着这个军前进。

6月24日，古德里安在上午8点25分离开司令部，向斯罗林驱车进发，此时第17装甲师也不过是刚刚到达这个市镇，古德里安为了在战斗中一直保持对最前线的接触，往往不注意作为一个高级将领应注意的安全问题，总喜欢冒险。结果，在罗查拉到斯罗林的路上，古德里安的小型移动指挥所冲进了一个苏军步兵阵地，苏军士兵正占据着路边的有利地形，袭扰沿着大路行动的德军。好在当时古德里安的第17装甲师的一个炮兵连和装甲机械化部队也正在向敌人进行攻击，不然古德里安就命运堪忧了。

古德里安正好赶上了这场战斗，他对周围形势略一判断，就知道苏军步兵的战斗力是不能应付装甲部队突击的，当即向自己的驾驶员下令：

∧ 苏德战争初期，古德里安与手下将领研究作战计划。

“向敌人开足马力冲击！”

同时命令指挥车的射手向苏军步兵猛烈扫射，指挥车冲向了苏军步兵。德军看到自己的司令官勇猛地冲向前去，也不甘落后，纷纷登上坦克战车向苏军步兵冲击。苏军步兵火力不足以挡住德军的进攻，不得已离开了他们占领的防御阵地向远处退去。于是，古德里安就继续向斯罗林驶去。

到了中午11点30分，古德里安到达了第17装甲师的司令部。很巧，不但师长艾尔林将军在师部，而且军长李美尔逊将军也在那里。古德里安坐了下来，一边休息，一边听着部属的汇报，仔细地分析目前的作战形势。正当他们在热烈讨论的时候，突然后方传出一阵激烈的枪炮声，从斯罗林通向拜尔雅斯托克的公路已完全被一片烟尘遮掩，路边一辆卡车正在着火燃烧。正当他们一面派人去了解情况，一面猜测面前的情况时，看到两辆苏联坦克从烟尘中冲出来。苏联的这两辆坦克知道自己陷入德军之中，便企图冲进斯罗林镇，对德军进行骚扰，然后乘乱逃出。只见坦克上的枪炮齐鸣，进攻与防御一方的各种火器响成一片，后面的德军马克Ⅳ式坦克也正紧追不舍，向苏军坦克激烈射击。混战中，苏军坦克战车发现前方有一群德国的高级军官，人数还不少，感到这可能是一个德军指挥部，便立即放弃了对其他目标的射击，集中火力向古德里安这群人开火。好在这些德军军官大多经历过战场的洗礼，知道如何保护自己，马上本能地卧倒在地上，伤亡不大。由于苏军坦克受到前后左右各方德军的攻击，虽然冲进了镇里，但随即被击毁，人员全部牺牲。

这一天，古德里安似乎所有的凶险都是围绕着斯罗林发生的。第17装甲军司令部的虚惊过去不久，他视察前线的第18装甲师后，命令第18装甲师向巴拉罗维兹方面推进，第29摩托化步兵师则奉命向斯罗林兼程赶来。古德里安在从斯罗林回兵团司令部的路上，又意外地遭遇到了苏联的步兵。这些步兵是刚从其他地方用卡车运到斯罗林近郊的，当古德里安遇到他们时，这些苏联士兵正在下车，到处都是乱哄哄的。古德里安狂傲的劲头上来了，根本不把苏军的这些步兵放在眼里，他决定冲过去，命令坐在自己身边的司机：

“开足马力，不要停顿，从步兵中冲过去！”

古德里安的驾驶员猛地一加油门，几辆装甲指挥车就向正在下车的苏军步兵冲了过去。苏联步兵毫无防备，猛然见到战车冲了过来，下意识地向两侧躲避，竟然忘了开枪！待回过神来，看清了车中的德军，这些步兵才“乒乒乓乓”地放起枪来，并急忙拿起反坦克武器进行还击，不过这时古德里安已经冲了过去。

这样折腾来折腾去，到了晚上的时候，古德里安才与自己司令部会合。当古德里安走进办公室时，桌上已经堆积了厚厚的一叠公文等待他处理。从公文的内容来看，基本上都是有关古德里安所部右翼方面战况的报告。自从6月23日以来，古德里安的第53军已经击败了马罗雅它地区苏军的攻击；在第24和第47两个装甲军之间，第12军业已建立起一个松散的联系；整个装甲兵团的左翼方面，由于受拜尔雅斯托克退回的苏联军队猛烈不断的攻击，也受到严重的威胁。为了解除后者的威胁，古德里安迅速将第29摩托化步兵师和第46装甲军调往该地区。

古德里安当时并不知道，在那一天，希特勒忧心如焚，担心强大的苏军会在德军的任何一点突破包围圈，从而使中央集团军对苏军建立包围的企图落空。为此希特勒的神经十分紧张，他命令装甲兵团暂缓前进，

先回过身来消灭拜尔雅斯托克附近的苏军。不过，陆军统帅部的总司令和参谋长却一致坚持原定计划，决心不顾任何暂时的危险实施对明斯克的纵深包围作战，坚决反对让装甲部队停止的任何打算，并最终说服了希特勒，所以古德里安还是继续向明斯克推进，以最终完成这个大包围的作战行动。

事实证明，德军陆军总部的主张是正确的。不久，苏联的维尔拉和科夫罗都先后被攻陷；芬兰军队占领了阿兰岛；德国第1山地军攻下了在皮特沙摩附近的著名产镍地区。在这些作战中，德军几乎都是兵不血刃就获得了胜利，伤亡极小。

这时，苏军第4集团军的各个部队已被古德里安的部队分割成几个部分，被迫向普里皮亚特河以北的平斯克和斯鲁兹克方向且战且退。战争才进行了4天，德军的坦克部队就在苏联西方方面军的两翼深入苏联领土达200公里，使配置在拜尔雅斯托克突出部的西方方面军主力有被合围的危险。

现在，希特勒也终于放下了悬着的心。对苏战争是他的一场赌博，在“黄色方案”时，他为自己储备了48个师的兵力，可是攻打苏联时只储备了10～15个师，这一点儿兵力是完全不能应付战争中出现的意外情况的。当然，希特勒为了鼓起追随者的信心，对所有的人都隐瞒了赌注的筹码。首战胜利了，而且战胜了原来并不知道有着庞大力量的苏军，他像一个靠欺骗而赢了钱的赌徒，喜不自禁。当6月27日德国外长里宾特洛甫到他那里去的时候，他狂笑着，兴奋不已：

“你说我像不像那个骑手，那个骑着马踏过结着薄冰的康士坦丁湖的骑手。当知道自己走过了危险后竟被吓死了。

“假如我当初知道一点儿苏军的这种庞大力量，我是决不会作出进攻决定的！”

< 希特勒——一个将世界搅得天翻地覆的狂人。

第六章

不停顿的闪击

1888-1954 古德里安

古德里安为克鲁格描述了一幅美妙的前景，他说突击成功的可能性是非常大的，他有这个把握，这个目标的实现非常有利于在年内结束对苏战役。而且，达成既定任务，功劳归克鲁格元帅；如果失利，责任则由古德里安他自己承担……

∧ 德军坦克部队在苏联境内作战。

>> 合围明斯克

1941年6月25日上午，古德里安在百忙中不得不到野战医院去慰问伤兵。他的司令部在昨天受到了苏联空军的猛烈轰炸，许多德军士兵都是在这次苏联飞机空袭时负伤的。幸运的是司令部遭空袭时，古德里安正在前线，虽然在前线遇到一些危险，却躲过了苏军的空袭。相对而言，古德里安所遭遇的苏联步兵的威胁要比空袭的危险小得多。看过伤员，古德里安这一天又到第12军军部、第24装甲军军部和第4装甲师，最后在下午4点30分才回到自己的司令部。

这一天，古德里安所部发现了苏军新的部队，其中还包括坦克装甲部队在内，它们正由拜尔雅斯托克向斯罗林进攻。好在古德里安的第29摩托化步兵师于这个时候赶到了前线，堵住苏联红军向斯罗林的进攻。这样，古德里安的第17和第18装甲师，可以不受干扰地继续向明斯克推进。

6月26日的清晨，古德里安早早地到了第47装甲军的最前线，他想亲自看一看自己的部队向巴拉罗维兹和斯托尔普斯推进的战斗实况。

由于苏军感到西方方面军有被合围的危险，通过正在西方方面军的沙波什尼科夫向苏军最高统帅部请示后，西方方面军迅速将配置在突出部的第3、第10集团军东移到利达、斯洛尼姆、平斯克。7点50分，古德里安到了第17装甲师，情况令他感到放心，该师正按照古德里安的命令向斯托尔普斯进攻。9点的时候，古德里安又到了第18装甲师的师部，该师也在按计划发起进攻。古德里安用无线电与第24装甲军取得联络，获得的情况证明该军已经遵行古德里安的命令，在对巴拉罗维兹的攻击实行支援。

到了中午12点30分的时候，第24装甲军报告："我军已经占领了斯鲁兹克！"

听到这个消息，古德里安极为高兴，占领斯鲁兹克意味着完成了对苏军合围的重要一步，对于古德里安和他所率部队而言，这是一个极大的成功。

正午之后不久，古德里安接到第3装甲兵团司令霍特的一个电报，向他又报告了一个好消息，说："我部距离明斯克北面27公里远。"

这一天总的情况不错，德军胜利在望。第46装甲军的前卫部队到达了塔尔塔克附近的战地，接替第24军和第47军中间空隙的防护任务，而第24装甲军则全力向波布鲁斯克推进。在北面友邻集团军的第8装甲师，也已经占领了都拉堡和维拉河上的桥梁。这天

下午古德里安依据上级命令，将主力转向北方，与霍特的部队合力攻击苏联的重要城市明斯克。

6月27日，古德里安的第17装甲师到达明斯克的南郊，并和昨天进入明斯克的第3装甲兵团建立了联系。明斯克城已被苏联所破坏，本身对德军没有什么价值。不过占领明斯克意味着对苏联西方方面军合围的最终完成，拜尔雅斯托克地区的所有苏军，在德军占领明斯克后便放弃了突破德军钳形包围的打算，将只好投降或被歼灭，德军结束第一阶段的作战，打开了通往莫斯科的大门。

战争初期，苏联军队之所以被德军的闪电战打得一败涂地，表面上看是苏军西方方面军司令员巴甫洛夫将军犯了致命的错误，擅自扣压关于撤退的命令，直到25日才将撤退命令下达到苏军第3和第10集团军，为时已晚。但更深层的原因则是苏军战争思想的落后。虽然当时装甲部队和摩托化部队的出现已使军队的运动速度空前提高，苏军也拥有了T－34这样先进的坦克，但是苏军大多数高级指挥员对现代战争的特点和规律缺乏应有的认识，无法理解德军运用装甲部队在时间和空间上可以形成的变化。再加上苏联红军在1937年到1938年间的大清洗造成的创伤，难以在短时间内恢复。这次大清洗，苏联一共损失了3个元帅、13个军团司令、57个军长、111个师长和220个旅长，基本上占了高级军官的一半，从而大大制约了苏军战斗力的发挥。

∧ 苏军反坦克炮手正向德军坦克开火。

＜ 古德里安在前线视察部队。

苏军20多个师被包围在合围圈内，对于如何歼灭被合围的苏军，如何实施下一步作战，古德里安有自己的看法。他感到歼灭处于袋形地区以内苏军的任务，应尽量少用装甲兵力，而主要让后续的步兵承担。腾出德军的装甲机械化、摩托化部队，努力发动进攻、勇往直前，以达成战役的第一战略目标，那就是攻占斯摩棱斯克－叶尔尼亚－罗斯拉夫尔地区。

所以他决定，当前最为主要的就是不要顾及战场上的一切意外和偶然，坚定地照着原定计划进行，即使要冒一定的风险。

在这种意识的主导下，古德里安在6月28日重新赶到第

∧ 1941 年 6 月，德军炮兵在苏联境内作战。

47 装甲军的军部。这是他的主力，也是他感到直接受苏军纵深力量威胁的部队，希望自己能亲自去掌握它，协助它应对可能出现的各种危机。古德里安在斯夫提兹找到了该军的军长，反复说明自己的意图。随后他又通过自己的司令部，命令第 29 摩托化步兵师向北推进，命令司令部加强对罗夫格罗地克－明斯克和罗夫格罗地克－巴拉罗维兹－土耳齐克的公路的空中侦察。接着古德里安又去视察第 18 装甲师，他觉得该师似乎对前进的方向不是很明确，所以赶到第18装甲师详细地说明自己的作战意图、作战目的和打算。

这一天，古德里安所属各部的进展也令人满意。按照古德里安的意图，他手下的各个部队到达了下列位置：

第 3 装甲师到了布鲁斯克；第 4 装甲师到了斯鲁兹克；第 10 摩托化装甲师到了西尼阿弗卡；第 1 骑兵师到了德罗黑曾以东的地区。

第 17 装甲师到了柯达罗夫，第 18 装甲师到了尼斯维兹；第 29 摩托化步兵师到了齐尔凡卡。

第 10 装甲师的一部分也到了齐尔凡卡，该师主力则回到西尼阿弗卡；“党卫军祖国”摩托化步兵师到了贝里沙－卡尔士斯卡；“大德意志”步兵团到了普鲁查拉东北地区。

也是在这一天，古德里安飞往第 3 装甲兵团霍特的司令部，在那里与霍特讨论他们未来的作战问题。古德里安的手下巴尔希维希中校亲自

∧ 德军克鲁格元帅。

为他驾驶飞机，当古德里安飞过普兹查拉里布卡时，看见一片大森林，当时第4军团总是认为苏军会由这个地区向德军的包围圈突破，所以古德里安特意地在森林上空多转了转，结果发现森林里并没有太多的苏军，他认为这些少量的苏军构不成什么真正的威胁，所以也就没有把这个地区的苏军威胁当回事，而只是和霍特商定，在第18装甲师向波里索夫推进时，第3装甲兵团的右翼应密切予以配合，占领该镇附近贝里西拉河上的桥梁。

同样是这一天，德国陆军总司令部也下达了作战命令，要求各个作战部队集中力量向第聂伯河一线推进。陆军总部认为，向斯摩棱斯克的发展非常重要。必须以最快的可能，在罗格乞夫、摩吉内夫、阿尔夏等地区渡过第聂伯河，在维兹布斯克和波罗兹克等地渡过第维拉河。

但这时，第4军团所面临的现实，却是该军团的指挥官克鲁格元帅难以让古德里安继续向前推进。7月1日的时候，通过综合几天的空中侦察结果，发现苏军正在斯摩棱斯克－阿尔夏－摩吉内夫地区集中新的兵力，准备将西方方面军4个集团军约50万人解救出来。当时仅从6月26日到30日的5天时间内，德国的第29摩托化步兵师的第71步兵团就独力收容了36,000名苏军战俘，由此不难想像苏军企图突破德军包围的兵力运用规模之大。围绕着拜尔雅斯托克袋形地区的四周，都发生了极其猛烈的战斗。这个事实使第4军团指挥官意识到，封锁包围圈的任务是极为重要的，他们要保持对这个袋形地区的牢固包围，则四周必须用强有力的兵力进行多层包围，以防止苏军突破。克鲁格元帅因此给古德里安下令：

“停止你部第17装甲师向波里索夫方向的推进，巩固包围圈！”

虽然古德里安也下过命令要防止苏军的突围，但他的心思主要还是放在进一步向前推进上。他感到，假使要等待步兵赶到，接替自己歼灭被围苏军，然后再去占领第聂伯河一线目标，会耽误不少的时间。还不如让装甲兵部队独立向前进攻，而且动作一定要快，以取得快速突破的优势，打乱苏军的既定部署。而且，事实上深受古德里安思想影响的第18装甲师已经到达了波里索夫镇，并在贝里西拉河上建立了一个桥头阵地。所以，古德里安心里对执行第4军团的这个命令很不情愿，但他还是把它照样下发给了第17装甲师。

古德里安未能料到，就是因为第17装甲师的这件事，他还差一点被送到军事法庭！

当时，古德里安的第5机枪营的任务是沿着袋形地区的边缘建立防御，以保证在第17装甲师和第29摩托步兵师之间的空隙不被苏军突围部队所利用。7月2日那天，古德里安顺便到了这个营，视察了该营的防御部署，并且听了听前线官兵对于被包围苏军的战场印象。后来，他又到了第17装甲师，听取了韦布将军随后行动的打算。到这时，古德里安还不知道关于第17装甲师的命令。只是在他回到司令部之后，才发现关于要第17装甲师留在包围线上不能动的命令。

反正不管什么原因，最后这个命令第17装甲师居然有一部分部队没有接到，还是照样向波里索夫进发了！

7月2日这天，古德里安的装甲兵团所处的位置更为有利，拜尔雅斯托克袋形地区内的苏军形势也就更为严峻。古德里安装甲兵团各部队的配置大致如下：

第1骑兵师在斯鲁兹克以南；第3装甲师在波布鲁斯克，前卫部队已进到罗格乞夫城外；第4装甲师在斯维斯罗奇；第10摩托化步兵师在斯鲁兹克以东。

“党卫军祖国”摩托化步兵师在巴鲁西维兹以南的贝里西拉河上；第10装甲师在齐原芬；“大德意志”步兵团在巴拉罗维兹以北。

第18装甲师在波里索夫；第17装甲师在卡德罗夫；第29摩托化步兵师在斯托尔普斯；第5机枪营在巴拉罗维兹的东南地区。

包围圈内的苏军已丧失了突围的任何希望。这样到了7月3日，被困在拜尔雅斯托克袋形地区的苏军只好彻底放弃抵抗，完全投降。

但也就是7月3日上午8点，古德里安却奉召来到明斯克的克鲁格元帅司令部。来之前，他就感到事情不妙，昨天他向第4军团司令部解释过关于第17装甲师行动命令出现失误的原因，对方并没有容他多说，看来今天是找他算账了！

果然，古德里安见到克鲁格之后，首先受到一顿训斥：

“将军，这是抗令！是一起极为严重的违反军纪的事件！是任何一个德国军官都应当引以为耻的事。你要为此事所造成的一切后果负责！”

古德里安是赔罪来的，也不敢辩解什么，只好站在那里听着，直到克鲁格训完了，才

∧ 在德军强大攻势下，苏军士兵被迫举手投降。

详细地把整个经过解释给他听，并请自己尊敬的元帅原谅。

火已经发完了，克鲁格元帅虽然不能就为这点事真正处理古德里安，但也不能就此罢了。他告诉古德里安说，本来他是想把古德里安和霍特两人提交军法审判，因为霍特兵团里也同样发生了同古德里安第17装甲师类似的事情。克鲁格认定，古德里安和霍特有一个共同的阴谋，故意和他为难。

古德里安是个精干聪明的人，听出克鲁格的话中含意。便运用自己当教员、搞研究练就的演讲才能、语言组织才能，既虚心又诚恳，摆出充分理由说明自己绝对不是和上级作对等等，最终才算把克鲁格的怒火平息，将一片乌云满天变得春和日丽，然后离开第4军团总部。

上级的恼怒并不能使人淡忘古德里安的远见卓识。他不断向前推进的企图，给苏军造成极为严重的威胁。第18装甲师在贝里西拉河上距波里索夫不远所建立的这个桥头堡，已成为德苏双方下一步作战行动中极为关键的一环，而焦点就是波里索夫城。苏军占领它，就可以挡住德军的进攻，有利于迟滞斯摩棱斯克被德军所攻占，卡住通向莫斯科的门户；而德军占领它，则可以此作为出发阵地，攻占斯摩棱斯克，进而攻占莫斯科。

早在7月1日中午，第18装甲师的先头部队按照古德里安的命令，经过近30个小时的不断奔波，先于苏军的增援部队到了波里索夫城。几个小时后，紧随其后的第18装甲师的主力也到达波里索夫城。兵力占优势的德军很快就突破了守卫大桥的苏军阵地，在苏军还未炸毁大桥之前将其占领。在这场较量中，有着丰富战场经验、特别是装甲部队作战经验的古德里安，又比他的苏联对手在时间上抢先了一步！随即，在波里索夫城南80公里处，古德里安的第3装甲师也在波布鲁斯克渡过河；第24装甲军的另一个主力师第4装甲师则在更远的地方通过了贝里西拉河。

但是苏军为了阻挡德军的进攻狂潮，保护斯摩棱斯克及其更远的莫斯科，也毫不示弱。波里索夫坦克学校的学员和莫斯科第1摩托化步兵师向德军第18装甲师发起了勇猛的反击。只是苏军虽然拼死一战，无奈力量分散、经验不足，最终还是功败垂成。

值得一提的是，为了夺回波里索夫城，叶廖缅科所投入的莫斯科第1摩托化步兵师是苏军中的精锐，它装备有100多辆坦克，特别是装甲厚、速度快的T－34型坦克★是德军所未曾料到的，德军的所有坦克炮都不能击毁它，炮弹打上去便弹了回来，丝毫不起作用，步兵的反坦克武器也打不穿它，只有火炮才能对付它。在这种新式坦克面前，德国步兵无以自卫，

∨ 德军炮兵部队正向苏军阵地开火。

后来只好想办法炸毁它的履带，才最终击毁它。看到苏军的T－34坦克后，古德里安对1941年苏联人为什么看了德军最好的坦克后还认为不是最好的疑问，终于有了答案。

德军防守的成功，古德里安后来派去的第17装甲师的兵力也起了很大的作用。虽然古德里安在回忆录中说，第17装甲师的部分兵力未能执行克鲁格的命令，是由于客观的差错。但从实际结果来看，却很难说古德里安不是有意为之。

古德里安现在可以集中全力向第聂伯河前进了！

★ "T－34"型坦克

苏联制造。1940年开始装备苏军。该坦克战斗全重32吨，乘员5人。发动机采用1台功率为510马力的V型12缸水冷柴油机。最大速度为每小时50公里，最大行程300公里。车体为装甲板焊接结构，炮塔为铸造的。武器配备为1门76毫米火炮（1942年后改为85毫米）和两挺7.62毫米机枪。该坦克是当时苏联军队的主要装备。第二次世界大战时期，对击败德军起了重要作用。

>> 突击纵深

7月4日，古德里安的装甲兵团各师继续向第聂伯河一线推进，其中第24装甲军及其他一些部队已进至第聂伯河沿岸，到了罗格乞夫附近。

7月6日，苏军以强大的兵力在西罗丙附近渡过第聂伯河，向古德里安的第46装甲军的左翼发起了反击。经过一番激战，未能取得预定作战目的，被德军第10摩托化步兵师击退。同时，德军的空中侦察也发现，苏军的部队正由奥廖尔、布良斯克地区向哥美尔方向前进。无线电技术侦察部

∧ 德军坦克向第聂伯河一线推进。

队的测向也显示，在奥尔沙地区有苏军1个集团军司令部。从整体情况上分析，苏军似乎是准备在第聂伯河一线建立新的防线。

当时的苏联西方方面军重组了7个集团军，由北向南依次为第22集团军、第19集团军、第20集团军、第13集团军、第21集团军，以及作为预备队的第16集团军和第4集团军。德国情报部门曾认为，苏联部署在奥尔沙三角地带前部和第聂伯河的兵力只有伤亡严重的24个师，这些部队不足200辆坦克。但是实际上，苏军的兵力和装备要比德国人预料的多，并且每天还有增援的部队向前线开来。苏军已在第聂伯河沿岸集结和部署了大约42个师的兵力，准备用来阻止德军的进攻。

7月7日，战场形势的发展，使古德里安不得不为自己的下一步行动作出决定。他是遵照原定的计划，率领所属的装甲部队尽快向前推进，一鼓作气冲过第聂伯河呢？还是坐视苏军去建立他们的新防线而停止不前，一直等到步兵军赶上来以后，再开始发动渡河的战斗呢？

在德军中，古德里安是一个有特点的人物，这不仅仅是他在装甲兵作战理论和实践中的突出贡献，更为重要的是他特立独行的性格。他是德军中少数几个敢于不对希特勒唯命是听的人，不仅敢于坚持自己的见解，还能够根据战场的实际情况凭自己的判断作出决定，并坚持这个决定，虽然他的见解更多的只是基于军事方面的考虑。

通过对目前的战况及可能发展趋势的分析，古德里安感到在目前这个时候，苏军围绕着第聂伯河所建立的防线只是刚刚开始，还没有那么牢固，相对比较脆弱。如果在这个时候发动攻击，可以迅速击破不坚固的防御。在这个进攻的紧要关头，实施一次迅速的攻击对这场战争的胜利有着巨大的军事价值。苏军在罗格乞夫、摩吉内夫和阿尔夏等地区都建立了坚强的桥头阵地，德军企图用奇袭方式攻下罗格乞夫和摩吉内夫的计划，都已经失败。这种情况预示着一个问题，如果古德里安打算渡河进攻，则不免要使自己3个装甲军的翼侧完全暴露，有可能会遭到苏军猛烈的反击，产生难以预料的结果。反过来，如果不这么做，等到德军步兵赶到，使自己的翼侧得到保障，并由步兵突破苏军的防线后装甲部队再向前实施进攻，至少还需要半个月左右的时间。考虑到这些问题也许永远没有答案，古德里安将问题简单化了：

"在1941年秋季结束对苏战争是真正的关键，为了这个目标争取时间是第一位的。"

古德里安当即决定：迅速渡过第聂伯河，继续向斯摩棱斯克挺进!

他向所属部队下达了命令，在自己两翼——西罗丙和新罗地区的部队都暂时摆脱与苏军的战斗，两地的部队目前的任务只是继续监视苏军的行动。

古德里安和第24装甲军的盖尔将军商量之后，决定用盖尔的第24装甲军于7月10日在斯塔耶－拜恰夫地段渡过第聂伯河；第46装甲军和第47装甲军则定于7月11日渡河，第46装甲军在西克罗夫一带渡河，而第47装甲军则在摩吉内夫与阿尔夏之间渡河。为了保证渡河行动的突然性，古德里安将所有渡河的行动和准备都经过严密防护与伪装，并规定调动部队除了在夜间进行以外，其他时间一律不准进行。在进行作战准备过程中，古德里安也得到了空军部队的大力支持，更使他大胆的进攻计划受到鼓舞。不管真正的作战效果如何，至少实施掩护任务的战斗机部队指挥官莫德尔斯上校的态度是坚决的，他向古德里安拍胸脯保证：

"将军，在战斗中我可以绝对保证我军集中的地区获得局部空中优势！"

古德里安也认为，苏军在前线的飞机基本上被歼，已难以获得制空权，他也相信，只要莫德尔斯一出马，苏军剩下不多的飞机就将被赶走。

V 古德里安在苏联境内注视其部队开进。

所以他还特意为渡河作战需要，在紧邻前线的后方修建了一些飞机跑道，以供莫德尔斯上校的战斗机部队使用。

7月7日和7月8日两天，古德里安在安排部队进行作战准备的过程中，还是担心作战企图不被手下人所理解，影响到渡河后行动不能协调一致以实现向斯摩棱斯克的进攻。于是他分别到了第46装甲军和第47装甲军，亲自将自己对于渡河作战的重要性和渡河后的作战意图，讲给各级将校听，以统一手下各级指挥官的思想，保证自己作战企图的贯彻执行。

经过两天的精心安排准备，古德里安现在是一切就绪，就等待下达进攻的命令了！

进攻之前，古德里安这一切行动的准备是没有对上级汇报的。7月9日这天，第4军团指挥官克鲁格元帅一大早就来到了古德里安的司令部，他表面上是要听取古德里安的情况汇报和对下一步行动的打算，其实是听到了古德里安准备行动的消息，赶来制止的。所以当他听完古德里安想要渡过第聂伯河的计划后，坚决反对他立即渡河的主张：

“立即将这个作战行动停下来，各部队都留在原地待命，等到步兵赶上来！”

古德里安决心实现既定计划，为此他动用了自己的全部智慧，找出了许多不得不如此的理由为自己辩护。除了他认为是形势发展的必须外，他还特别强调，命令已经下达，要收回成命是不可能了。如果现在停止行动，则部队就将完全暴露在苏军的火力之下，成为对方的靶子，遭受到重大损失。现在的情况已是箭在弦上，不得不发！同时，古德里安也为克鲁格描述了一幅美妙的前景，他说突击成功的可能性是非常大的，他有这个把握，这个目标的实现非常有利于在当年结束对苏战役。而且，达成既定任务，功劳归克鲁格，如果失利，责任则由古德里安一人承担，等等。古德里安运用三寸不烂之舌，终于将顽固的克鲁格元帅说服，使他不得不改变自己的打算。

最后克鲁格无奈地说：

“你的作战行动总是箭在弦上，让人不得不干下去。”勉强批准了古德里安的计划。

这样，克鲁格的两个装甲兵团又继续向前推进。霍特装甲兵团取道费特布斯克，古德里安装甲兵团则经由莫吉里夫和阿尔夏向前进攻。

随着德军接近第聂伯河地区，它与苏军开到的预备队的战斗也就更加激烈了。显然，苏军是无论如何也要扼守这一地区。所以在与克鲁格的激烈争论之后，古德里安又赶紧跑到第47装甲军的军部。现在这个装甲军所面临的情况最为恶劣，是他最关注的地方，也似乎是最需要特别支援的地方。

中午1点的时候，古德里安到达了第47装甲军李美尔逊将军的军部。李美尔逊将军的战斗意志似乎不那么强，他表示了对第18装甲师和另外一个由战防及搜索分队所组成的战斗纵队能否攻占柯恰罗夫的担忧，这些部队经过长期的战斗后，物资、人员、装备都需要得到补充，喘口气休息一下，否则恐怕难以担当重任。这些情况，古德里安也知道，但他知道苏军的日子也好不了，现在关键的是如何尽快争取时间，打破苏军建立新防线的企图，他不管

∧ 德军在坦克掩护下准备渡过第聂伯河。

李美尔逊怎么说，还是坚持自己的原定计划。不但如此，还再次补充了原有的命令：

“当你的第18装甲师完成当前任务之后，还应立即向东南方向前进，一直向第聂伯河前进。第17装甲师也是如此，当它摆脱了在新罗地区的苏军，也要采取同样的行动。”

和李美尔逊看法不同，前线指挥官却对战局表现出乐观的情绪。第18装甲师的内林师长胸有成竹地说：

“我相信我的部队不需要什么艰苦的战斗就可以攻占预定目标！”

第29摩托化步兵师的师长更是信心十足：“我们有能力在短期内到达我们的预定目的地柯特斯。”

而实际上古德里安的手下也确实做出了突出的成绩，第17装甲师在白天里与强大的苏军坦克部队的激烈战斗中，摧毁了苏军100多辆坦克。

古德里安到前线走了一圈之后，对自己计划的信心更足了，便也没有做更多的部署，只是提醒前线的几个师长，要他们必须在一夜之间到达预定的集结地区或目的地。

这一天要结束的时候，落在后面的步兵部队，也已经到达了波布鲁斯克－斯维斯罗奇－波里索夫一线。只是步兵部队的力量不容乐观，现在到达的那些部队只是微弱的前卫，而主力却刚刚到达斯鲁兹克－明斯克一线。

V 古德里安的装甲部队在苏联境内行驶。

G

古德里安的友邻霍特的第3装甲兵团现在已经攻下了维特布斯克，霍布纳尔的第4装甲兵团也已经攻下了布里斯高。

7月10日早晨，第24装甲军就向古德里安报告说，它们已经到达了斯塔耶拜恰夫附近的渡河点。下午，古德里安又一次到了第47装甲军，想看看他们的准备是否已经完成，部队在精神上是否有着良好的状态。他总的视察了一番，感到情况还不错。在阿尔夏的西面，正对着苏军的桥头阵地，担任掩护任务的德军进入了阵地；在阿尔夏的西北面，一个担任掩护桥头的战斗纵队做好了抗击苏军翼侧反击的准备；第29摩托化步兵师的搜索营，已经与它右面的祖国师建立了联系，构成了对苏军的完整防御。第18装甲师已经进入了有利的进攻出发阵位，第17装甲师的前卫部队也早在上午10点就已经到达了柯恰罗夫附近的主要公路。

古德里安放心了，他的思想又集中到了第聂伯河渡河成功后，部队应该的行动中。他总认为渡河后所属各部必须日夜兼程向斯摩棱斯克挺进，这是最为重要的事。于是就将渡过第聂伯河以后的行动计划，对手下的几个师长进行了大致规定：

第24装甲军应向普罗普斯克－罗斯拉夫尔公路挺进。它要注意保护它的右翼不受西罗丙、罗格乞夫地区苏军的任何攻击，保护它的左翼不受摩吉内夫方面的攻击。

第46装甲军应由高尔基－波青罗克方向挺进，以攻击叶尔尼亚地区的苏军，并保护它的右翼不受到摩吉内夫地区苏军的攻击。

第47装甲军则指定以斯摩棱斯克为主攻的目标，它的左翼沿着第聂伯河一线，从阿尔夏到斯摩棱斯克都应加以监视，应随时注意到仍留在阿尔夏地区苏军的动向。该军斯特莱希和乌辛格所率领的战斗纵队，应继续在第聂伯河的西面和西北面，阻挡住敌人在阿尔夏地区的桥头阵地。

>> 跨过第聂伯河

这天，第2装甲兵团的先头部队在古德里安的指挥下，率先到达第聂伯河一线，并首先对河上的主要渡口罗加切沃、莫吉廖夫和奥尔沙同时发起强攻。但在苏军早已设防的坚固阵地面前，古德里安所部的奇袭未能奏效，一次接一次的进攻均被粉碎。不仅如此，苏军的援军还在源源不断地向这条生死攸关的第聂伯河防线开来。当天，古德里安从侦察中得知，第聂伯河的另外一些渡口，即旧贝霍夫、科皮斯和什克洛夫三处的苏军的防守较为薄弱。随即古德里安果断命令正在开来的兵团主力迅速改变方向，对着这三个地方扑去！果然，在旧贝霍夫，乘坐攻击艇渡河的德军摩托化突击部队很快就在河的对岸夺取了一小块桥头阵地。后续的工兵部队接着便以最快的速度在河上架起了浮桥。数个小时之内，两个装甲师的坦克就隆隆地开过了河。在科皮斯渡口，德军的摩托化步兵冒着苏军密集的炮火和空中袭击，乘坐攻击艇向对岸发起了一波接一波的猛攻，经过艰苦的激烈战斗才得以渡河。而第10装甲师则仅是以一个机枪团的短促战斗便解决了渡河问题，接着通过架设的浮桥迅速渡河。

∧ 正在前线与德军作战的苏军炮兵。

到7月11日，古德里安所属各部队在迂回莫吉廖夫时，以两个强大的突击集团，都依照原定计划渡过了第聂伯河，代价相对来说只是极轻微的死伤。这时德军几乎占领了白俄罗斯的全部领土，向西推进了450～600公里，斯摩棱斯克面临被德军突入的危险。苏军西方方面军亡341,012人，伤76,717人，平均每天伤亡23,207人。

7月11日虽然是进攻发起的关键时刻，古德里安却有点无所作为。原来在7月10日的黄昏时候，意大利驻德国的武官马拉斯将军为了进一步考察德军对苏作战情况，特意找到古德里安，到他这里来看一看德军的作战情况。虽然古德里安原来就和这位武官很熟，出于礼节，德

★克鲁格（1882～1944）

德国陆军元帅。1912年毕业于军事学院。第一次世界大战中任作战部队参谋。战后在国防军中任参谋。1933～1939年，曾任通讯兵主任、军区司令和步兵军长等职。参加了侵略捷克斯洛伐克的战争。1939年任第4野战集团军司令，相继参加了对波兰、法国和苏联的作战。1941年底任中央集团军群司令。1943年回德国大本营中任职，1944年任D集团军群总司令，后因涉及密谋反对希特勒而自杀身亡。

国官方还是派海军上校布克纳尔等人陪同。不仅是他们，到了晚上的时候，希特勒的空军武官比罗中校也飞了过来，他要看看古德里安作战的实际情形。古德里安只好暂时停下手头的工作，邀请这些贵宾们去视察自己的部下在第聂伯河的渡河情况。

7月11日上午6点多一点，天气很好，是德军进攻的好日子。踏着美丽的朝阳，古德里安陪同贵宾们离开了托罗青罗的兵团司令部，来到了柯特斯。路上，天空晴朗，和风徐徐，清新的空气里含着丝丝潮气，令人心情舒畅。可到了战场可就不是那么一回事了，古德里安的先遣部队已经开动，马达轰鸣，震得人耳膜难受，烟尘和扬起的尘土满天弥漫，令人作呕。古德里安一行人为了看得更清楚一点，便沿着河岸开车前进，没想到却更体验了战场的氛围，令这些常待在后方的人更是感到非常的难受。古德里安见状，便在一旁解释道：

“这种尘雾是难免的，为了保证装甲部队有良好的道路状况，必然要有好的天气，而好的天气，就免不了扬起漫天烟尘。我们就是在这种情况下坚持战斗。”

也确实，这种情况在德军进攻的整个夏季里，都时常如此。它使德军的人员、兵器、发动机引擎都受到恶劣的影响，特别是这种烟尘常常导致坦克发动机被阻塞，不能正常工作，大大影响到了它们的效率发挥。这种情况，使身为装甲部队指挥官的古德里安始终记忆犹新。

在柯特斯附近，古德里安率领的一行人看了第29摩托化步兵师的战斗。当时第29摩托化步兵师的第51团和第71团都早已到达了河边，并到了柯特斯东面森林的边缘。古德里安他们在河边看到了这两个团向苏军攻击前进的过程。这两个团的当面是苏军第66军下辖的两个骑兵师，即第18和第54骑兵师。古德里安他们看到了苏军的抵抗、德军步兵的进攻和德军工兵架桥的各个动作。看完后，来访者终于告辞了。这些人一走，古德里安就跳上一艘攻击艇渡过第聂伯河，他心里有些急，不知自己的部队情况都怎样了？攻击到了什么阶段？这时他才知道第17装甲师方面，因为无法克服阿尔夏对面强大的苏军，已奉命跟在第29摩托化步兵师的后面，也在柯特斯渡过第聂伯河。

后来，他还想再转往第46装甲军方面去，只是因为没有安全的陆路到西克罗夫，只好作罢。

在古德里安返回司令部的途中，为了尽快赶回去，便只管急急地向前奔。在经过一个岔路口时，他遇见了克鲁格★元帅。古德里安的第一个反应就是马上停车，然后急急忙忙向克鲁格行礼。古德里安可不想让这位上司心中对自己有想法，以影响到自己的进攻行动。不过这次元帅的态度非常好，他很关切地询问了前线的情况。原来，他想了解前线的战况如何，便带领着手下一群人，坐了几辆车到前线来了。虽然他对古德里安进攻的企图心中总是有些想法，但现在进攻已经发起，他也不便再说什么，只希望古德里安等人早日完成任务。他不

∨ 一名德军指挥官正向下属下达作战命令。

∧ 正在渡河的德军部队。

∧ 苏军在坦克掩护下向德军发起了反攻。

仅不再对古德里安等人的行动指手画脚，反而大力支持古德里安的指挥，对他所下达的命令都极为赞成。

不过古德里安还是不放心，便在日落之前，又向驻在西克罗夫的第46装甲军军部赶去。现在这一段路上的桥梁都已经被德军所控制，苏军已不大可能在此路段上有所作为。只是道路的情况极为恶劣，古德里安坐在指挥车中，就如同坐在一只飘荡在狂风怒吼的海上的小船一样，一路颠簸，一路摇摆，摇得他头晕目眩，不过终于在晚上9点30分的时候，到达了该军的军部。

第46装甲军渡河是成功了，不过渡河作战却遭到了相当大的损失。当第10装甲师正在渡河的时候，曾经受到苏军猛烈的炮击和航空兵不断的轰炸，使渡河行动受到了严重影响，遭到了比第47装甲军所面临的态势更加恶劣的情况。党卫军“祖国”摩托化步兵师渡河地区的桥梁也因空袭而受损。现在，该军的各前卫部队正向高尔基挺进。之后，古德里安又到了第10装甲师的师部，命令该部必须乘着黑夜继续前进，以期充分地发挥奇袭的功效。这一通忙碌结束之后，他才在暗夜中返回第2装甲兵团司令部驻地，这时已经是7月12日的清晨4点30分。

在7月11日这天，古德里安的装甲兵团所属各师已经到达了下列地区：

第1骑兵师到了西罗丙－罗格乞夫地区；第4装甲师和第10摩托化步兵师已到达了第聂伯河的东岸，并在斯塔耶拜恰夫地区的北侧建立了一个桥头堡；第3装甲师在摩吉内夫地区以南，以装甲集群侧卫的姿态对抗着苏军的桥头堡。

第10装甲师和“大德意志”步兵团都已配置在西克罗夫的南侧；党卫军“祖国”摩托化步兵师也在第聂伯河东岸的西克罗夫地区建立了一个桥头堡。

在柯特斯东面的第29摩托化步兵师，也同样在第聂伯河上建立了一个桥头堡；第18装甲师则到了柯特斯的西面；第17装甲师挺进到了阿尔夏的西南侧。

斯特莱希和乌辛格所属的战斗纵队，还是监视着苏军在阿尔夏地区桥头阵地西和西北方向的出路，使苏军不能对古德里安的部队的行动构成威胁。

作为后续力量的步兵部队的主力也已经到了斯鲁兹克－明斯克以东的地区，先头部队已经到达了贝里西拉一线。

7月12日，古德里安的部队还是在继续渡河。这一天，古德里安坐飞机飞到第24装甲军方面去，在那里停留了8分钟。回来之后，古德里安又与施蒙特上校会晤。施蒙特是希特勒的首席副官，于7月11日下午就到了古德里安的兵团司令部，在随后的一段时间里，古德里安经常与他进行交谈，从后来的局势发展看，希特勒派他到古德里安这里来，除了充分了解希特勒所关注的装甲部队的行动外，恐怕也有进一步掌握自己的卒子，使他更加为自己卖命的企图。毕竟，古德里安是德军中不太好摆弄的一个人，有时还非常固执，有自己强烈的个性。如他的兵团所有的坦克都用白漆写上他的名字的第一个字母“G”。不但如此，他还在波兰、法国赢得了很高的声望，极受装甲部队士兵的爱戴。希特勒为了使自己的军事行动得到德国军官的支持，便不能忽视这些在德军中有影响力的人物。

古德里安指挥部队渡过河以后，并没有看到在奥尔沙、摩吉廖夫和罗加切沃等地所驻的大量苏军守河部队。因此他只留下了少数部队担任左翼警戒，便命令各装甲师火速向北，直接奔向斯摩棱斯克，无形中对正面苏军的第13集团军展开了一场追击战，并最终在摩吉内夫附近，包围了该集团军的4个师和苏军第20机械化军的部分兵力。

自7月13日起，苏军就开始作猛烈的反攻，对古德里安的迅速突进进行了力所能及的抵抗。铁木辛哥命令位于戈梅利周围的20多个师，向古德里安装甲兵团的右翼发动了攻击。而同时，被包围在摩吉内夫和阿尔夏地区的苏军，也同时显示出突围的企图。铁木辛哥的目标很明显，就是要使古德里安渡河后的攻势完全丧失。

除了古德里安的威胁之外，铁木辛哥还要面对霍特的第3装甲兵团的威胁。霍特的第3装甲兵团正从北面直逼斯摩棱斯克。他的进攻和古德里安的进攻一起，就像两只铁钳，夹向了斯摩棱斯克。很明显，德军又要在斯摩棱斯克实现开战以来的第二次战略合围。一旦德军的企图得逞，苏军不仅要损失更多的有生力量，而且也将不得不对德军敞开通向莫斯科的大门。

现在，古德里安信赖的第29摩托化步兵师距离目标已经很近了，他们离斯摩棱斯克的直线距离只有20公里。

当天，苏军从古德里安的南面，也就是古德里安装甲兵团的右翼发起了反击。

当古德里安在晚上5点到达了接近前线的新司令部时，从南面传出激烈的枪炮声，担任翼侧掩护任务的“大德意志”步兵团和苏军交上了火，枪声、炮声响成一团，接连不断，看样子双方正在激战。到了半夜时分，古德里安的司令部突然收到了一个求救信号：“大德意志”团已经把他们所有的弹药都打光了，需要支援！

看来，这个团对于和苏联军队作战还不是很习惯，这么快就把弹药打得差不多了。补充是不现实的。怎么办？古德里安决定不做回答，他们自然会想办法的。现在他要静一会儿，认真分析一下苏军的作战企图和当前态势，怎样才能既阻挡住苏军的进攻，又不妨碍自己向前挺进任务的完成。

古德里安站在司令部的指挥桌前，看着地图一语不发，任由其他参谋人员低声谈论自己的见解。良久，他果断地向参谋人员下达了命令：“命令第1骑兵师向苏军进攻部队翼侧出击，第10摩托化步兵师随后增援该师行动！”

没想到，在这场机械化部队争抢时间与速度的较量中，德军在对苏作战中所唯一投入使用的这支骑兵部队，竟然起到举足轻重的作用。第1骑兵师的出击和其他部队的配合行动，将苏军的反攻击退了，古德里安的装甲部队得以继续向斯摩棱斯克挺进。

7月14日，古德里安随着第46装甲军和党卫军“祖国”摩托化步兵师向高尔基发动进攻，情况一切正常。但是第10装甲师却遭到了惨重伤亡，他们不得不在猛烈的炮火之下与苏军进行艰苦的争夺，最终经过一番苦战之后，才艰难地到达了高尔基和米斯提斯拉夫。相对而言，第29摩托化步兵师在斯摩棱斯克方面的进展却很顺利。

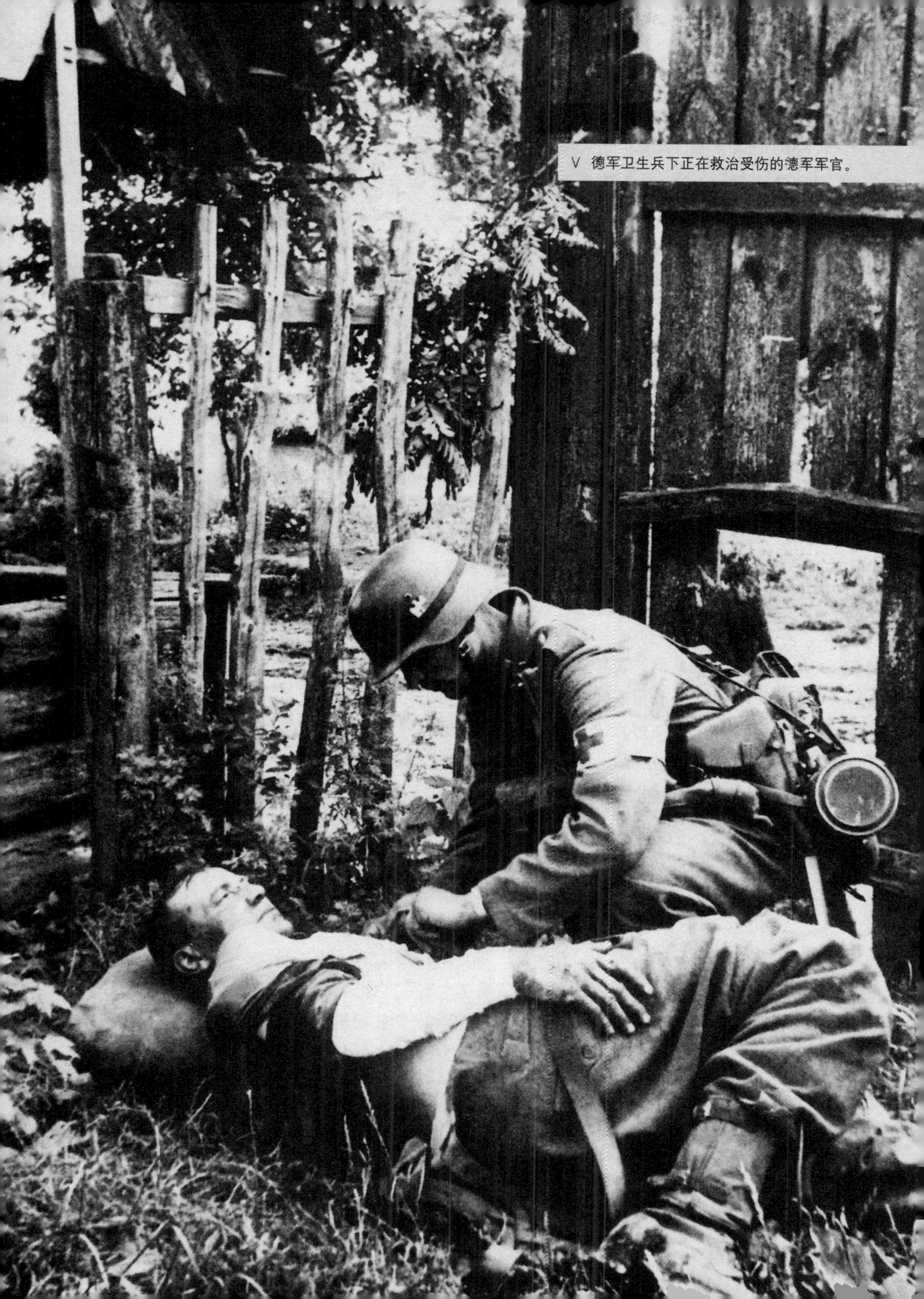

V 德军卫生兵下正在救治受伤的德军军官。

通过大胆的奇袭，德军出其不意地夺取了斯摩棱斯克城东的第聂伯河大桥，虽然苏军对这座大桥进行了反复争夺，却未能如愿。

就是这一天，陆军总部的思路早已飞出了战场，他们现在已经在研究战后苏联占领区的兵力部署问题了。会议提出，在苏联的主要工业中心驻留强大的机动兵力，并配属少数的快速行动部队，以用来对付苏联人可能的反抗行动。而且，陆军统帅部还第一次想到要把第2装甲兵团调向南方或东南方向，还想到了隆美尔在非洲战役的战略问题和将来在利比亚的行动方针。他们设想着在目前的企图实现后，假道土耳其到叙利亚向苏伊士运河发动两面夹击，从而夺取这一交通要道；想到怎样经过高加索直达波斯湾。陆军统帅部的这些想法，真是富有“浪漫”色彩。目前的作战结局尚且未知，“巴巴罗萨”计划远未结束，他们就设想到了长远的未来，使人不得不惊叹他们的“超前意识”！

苏联人却极为现实，他们感到了迫在眉睫的危险，斯摩棱斯克的防守部队已奉命实行“总体防御”，坚决保卫斯摩棱斯克，不惜战至最后一兵一卒。城中所有的民警及各工厂和机关身强力壮者组成了民兵预备队，随时准备增援守城部队。所有人被告知，如果城市外围防御阵地被突破，那么每一个能够拿起武器的人都要与敌人进行逐街、逐屋的战斗。

7月15日清晨，古德里安的第29摩托化步兵师的第71步兵团，从西南方向沿着苏军不太注意的一条乡间小路，悄悄地跑到了苏军的面前，在苏军尚未作出有效反抗之前，便迅速占领了斯摩棱斯克外围防御阵地中的重要炮兵阵地，从而为德军随后的攻城行动奠定了基础。

现在，令古德里安头痛的上司——克鲁格元帅又来到他的司令部，要了解作战进行的情况。战局发展到今天，斯摩棱斯克已在德军的手中，占领该城只是早晚的事。除了古德里安的部队外，霍特第3装甲兵团的先头部队也在这天到达了亚尔采沃附近，正在试图切断斯摩棱斯克与后方的联系。事实已证明，古德里安当初坚持进军的要求是相当正确的，德军又要完成第二次对苏军的包围。所以克鲁格这次来到古德里安这里，态度相当友好，不但对古德里安的作战行动赞赏有加，对古德里安的汇报充分肯定，还亲切地询问古德里安作战中还有哪些问题，并与他共同商量问题的解决办法。随着司令官态度的积极转变，跟随克鲁格而来的随员们，也有了更多的话题。克鲁格成了一个和蔼可亲的好上司，似乎从没发生过任何方针之争。

古德里安毕竟是古德里安，他不在乎这些，他所关心的是更快、更

∧　德军士兵正在攻占斯摩棱斯克郊外的一处村庄。

< 德军装甲部队在侵苏战争中充当了马前卒的作用。

好地完成任务。所以在对克鲁格的汇报结束后，他就急急忙忙地乘车经高尔基、第47装甲军司令部，到了驻在斯维尔罗费乞的第46装甲军司令部。第29摩托化步兵师已经到达斯摩棱斯克南郊，第18装甲师则到了克拉斯尼的北面，在第聂伯河沿线防守的苏军正沿着由阿尔夏到斯摩棱斯克的主要公路线撤退，同向斯摩棱斯克挺进的德军齐头并进。随着古德里安装甲集群不断向前推进，他们遇到苏军的抵抗也越来越强，部队的伤亡越来越大，到了这一天结束的时候，各个部队都纷纷对他诉苦，要求补充人员和装备。古德里安也没有办法解决，毕竟他们离德军主力过远，后勤供应已是入不敷出。好在他们就要实现这一阶段的作战目标，不再需要向前突出了。晚上7点钟左右的时候，古德里安的部队已经到了斯摩棱斯克城下。7点15分的时候，古德里安和第29摩托化步兵师的作战科长、古德里安手下能力出众的法朗兹少校，在斯摩棱斯克的城外见了面。他们开始商讨攻城的问题。

这是他所属的各师中，第一个到达它的战略目的地的部队。

7月16日，古德里安对所属部队进行了详细部署，他既要攻下斯摩棱斯克，合围苏军，又要防止被围苏军的突围，为此他对所属各部队进行了布置。

布置完毕以后，古德里安便关注起了攻城的第29摩托化步兵师。他从苏军的俘虏口中了解到，斯摩棱斯克城南的主要通道是苏军设防的重点，也是苏军防御体系的重心所在。由此可以判定，由城南直接发起冲击，必然会遭到苏军强有力的防御，于是古德里安便指挥部队悄悄地从城东南方向发起攻击。在德军重型火炮、88毫米高射炮、自行火炮及坦克炮的强大火力支援下，德军第29摩托化步兵师同苏军展开了一场血战。苏联军民遵照上级指示，采取了各种手段，奋不顾身地同德军展开英勇战斗，而德军也不示弱，乘着连续胜利的锐气，十足地表现了德国陆军的尚武精神，完全不顾伤亡，不断地向苏军阵地猛冲。最终，苏军还是未能阻挡住德军的突入，战至7月16日夜幕降临之时，斯摩棱斯克还是不幸地被德军碾到战车下。

随着德军在阿尔夏与斯摩棱斯克的包围圈逐渐形成，苏军一方面为了阻挡古德里安的攻势，不得不开始着手建立一个新的以波格丹诺夫为司令员的预备队方面军，以担负起守卫北起伊耳缅湖、南至布良斯克的新防线的任务。另一方面，为了解救陷入斯摩棱斯克地区包围圈的部队，波格丹诺夫也抽调了16个步兵师和4个坦克师，组成若干临时的战术兵团，分别从别雷、亚尔采沃和罗斯拉夫尔向斯摩棱斯克实施反冲击，意图从德军的包围圈上撕开一个口子，将被围部队接应出来。同时为了配合这些行动，苏军西方方面军部署在斯摩棱斯克以北和耶尔尼亚的第33、19、24集团军，也相应地发起冲击，以影响德军的判断，支援苏军突破包围圈的行动。

这样，古德里安、霍特的部队及德军第9军团受到了极为沉重的压力，使他们几乎喘不过气来。而古德里安所部的形势更为严峻，他的部队向南伸展过远，使得在亚尔采沃与斯摩棱斯克之间、通向莫斯科的公路所存在的缺口，一直未能封闭。只是德军的后续步兵赶上来后，才由霍特的第20摩托化师将其封闭。

所以说，在7月16日，古德里安所部发现苏军从哥美尔到克林兹以及斯摩棱斯克以东的活动迹象时，却无力作出任何反应，只能以最快的速度，完成预定的任务。

古德里安为希特勒所付出的辛劳，希特勒是不会忘记的，他要给这个能干的卒子一点赏赐。

7月17日，希特勒给对苏战争初期立下战功的人受勋。受勋的人员有古德里安、霍特等人，古德里安排在了陆军受勋名单中的第5位，所有陆海空三军中的第24位。

受勋的时机似乎不太合适。这一天，古德里安可不轻松，第24装甲军的第1骑兵师正在和第聂伯河东岸进攻的苏军，发生着激烈的战斗；强大的苏军正在摩吉内夫以东、阿尔夏以东和斯摩棱斯克以南和以北等地区不断地向德军进攻，德国步兵只得沿着第聂伯河一线展开，被动地抵抗着苏军的进攻。

第二天，古德里安又不得不整天和第47装甲军在一起，监督着第17装甲师在斯摩棱斯克以南的地区和从北面来的苏军鏖战，并且眼睁睁地看着他的师长、第17装甲师的韦布将军受重伤而死。

第七章

斯摩棱斯克转兵

1888-1954 古德里安

从德军中央集团军群司令博克到前线的普通士兵，都认为战争的下一个目标就是莫斯科确定无疑，而且德国陆军总部也支持这种看法。位于至莫斯科的公路两侧的古德里安装甲兵团更如同一只作势欲扑的猛兽，随时准备杀向莫斯科。但希特勒却自以为是，放弃了莫斯科……

>> 莫斯科就在前方

围绕着斯摩棱斯克，德苏双方展开了激烈争夺。苏军的T－34坦克和“喀秋莎”火箭炮威力虽然强大，令德国人大吃一惊，却仍然无力阻止形势的恶化。丧失制空权的苏军只能任由德国空军的肆虐，在德军飞机的猛烈打击下，苏军反击部队被迫退却。德军行动的速度和效率是令人侧目的，不久第39装甲军被调往斯摩棱斯克东北约48公里处的亚尔采沃，古德里安的第47装甲军也和步兵第9军分别于当日攻占了斯摩棱斯克、奥尔沙，使苏军的第20集团军和19集团军只好从该地域撤退，以摆脱德军的合围。

怎么能放弃这个机会呢？德军当即向前扑去。苏军行动快，德军的坦克行动更快，古德里安和霍特在斯摩棱斯克地域很快合围了30万苏军和3,000辆坦克。合围最后能否成功就看剩余的30公里的缺口何时能堵上。

只管猛烈向前冲，大有一举夺占莫斯科的古德里安，已把苏军冲得七零八落，他和霍特的装甲部队在冲乱了苏军的同时，也使自己不堪重负。一群又一群的苏军留在后面由德军步兵解决，德国步兵拼命追也追不上装甲兵的前进速度。步兵所遇到抵抗极其微弱，他们的任务就是不停地行军，经常一天要走近30公里。

虽然包围圈内的苏军兵不识官，官不识兵，无食无弹，秩序荡然无存，但德军装甲兵的不停进军，也给自己的装备人员造成严重减损。霍特兵团依据上司的指示，正在对斯摩棱斯克东北面的强大苏军进行包围，不过霍特兵团又要封闭包围圈，又要抵抗外围苏军的持续反攻，感到力不从心，只好要求古德里安配合行动，第2装甲兵团由南面向多罗哥布希进攻，协助他共同完成对苏军的合围。

为实现上司的合围意图，7月21日，古德里安到了第46装甲军军部。随员还是那几个人，不过这时的古德里安可没有前一时期的意气风发，精神面貌有些平淡。下达给该军关于封闭包围圈的指示，也主要是由参谋人员加以讲解，古德里安只是指示了几句要部队按时完成任务、不得迟误等。他是不愿停下来收拾残局的，他只是希望不断地挺进！挺进！再挺进！直到实现最终目标。只有这样，他才有成就感，才感到装甲兵价值的真正体现，一旦停顿，进攻的锐势就要丧失，一切都要重新开始，他不愿失去这样的机会。

“现在，进攻停止了，下一步又将如何呢？”

∧ 战争初期，苏军向德军发起了有限的反击。

德军进攻的停止，立刻为苏军赢得了休整之机，至少苏军不再需要防止德军不知在何处进行的突击行动，不再担心混乱和无秩序，而可以安心地组织部队，专注于打破德军包围圈的行动。现在，斯摩棱斯克的南部和西部，受到了苏军强大的炮火威胁，古德里安封闭包围的行动必须绕着城进行，很是受限。古德里安在第46装甲军转了一圈，也没有能从该军抽出部队进行封闭包围圈的行动。至少当时看来，第46装甲军的所有兵力，几乎都正在和敌人作战，难以抽出身来。

怎么办呢？上司的命令是要完成的，去哪里找部队继续进攻呢？他的目光只好投向其他方向，终于发现在今后几天内，第47装甲军的第18装甲师可以不必停留在第聂伯河湾岸的古西罗附近地区，苏军在这一地区对德军的压力失去了，至少后来的步兵部队可以承担该地区的防御任务。古德里安就立即决定：

“调第18装甲师来代替‘大德意志’步兵团目前任务，由‘大德意志’步兵团负责封闭包围圈的任务。”

第46装甲军终于可以去援助霍特兵团了，所有问题的症结所在就是第18装甲师能否迅速交出它在古西罗担负侧卫的任务，而尽快地向北推进。可是他唯一的希望——第18装甲师也出了问题。问题不是出在苏军的行动上，而是出在他的直接顶头上司克鲁格元帅那里。克鲁格元帅对于古德里安兵团的左翼始终是十分担忧的，左翼受到的压力一直比较大，他最后亲自出面干涉古德里安左翼的行动，直接命令第18装甲师停止在原地不准前进。这个命令的结果当然是德军对多罗哥布希的进攻，最终取消了。

为了解除斯摩棱斯克西北和以东地域内苏军被合围的危险，斯大林在7月20日就命令苏联元帅铁木辛哥在几天内向德军发起进攻，瓦解德军合围企图。为此，在7月23～25日，苏军西方方面军以4个集团军级的战役集群，分别从别雷、亚尔采沃和罗斯拉夫尔地域反攻，另一个骑兵集团军在南翼向斯摩棱斯克地域实施向心突击，决心与包围圈内的苏军部队里应外合，歼灭斯摩棱斯克南北的德军突击集团。

在第46装甲军那里，古德里安再一次感到了现实的危险处境：苏军正从南面、东面和北面向第46装甲军实施进攻，苏军的炮火非常强大，打得德军抬不起头来，而弹药的缺乏，使得该军只能够防守着一些最重要的阵地。本来，在"大德意志"步兵团的防御阵地被第18装甲师接过去之后，第46装甲军的司令官希尔就想立即向多罗哥布希进攻，实现援助霍特兵团合围的任务。可是到现在为止，他们所有企图渡过叶尔尼亚西北的乌夏河、斯弗尔柯鲁特齐进攻的计划，都以失败而告终。没有办法，力量不足，弹药匮乏，人员装备疲劳不堪。尤其严重的是，德军部队十分缺乏苏联地图，他们所用的作战地图比普通的旅游图好不到哪里去。事前，古德里安为第46装甲军在地图上指出过行军路线，明显标示为良好道路的格林卡－克林麦提留公路，现实中却根本不是那回事，这条路实际上根本就不存在！德苏边境地区，除了从边境向莫斯科的一条路还算是路，其他那些向北方延展的道路就像沼泽地一样，德军大规模的摩托化车辆根本无法通过。

这样一来，德军机械化部队的行军可惨了，不仅失去了往日的威风与迅速，而且就像蜗牛般一步一步地向前挪。德军费尽了九牛二虎之力，精疲力竭，苦不堪言，大大地影响了推进速度，时间也在他们蜗牛般爬行中一点点溜掉。

形势的严峻令古德里安感到不安，“其他方向怎么样了？”满腹疑问的他急忙赶往第10装甲师，这里也没有乐观的消息。师长夏尔将军无可奈何地对古德里安抱怨：

“苏军太顽固了，他们的忍耐力让你不得不佩服他们。在一天之内我们就已经击毁了50辆苏军的坦克战车，可仍然攻不下苏军构筑的坚固阵地。在一系列的战斗中，已经损失了全部车辆的1/3，幸运的是弹药没有中断，这是能继续坚持战斗下去的支撑。不过这种没有中断的弹药供应，也是从275公里以外的地区运来的，总是入不敷出。”

古德里安感到压力在渐渐地增大：“难道就没有一处可以有所作为？”

古德里安再转到党卫军“祖国”师那里，他想：这个师的情况应该好一些，不是被动防守，而是处于主动进攻的有利态势吧？古德里安到那里一看，他的心立刻揪了起来，在这里才真正感到形势的严酷。这个师在叶尔尼亚以北的作战中，开始还较为顺利，在前一天就收容了1,100个苏军战俘，但在开往叶尔尼亚到多罗哥布希的途中，却遭到了苏军强有力的反击，他们的进攻被阻止了，无法再前进一步。

古德里安的心再也放不下来了，就这样，他到处查看，一直视察到最前线，他要亲自看看并了解整个地区的地形和战况发展。最后的结果令古德里安十分失望，他终于看到了不愿意看到的现实，他的装甲部队再也不能有大的举动，它需要补充，需要休整。他断然决定各部暂停对于多罗哥布希的攻击，等待大德意志步兵团来到后再做打算。

> 德军坦克正在发起进攻。

< 德军坦克在苏联境内长驱直入。

随后的几天里，苏军不断进行猛烈的反攻，古德里安各部只好拼力防守。好在右翼方面由于第18装甲师和后续步兵的及时增援，防线才没有出现太大的问题。古德里安所有的部队都用在了防御作战中，当然他企图向多罗哥布希进攻，以求封闭包围圈的行动也未能最终实现。

双方这样胶着的结果，使拼命要向前冲想封闭合围的古德里安进展不大。到了7月25日，第263步兵师、第5机枪营、“大德意志”步兵团、第18装甲师和第292步兵师，也都到达了普鲁德基以南的地区及夏他罗夫卡飞机场周围一带。现在这个机场可是至关重要的，古德里安的后勤补给主要依赖这个机场，它是古德里安部队的命根子，没有了它，古德里安可就动弹不得。所以古德里安无论如何也要占领机场一带，保证使它不受苏军炮火的威胁。

7月26日，德军包围圈的缺口越来越小了，苏联人的行动也就更为激烈。苏军继续围绕着叶尔尼亚进攻。古德里安不得不要求上司马上派遣第268步兵师去加强叶尔尼亚突出地带的防务，撤回他的装甲师。他的部队实在是不足以抵抗苏军的进攻，不要说长于进攻突破的装甲部队进行防御先天不足，就是除了这个因素外，长期的、连续不断的行军和战斗之后，他们也确实需要休息和保养装备。

然而，苏军为反包围准备的兵力不够强大，准备工作也太过仓促，各战役集群之间未能有较好的协同，内外部队的协作也不够密切，打破德军包围的目的没有达到，歼灭德军突击集团更是未能做到，在这一天，霍特装甲兵团终于从北面将斯摩棱斯克以东对苏军的包围封闭了，苏军的企图未能实现。当8月5日德军彻底肃清被合围苏军后，在整个斯摩棱斯克地域共俘虏了苏军31万人，缴获或摧毁坦克3,205辆，火炮3,120门。

晚上，古德里安回到他的司令部，已是夜里10点了，他接到集团军总司令部的一个命令，叫他明天必须赶到阿尔夏机场，参加中午举行的军事会议。什么事这么重要呢？古德里安隐约感到又要有重大的事情发生。

★希特勒（1889～1945）

纳粹德国元首，发动第二次世界大战的首要战犯。1919 年组织德国国家社会主义工人党，自任党魁。1923年组织推翻魏玛共和国的“啤酒馆暴动”。失败后入狱，写了《我的奋斗》一书。1933 年出任德国总理。1934年兴登堡总统死后自封为总统兼总理，集党政大权于一身，实行法西斯独裁统治。1939 年发动了入侵波兰的战争，挑起了第二次世界大战。1945 年 4 月 30 日，在苏军攻克柏林的情况下，自杀毙命。

果然，德军的战略部署调整了，这次调整深刻地影响了德苏战争！

侵苏战争初期，战略方向的不确定没有引起任何后果，德军的注意还在如何解决战争初期的一系列问题，关注三个方向德军的初期进展情况。6月底，德军中央集团军群对苏军明斯克集团完成了战役合围，第2装甲兵团和第3装甲兵团到达斯摩棱斯克高地后，战略方向的问题便提出来了，希特勒★再次提出了他的观点。希特勒是刚愎自用、极为顽固的，他一旦确立了一个目标，不管实际上是否合理、可行，他都要贯彻到底，如同一个狂热的信徒。随着德军向苏军腹地顺利地推进，这个观念就更强烈了。

6月29日和30日，他接连两次重申自己早在战争爆发前提出的作战意图，他似乎已看到了苏联的崩溃，他想攫取苏联的一切：

“尽快将苏联人逐出波罗的海，保障我们的矿石运输，使德军作战得到进一步发挥，为向莫斯科实施突击赢得左翼的行动自由。”

“迅速夺取列宁格勒的工业中心。尔后，装甲部队从列宁格勒向莫斯科突击。”

在7月19日斯摩棱斯克鏖战正酣的时候，他不等战况结局如何，便发布了他的第33号训令：将中央集团军群的两个装甲兵团分割开来，分头行动。古德里安的第2装甲兵团与南方集团军配合，对基辅地区的苏军进行一个大包围；霍特的第3装甲兵团则向北进攻，切断列宁格勒－莫斯科之间的交通线，并帮助北方集团军进攻列宁格勒。战争走到了一个转折点，这个决策的直接后果就是拯救了莫斯科。这个奇迹的发生，被部分人称为“马恩河式的奇迹”！

古德里安明天要参加的会议，就是研究这个问题的。不过他现在还不完全清楚。

尽管古德里安不知会议内容，但在他的身上却早已不知不觉中体现了其内涵。在过去几天里，第4军团内部就已出现了严重的对立。克鲁格为代表的军团部和以古德里安为代表的装甲部队指挥官对于战场形势及其未来的判断，已经发生了很大的分歧。第4军团认为，现在对于斯摩棱斯克地区的威胁是非常严重的，是第一位的，是要首先解决的问题；但是装甲兵团指挥官们则认为，现在最危险的是在罗斯拉夫尔以南和叶尔尼亚以东的地区，由于德军的大部兵力还滞留在第聂伯河和斯摩棱斯克以西的地区，所以罗斯拉夫尔地区的危机和损失遂不可避免，这个地区应是作战的重点。为了这个分歧，古德里安和第4军团司令之间的关系，已经到了极为紧张的程度，使旁观者都感到了浓浓的火药味。

7月27日，古德里安带着参谋长李本斯坦中校，在阿尔夏登机向波利索夫飞去。他还没有真正意识到将有什么重大转变，认为到集团军总司令部，也不过就是汇报一下他的部队态势，同时接受下一步行动的具体指示而已。在轰鸣的飞机上，古德里安心想："上司就是不会命令我向莫斯科挺进，至少也应是以布拉恩斯克为前进目标。"

命令让古德里安大吃一惊，措手不及！原来希特勒已经命令他的第2装甲兵团向哥美尔进攻，任务是与第2军团合作，以包围在哥美尔地区的8个或10个苏军师。这也就意味着他的装甲兵团要回转过身来，折向西南方推进，也就是向德国的方向打回去。古德里安是极不赞成这个计划的，心中为此对元首很不以为然："希特勒是在贪小便宜，贪小便宜可要吃大亏的！"

当然，这个方案，许多德国将军是有着不同看法的，从作战会议室出来后，这些德国将领们东一堆、西一伙地议论开来。有些人心中不同意这个方案，认为这个方案将使对苏战争大大地向后推迟。谈来谈去，这些人才知道，原来希特勒认为大规模的包围行动是没有用的，所以出现这样的结果是必然的。希特勒坚持认为，德军陆军最高统帅部对于现代战争所持有的理论基础是不正确的。他认为法国作战的经验已证明他的看法是对的，应该用大吃小的办法，将一部分一部分的敌军，分别地加以围歼，一口一口地吃掉对手，以使对手最后失血而死。对于这个决定，古德里安等人无法接受，他们总感到这样羁延时日，只会使苏军有了建立新防线的机会，可利用他们那优厚的人力、物力，在后方地区建立起一道又一道的新防线。这样的结果，将直接影响到速战速决目的的实现。而速战速决，则是德国避免两线作战的唯一法宝，否则等待德军的将又是历史的老路——失败。

不管希特勒的决心怎样，也不管陆军统帅部的意见如何，古德里安现在暂时还没有更多的时间考虑这些问题。这几天，他的部队全部陷入了与苏军的胶着战中，尤其是第2装甲兵团的右翼，时刻都有不保之虞。当今之计，必须解决眼前这一危险。所以当上司宣布完下一步行动企图后，古德里安立即向集团军总司令克鲁格提出自己的计划：

"根据我军目前所处态势，右翼有被苏军突破的危险，这将直接影响到今后的行动。为此，我认为首先应攻占罗斯拉夫尔，占领了这个重要的道路中心，据有它可以使我们控制住东、南和西南面的交通，限制苏军的行动。为实现上述任务，我军目前兵力必须要得到足够的加强，需要得到上级的支援。"

这样，在斯摩棱斯克战斗即将结束之际，为了加强对南北两翼苏军的进攻、解决步兵坦克协同方面存在的矛盾，古德里安的第2装甲兵团又被分配到了更多的增援兵力。在增加了兵力后，古德里安的装甲集群成了一个军团级的作战集团。

而且从这个时候起，古德里安这个装甲兵团也不再由第4军团指挥，摆脱了克鲁格的节制，恢复了以前的老名称：古德里安兵团。而冯·克鲁格陆军元帅则被撤回陆军参谋部成为

∧ 希特勒与伦德施泰特元帅一起讨论苏联战局。

∧ 克鲁格元帅（左二）与古德里安一起研究作战计划。他们之间产生了严重分歧。

∨ 德军轰炸机正从一队德军装甲车队上空飞过。

★冯·布劳希奇（1881～1948）

德国陆军元帅。生于柏林，普鲁士军人家庭出身，毕业于军事学校。参加过第一次世界大战，战后在德国国防军中任职，主张建立法西斯专政。1933年始，先后任东普鲁士军区司令、步兵第1军军长等职。1938年成为陆军总司令。此后，积极参与制订纳粹德国夺取世界霸权的战争计划。1940年发动了对苏联的进攻，1941年兵临莫斯科城下，因久攻不克，作战失利，被解职转入预备役。1945年被英军抓获。1948年死于汉堡战俘营。

候任。后来，曾有人建议让克鲁格元帅负责指挥古德里安的装甲兵团和一个新的步兵军团，并打算让这支部队向东南方前进，进入南方集团军的作战地域，歼灭集结在此处的强大的一支苏军力量，但这遭到了陆军总司令冯·布劳希奇★及参谋长哈尔德的强烈反对。这个新建议和希特勒的思想简直是一脉相承，而克鲁格又是和陆军统帅部相对而和希特勒气味相投，陆军统帅部可不再想给自己添加甩也甩不掉的麻烦，便不顾各种障碍，花了几个星期的时间彻底否定了这个建议。

>> 希特勒的战略

在古德里安的新兵团编成后，为了解除由罗斯拉夫尔地区苏军对古德里安兵团翼侧的威胁，德军便以尽可能快的速度对其未来的进攻行动进行了部署。

攻击发起后的几天里，是古德里安繁忙的一段日子，他整天不停地忙于作战中的各种协调组织工作。没有办法，德军中的装甲机械化部队不过就占德军总数的10%左右，大部分军队及其指挥官对装甲机械化部队知之甚少，更谈不上对这个新出现的兵种的作战运用。尤其是这些新调归古德里安指挥的步兵军，他们一直没有机会和坦克部队合作，更是没有机会和苏军接触。为此，古德里安必须教会他们依照什么方法实施进攻，怎样和坦克部队协同作战。

∧ 一辆德军坦克途经苏联一个村庄。

∧ 古德里安率部前进途中遇到苏军轰炸过后，准备登车前行。

特别是那个第9军，它的军长盖尔将军是古德里安的老上司，和古德里安私交一向不错。只是他对坦克部队的运用理解不深，为人又特别率直，这一性格特点曾在第一次大战时受到鲁顿道夫将军的赏识，但现在针对坦克部队的运用，却也让古德里安尝到了他的言谈的犀利。本身他就以一种步兵的眼光看待装甲部队，所以也很容易找到古德里安运用装甲部队的进攻计划的弱点。在战前的军长会议中，盖尔毫不留情地批驳了古德里安的作战计划，把它指责得体无完肤，虽然古德里安一再设法为自己的计划解释，但是理解的不同、观念的差异还是难以使他停止对计划的指责。古德里安见没有办法阻止他继续挑剔下去，有些气恼的古德里安只好冷冷地说：

"将军，您可以放心。这次攻击计划是经过认真考虑的，它将和算术一样准确无误！"

态度极为鲜明地表达了他不想就这个问题再谈下去的意思。就这样，在那间苏联小学教室中的这场争论，最后不欢而散。

争论归争论，盖尔将军仍不乏君子风度，在战斗真正打起来之后，他及时改正了自己的错误判断，非但如此，他还认真落实作战计划，作战极为英勇，并为战斗的胜利做出了突出的贡献。

就这样，古德里安兵团开始了他的罗斯拉夫尔战役。古德里安以第24装甲军和第7步兵军为右翼，第9步兵军为左翼，向苏军第28集团的一个集群实施钳形突击。

8月1日，第24装甲军和第7步兵军最先开始对罗斯拉夫尔的攻击。在那一天清晨，古德里安按照惯例踏上了去第7军的路，可是他却怎么也找不到该军的军部，当然更找不着第23步兵师的师部。哪里去了呢？他们应在这个地域的，难道全藏起来了不成！正当古德里安四处寻找，到处乱撞的时候，却猛然间发现了他的周围不知从何处冒出了德军士兵。一打听，原来他已经跑到了第23步兵师前卫部队的骑兵这里了。

师部是绝不可能跑到前卫部队前面去的，古德里安一行人想，自己肯定是走过头了，如果再走则前方只能是苏军的阵地。古德里安只好让大家停了下来，急忙派人找一个骑兵军官来了解情况。虽然古德里安亲临前线，给德军士兵带来了鼓舞，带来了士气，却也使他冒了该级别指挥官不宜冒的风险。在古德里安打听到去往第3装甲师的路正要走的时候，突然迎面不明不白地遭到德军飞机的误袭。行进中的德军第23步兵师遭到一顿狂轰乱炸，受到了严重的损失，而且其中的一颗炸弹爆炸点距离古德里安的指挥车只有四五米远。虽然没有炸着古德里安，却也使手下人虚惊一场，对着空中的德军飞机一通指责。

逃过了自己人的轰炸后，这天下午，古德里安一直和第3装甲师的前卫部队在一起，盯着前卫部队在阿斯特以西和恰罗尼夫以南地区的军事行动。这个师今天的战果不错，不久师长莫德尔将军报告古德里安说，阿斯特尔河上的桥梁被他们完整无损地夺了下来。不但如此，该师的迅速行动还将一个来不及撤走的苏军炮兵团给俘获了。

这一天，古德里安计划规定的目标——罗斯拉夫尔也被德军占领。

8月2日上午，古德里安去了正向柯沙基挺进的第9步兵军的507团、509团之后，又跑到第137步兵师的师部及其所属各团。正如下属所预料的，古德里安的到来只是意味着再一次的前进。他命令他们在夜间不要停下来休息，继续前进，要以最快速度到达通往莫斯科的公路。和往常一样，当古德里安回到他的司令部时已是深夜了。

由于前一天第9步兵军表现不太好，没有取得什么实质性的战果。古德里安决定在8月3日这一天仍和这个军在一起，以催促他们迅速前进，并确保攻击的成功。古德里安先到了在柯伐利附近的第292步兵师的师部，从那里转往第507团的团部。他并没有对该团的计划与企图说些什么，只是下车亲自陪着打头阵的步兵连前进，以自己的行动激励他们冲锋陷阵。正当他们向前挺进时，古德里安在例行的观察中突然发现了罗斯拉夫尔城东北方向有坦克战车，于是赶紧让部队停止前进，待查明情况再进行下一步行动。古德里安是知道坦克装甲部队的威力，他们对于在开阔地上的步兵就意味着毁灭！他急忙命令伴随步兵前卫的突击炮部队，发射一颗白色的信号弹进行联络——照古德里安装甲兵团的规定，白色信号弹就表示“古德里安在这里”的意思。还好，对面的坦克部队不是苏军，而是古德里安第4装甲师第35坦克团的官兵。

看到了自己的部队，也就意味着对苏军的包围圈的完成．德军又一次的胜利即将到来。古德里安情绪高涨起来，当即坐上指挥车向对面的

∧ 1941 年 8 月，德军在罗斯拉夫尔附近与苏军展开激战。

坦克部队开了过去。这时，在罗斯拉夫尔地区的苏军也放弃了最后的抵抗，纷纷丢下各种装备，四处逃散。

由于莫斯科公路上阿斯提克的桥梁已经被破坏，古德里安第35坦克团2连的士兵，便从危险的钢梁上爬过来，欢迎古德里安的到来。这个连的连长原来曾由他的长子担任，连队士兵对古德里安比较了解，谈论的当然也最多，因此许多人对古德里安是较为熟悉的，即便是古德里安的长子升调他职后，该连的官兵也急于想同他们心目中的英雄古德里安亲近。该连的连长克劳色中尉当然也不会放弃难得一见兵团司令的机遇，便把自己的战斗经过向古德里安叙述了一番，以得到司令长官的肯定与鼓励。

就这样，德军在罗斯拉夫尔附近包围苏军的计划已初步完成，被围的苏军部队约有3、4个师，剩下的工作就是逼迫被围苏军投降。

这个阶段的行动，古德里安兵团收获不小，仅第7步兵师就已经俘获了2,700名俘虏、60门火炮、90辆坦克战车和一列装甲火车。

8月3日，古德里安的部队都已经占据了有利的位置。

8月9日，罗斯拉夫尔战役以德军获胜而告结束，德军俘虏苏军约3.9万人，缴获或击毁坦克和装甲车250辆，火炮613门。

在战役尚未最后结束的时候，古德里安就接到命令，要他在8月4日的早晨回到集团军总司令部，亲自向希特勒报告战斗经过。这可是对苏开战以来，古德里安第一次谒见希特勒。古德里安感到这次晋见希特勒，将是对战争转换点的再证实。

早在7月29日，希特勒的副官长施蒙特上校，就借着送勋章上的橡树叶子的机会，将希特勒的意图告诉了古德里安。希特勒心目中只有三个主要目标，即东北方向的列宁格勒、正东方向的莫斯科、东南方向的乌克兰。

希特勒认为，对列宁格勒这个城市必须倾全力将它占领，以使德国在波罗的海的航运不用受到威胁，可以保证瑞典的铁矿不断地供应德国，并能使德军北方集团军的供应线畅通；而莫斯科，则只是由于它在工业上的重要价值，倒看不出还有什么其他价值所在；至于乌克兰，据施蒙特所说，希特勒暂时似乎还并没有决定攻入乌克兰。

不管希特勒如何认识，古德里安倒是一个极为尽职的走卒，他力劝施蒙特去请求希特勒，立即向苏联的心脏莫斯科发动直接的大规模攻势。相对于进攻莫斯科而言，其他任何的行动都是无益而有害的。不仅如此，古德里安还想在自己的陈述不起作用的时候，也能最大限度地保持对苏军的压力，同时请求希特勒不要截留新坦克和兵员的供应，以能保证他有充分的战斗力完成作战任务，并信誓旦旦地说：

“假如没有这些装备和人员的补充，那么对苏战争则决不可能迅速而顺利地结束！”

但是在7月31日的时候，由总部回来的陆军统帅部的联络官布利多少校，却带来了令人不安的消息：

“现在已经有人认为原先拟订在10月1日可以到达的目标：夺取阿尼兹柯湖－伏尔加河一线是已经不可能的了。相反，许多人相信列宁格勒－莫斯科，及其一直到南部延伸的新目标是可以到达的，也是可行的。反正不管怎么说，陆军统帅部和参谋总长哈尔德现在是吃力不讨好，一切行动的最后决定权都在最高统帅的手里。到现在，上层关于未来行动方向还没有明确指示。”

现在局势未定，但轮廓基本出现了。古德里安更是希望自己此次见到希特勒，能够听到希特勒改变决心的话。

希特勒于8月4日来到了中央集团军司令部，公开的目的是来视察前线德军的作战情况，听取集团军和装甲兵团司令官的意见，其实是为了推进自己的战略企图。

希特勒的军事会议是在罗弗伊波里索夫中央集团军总司令部的会议室里举行的。出席的人有希特勒和他的副官长施蒙特、博克元帅、霍特和古德里安，还有陆军统帅部的代表作战处长豪辛格上校，却没有陆军总司令，也没有陆军参谋总长。希特勒是奸诈的，他早就知道他的企图不被陆军的大多数将领所接受，便采取了各个击破的方法，在会前分别谈话，使这次参加会议的每一个人事先都有一个单独发表意见的机会，但不允许他们集体讨论，他知道，如果集体讨论他将受到多数陆军将领的反对。

摆脱陆军统帅就是为了防止太多的反对意见，现在中央集团军司令部开会，希特勒也要保证部属之中的反对意见不能集中。因此，私下将每个德国军官的意见了解了之后，希特勒召集全体会议，会上他发表了个人的高论，将会议变成强行通过他的决议的形式。对于古德里安等人所关心的战略方向问题，在会议中干脆就没有讨论的余地，只是解释了自己的企图。希特勒发挥了他演讲的口才，围绕着他的战略开始了滔滔不绝的表演，他咄咄逼人：

“为了保证伟大的德意志帝国战胜它的十恶不赦的敌人，确保东方的生存空间，列宁格勒及其附近的工业区是德军当前最主要的目标。至于莫斯科与乌克兰两者之间，孰先孰后，我还没有决定。但是有几个原因使我倾向于后者：第一，南面集团军在该地区的作战取得了重大进展，在某种程度上已经为解决乌克兰问题建立了基础；第二，我相信乌克兰的原料和农产品，对于德意志帝国尔后的作战意义重大，它可以源源不断地支援帝国扩大生存空间的使命；第三，我认为克里米亚是俄国人用来轰炸罗马尼亚油田的空军基地，必须予以铲除！我希望能在冬季来临的时候，再来占领莫斯科和卡尔可夫。”

∧ 希特勒听取侵苏的德军中央集团军司令博克元帅汇报战役进程。

希特勒的喋喋不休完了之后，古德里安的心一下子沉了下去，暗自长叹一声："完了！"原来所期望的对战略问题的讨论干脆就没有，这个问题已经没有了争论、商讨的余地！

会议随后转到讨论一些琐碎的具体问题上来，希特勒终于巧妙地将关键问题作为已成事实，从陆军将领的头脑中绕了过去。

8月初，德军南方集团军将苏军的两个集团军合围在乌曼，并俘获了苏军第6、第12集团军10.3万人。德军在乌曼胜利的直接结果，是使苏军的南方方面军和西南方面军受到重创，并被分割开来，仅守着基辅和黑海海岸的奥德萨。但此时德军的战场形势也不容乐观，中央集团军和南方集团军之间有着巨大的缺口，如果德中央集团军奔向莫斯科，那么右翼将得不到掩护。如从另一个角度来看，德军乌曼战役胜利后，也使得苏军的西南方面军的翼侧暴露在德军中央集团军的打击之下。如果中央集团军暂时停止进攻莫斯科，而让南翼的古德里安第2装甲兵团改变进攻方向，向南进攻，就可穿过俄罗斯中部和乌克兰北部的大草原，直插苏军西南方面军的后方。加上在基辅南方的克莱斯特的第1装甲集群向东北方向迂回行动的配合，就可以在基辅以东把整个西南方面军一网打尽，扫清南方集团军前进的道路。而这样做，并不影响霍特的第3装甲集群向列宁格勒的进攻。

这是诱人的设想，苏联南部和乌克兰的地形属于平原，也适合德军装甲部队的行动。凭德国陆军和空军的能力，应该会取得成功。但这样做的最大问题是时间，德军就要停止向莫斯科的进攻，先南下解决基辅，再转回来进攻莫斯科，至少要一个半月。到那时，苏联的夏天已过，开始了秋雨连绵，接着是可怕的冬季，德军能否在冬季来临之前拿下莫斯科就很难说了。

围绕这个问题的争论，在德军占领斯摩棱斯克之前就开始了。

斯摩棱斯克战役结束后不久，德军的进攻重点转向南北两翼，在叶尔尼亚地域的中央集团军部队只得转入防御。虽然有几个军编入了第四军团，但随后该军团的坦克军却被撤出。与德国不重视莫斯科相反，为了清除德军突击莫斯科的前进基地，苏军预备队方面军所属的第24集团军及加强兵力共10个师的兵力，于8月30日向突出部实施了向心突击，尔后又击退了德军的多次突击。到9月4日，苏军给叶尔尼亚突出部的德军以重大打击，并形成包围，迫使其不得不后退，两天后，苏军收复了叶尔尼亚并乘胜向西追击。

古德里安没有过多受下一步战略问题结果的困扰，在会议上，他提出了一些有关他的装甲部队的问题。他对希特勒说："经过连续一个多月的战斗，我兵团的坦克已经减少到了非常严重的地步。特别是发动机的密封性能不佳，由于沙尘的侵蚀，更加重了坦克的损失。现在我军的战斗力已遭到极大的削弱，如果要进行下一步行动，特别是大规模的军事行动，那么必须对我兵团装备进行更换。"

古德里安之所以对希特勒谈到装备供给的问题，是有原因的。希特勒为了组建新的部队，控制了装备的分配。新装备、特别是装甲车辆，已经全被希特勒控制起来。这样一来，其他需要的部队连一辆坦克也看不到。经过几番讨价还价之后，希特勒总算同意拨一些给古德里安，答应给他300台坦克引擎以补充他所受到的损失。这对古德里安的部队来说，无异于杯水车薪，无济于事。

本来在战略方向的问题上，古德里安心中就有一种被戏弄的感觉，现在又这样。古德里安实在忍不住自己的情绪，就在会议上向希特勒争辩起来："为了抵消苏军在坦克战车方面的数量优势，我们的坦克战车损失必须以最快的速度加以补充。否则难以发挥我军作战中的机动性和突击力，就难于完成分割歼灭苏军的目的。"

希特勒可不愿有人在他面前如此放肆，便以古德里安以前的书为把柄，尖刻地叫道：

“如果我早知道你那本书里所列举的苏联坦克战车数字是真的，那么也许我就不会发动这个战争了。”

他所指的那本书，就是古德里安在1937年出版的《注意！坦克》。在书中，古德里安曾估计苏军在当时就有1万辆坦克，情报部门也估计苏军坦克有1.7万辆。不过当时的陆军参谋总长贝克将军和书籍审查部门，都不同意当时尚无多大名气的古德里安的估计，这使得古德里安花了不少的时间做工作，才勉强把它印了出来。古德里安这一出于谨慎的估计数字被印了出来，但同样没有引起当局的认可。

所以后来忆起这个事情的时候，古德里安还是不免一番感叹：“在政治方面学鸵鸟缩头的办法，是根本不能逃避危险的；可是希特勒和他的高级幕僚们却都喜欢采取这个办法，对于明显存在的危险，有意装瞎子。结果，倒霉的命运却最终落在我们这些在前线作战的部队身上。”

会议的目的没有达到，但也不能说失败。毕竟陆军统帅部还没有最后下达关于行动方向的命令。只要没有形成文件，就有希望。古德里安心里还是对希特勒抱有一丝幻想，觉得他不可能顽固到这种程度，还想像着有一天希特勒能突然改变命令。所以当古德里安飞回部队的时候，还是决心继续做攻击莫斯科的准备。

回到司令部的古德里安没有想到，他的第9步兵军防区内出了问题。在包围圈内的苏军为了免遭被歼的命运，决定用所能动用的最大力量实行突破，突破的地段就选在了包围圈东南角的颜莫利罗。困乏的步兵第9军原来对苏军的战斗就是追击和不断地行军，没有与苏军发生过激烈的战斗。在突围苏军拼命似的冲击下，不免有些慌张，没能顶住苏军的攻势，撤离了莫斯科公路。这样一来，德军的包围圈出现了缺口，使8月3日已经被围困的苏军，现在有了脱逃的可能。

救兵如救火！当晚古德里安作了一番部署之后。8月5日一大早，古德里安就赶到第7步兵军那里，沿着莫斯科公路视察当前态势，一边视察一边在心中琢磨作战行动，想着怎样把包围圈南面的缺口堵上。他现在知道，自己所形成的包围圈已经漏洞百出，当第4装甲师的第35坦克团撤出后，苏军已经用火力控制了莫斯科公路。古德里安很快就对情况作出了判断，第一步就是立即用无线电通知第24装甲军，命令他们负责保障莫斯科公路的安全。然后回到第7军的军部，准备采取更进一步的

> 苏军在叶尔尼亚对德军展开反攻。

∧ 德军在通往莫斯科的道路上扫雷。

＞ 德军坦克部队向莫斯科方向攻击前进。

措施。当时这个军已经派出了第 23 步兵师的搜索营去阻击苏军的突围，古德里安觉得这个措施是不够的，力量也过于单薄，于是古德里安就领着该军的参谋长克利布斯上校到罗斯拉夫尔去，他要在现场布置任务。在罗斯拉夫尔，古德里安他们碰到了第 35 坦克团第 2 连官兵。这个连已经击退了苏军好几次突围行动，并摧毁了苏军的一些阵地，俘虏了数百名苏军。此刻除了一少部分与苏军还在激战外，大部分官兵正退下来休息。感到形势危急的古德里安可没有他们从容，马上鼓动他们向前与苏军激战，力争挡住苏军的突围。

随后，古德里安又到了阿斯提克，正碰上一群苏军由北面向德军冲来，古德里安命令德军第 332 步兵团的第 2 营去防守阿斯提克的桥梁。不仅如此，他最后还把留在罗斯拉夫尔的一些高射炮兵部队也调了过来参加战斗。在德军强大火力和严密防守下，已经不成建制的苏军的突围未能成功，他们又被德军压到了桥的那一侧。两天后，阿斯提克的桥梁也修好了，古德里安指挥部下过桥向还有突围打算的苏军冲去，缺粮少弹的苏军不是德军坦克的对手，被压了回去。这样，随着坦克部队与第 137 步兵师建立联系后，对苏军的包围圈重新合拢。

到了 8 月 8 日，罗斯拉夫尔的战役基本结束。

眼前的危机解决以后，古德里安的心思又放到了莫斯科。进攻莫斯科成了他魂牵梦绕的事!

受前一阶段进军时翼侧牵制之苦，他想："在下一步向莫斯科发动总攻，或是进行其他重要的作战行动前，进攻中的德军必须要有一个不可或缺的先决条件，那就是在克里齐夫地区德军深入的右翼，要有安全的战斗保障。在第 2 军团向罗格齐夫发动攻势以前，也同样要有这样一个必要的保障措施。否则，将难于完成作战任务。"

那么，如何解决这个问题呢？当然是进攻要有足够的兵力，主力部队作为突击力量，其他一部分兵力作为保障力量。

其实有着古德里安这样想法的德军将领也不乏其人，集团军总司令博克★元帅也和古德

★博克（1880～1945）

德国陆军元帅,参加过第一次世界大战。1919 年后在德国国防军中担任指挥和参谋职位。1935 年起任军长。1938 年 3 月德国入侵奥地利时，任第 8 集团军司令。1939 年任北方集团军群司令，率部入侵波兰。1940 年任 B 集团军司令，入侵法国。1941 年任中央集团军司令，在苏德战场作战。同年底因进攻莫斯科不利，调任南方集团军群司令。1945 年 5 月，在英美空袭德国本土时丧命。

里安的意见相一致，他也因为这个原因反对把古德里安的一部分装甲部队调走支援第2军团的作战行动。他们都认为，这样分配会使部队在长距离的行军中受到极大的损失，从罗斯拉夫尔到罗格齐夫距离为200公里，装甲部队走一个来回就是400公里，如此长距离的行军所造成的损毁实在是得不偿失。据此，他们都认为最佳途径莫过于向莫斯科挺进。他们的想法虽然很好，却是难以实行，毕竟他们还要服从上司的命令，最终也就是服从希特勒的命令。所以不管他们是多么的不愿意，在陆军统帅部的严令之下，集团军总司令部还是不得不一再命令古德里安，要他抽调少数坦克战车，开到普罗波斯克去支援第2军团的战斗。

怎么办呢？古德里安感到左右为难，便与手下人商量，看怎么解决这个难题。到最后，第24装甲军军长盖尔将军想到了一个两全其美的办法。他向古德里安建议，向克里齐夫以南米罗斯拉维特齐地区的敌军发动一个攻势行动，取代调往第2军团的装甲部队的行动。这样做，既可以彻底解除己方军队的右翼威胁，也可以从侧面策应第2军团的作战行动，当然更关键的是能够不影响古德里安向莫斯科的推进行动。

这确实是一个好计划，古德里安同意了，并且他也设法说服了集团军总部，分兵的危机就这样应付了过去。而几天后的行动也证明，古德里安没有按命令执行使他又一次避免了损失，第2军团在哥美尔地区的前进遇到了极大的困难，那里根本就没有可用的道路，装甲部队去了也不能发挥什么作用，只能挨打。

8月8日，古德里安去了前线，视察了罗斯拉夫尔内外及南侧的各个军、师指挥部。这次视察，古德里安的心情是轻松的，被围苏军已是弹尽粮绝，战斗力降至最低点，外援苏军的解围行动也被德军所遏止，视察不过是看看各部队对明天总攻的准备情况。走了一圈，古德里安感到很满意，对明天的行动充满信心。

< 德军部队气势汹汹地向前开进。

第二天，第24装甲军的部队发动了对被围苏军的攻击。随同第4装甲师一同前进的古德里安看到，苏军几乎没有还手之力，德军的第35坦克团和第12步兵团的行动和演习时差不多，进展极为顺利，德军很快就攻克了罗斯拉夫尔。

到了8月10日，古德里安所采取的一切步骤，都是以进攻莫斯科为基础的，他总认为集团军司令部和陆军总部都会一致主张向莫斯科进攻，并以此为最后的决战。即使8月4日在希特勒召开的会议上没有能作出最后结论，而且希特勒还是持相反的观点，这也没有使古德里安放弃希望，他还是相信希特勒到最后一定会同意这个正确的观点。不管怎么说，根据德军最高统帅部的战略方针，即速战速决的目的，根据前线的形势发展，根据古德里安等大多数前线将领的看法，这应该是一条合乎逻辑、顺理成章的路线。

V 德军坦克如同猛兽般扑向莫斯科。

8月11日，古德里安向莫斯科进攻的幻想被彻底打破。他那个把主力经由罗斯拉夫尔到怀斯马的进攻计划，被陆军统帅部以“未能符合总的战略企图”为由，进行一通批驳后胎死腹中。奇怪的是，陆军统帅部否定了古德里安的计划，却没有提出一个更明确、更可行的计划，在随后几天，它发出的一些命令则是自相矛盾，令下级无所适从。原来支持古德里安计划的集团军司令部态度也变了，转而附和陆军总部的意见，做古德里安的工作，向他解说计划的不现实。

古德里安在当时并不知道，关于战略方向之争在德军的上层闹得是不可开交。希特勒的统帅部和德国陆军总部之间围绕战略方向之争已是很久了，起因在战前的计划中就已埋下，陆军总部坚持以莫斯科为进攻方向，而希特勒却顽固坚持分兵的决定，既想打击共产主义的摇篮列宁格勒，更想觊觎乌克兰的资源。在这场争论中，曾拥有极大权势的德国陆军难以与希特勒的顽固相抗衡，遭到希特勒两次大清理的陆军再也没有往日的辉煌。

古德里安不知这些内情，他还责备陆军总部未能充分利用希特勒以前的指示，即同意他的部队为准备下一步作战行动而向莫斯科攻击的主张，在这一点上拦阻自己的计划与行动，最终导致战场形势的再度改变。其实他哪里知道，陆军总部当时是多么难受啊!

8月13日，古德里安到了地斯拉河的前线。古德里安手下的士兵们并不知道德军上层的争论，还是按照以前的计划在准备着，他们都自信自己不久就要攻入苏联的首都，那将是他们军旅生涯中一件非常有意义的事件。所以德军士兵忘却了疲惫，忘却了以前的损失与伤亡，心绪都放到了莫斯科。当古德里安和第137步兵师的士兵们谈话时，他们更是众口一词，希望德军赶紧行动，奔赴莫斯科。看到自己的部下主动做的许多“向莫斯科进军！”的指路牌，看到手下对进攻莫斯科的热情，古德里安心里很不是滋味，感到十分的难受，心中怨叹:“我的元首，我的陆军总司令，你们为什么要这样？”

德国的军事科学鼻祖克劳塞维茨曾说过，要战胜一个敌对国家，就要消灭其军队、占领其国土或摧毁其抵抗意志，三者必居其一。这个思想，德国军官特别是德军的中高级将领，在多年的征战中已是深得其要旨。然而在关键的对苏战争中，希特勒却一直未曾理出一个头绪，也没有明确的指示，全由着自己的心血来潮乱发淫威。当德军拥有了自己的“王牌”——以空军和装甲部队的快速突破为特征的闪击战后，特别是德军装甲部队越过了河流沼泽遍布的边境地带，攻克了斯摩棱斯克，来到地形开阔、没有江河障碍的“奥尔沙陆桥”的入口处，莫斯科就要成为闪击战的囊中之物时，不仅以古德里安为首的装甲部队的指挥官，就是保守的陆军步兵军官，也感到攻占莫斯科、结束对苏战争的前景“光明”，认为对苏战争“胜利在即”。从德军中央集团军司令博克到前线的普通士兵，都认为战争的下一个目标是莫斯科确定无疑，而且更为重要的是德国陆军总部也支持这种看法。位于至莫斯科公路两侧的德军装甲部队，更如同一只作势欲扑的猛兽，随时准备杀向莫斯科。

但希特勒却自以为是，放弃了莫斯科。

第八章

艰难的基辅攻陷战

1888-1954 古德里安

在被各种车辆搅成一锅泥粥的道路上，快速行军是不可能的。古德里安乘坐的指挥车是四轮驱动的，也不过是能勉强行走。相比之下，两轮的摩托车在这样的泥路上就成了拖累。德军的装甲兵团就这样以平均每小时10公里的速度在泥沼中挣扎前进……

∧ 德军装甲师在夜间向苏军阵地开火。

>> 再一次谏言

此时古德里安装甲兵团的进攻箭头准备转向了。

进攻在开始时较为顺利，8 月 16 日古德里安的第 3 装甲师就攻占了交通枢纽马格林。

8 月 17 日，虽然第 24 装甲军的左翼第 10 摩托化步兵师和第 3 装甲师，占领了乌尼卡铁路中心，取得了很好的进展，但是第 24 装甲军的右翼却遭到了苏军的顽强抵抗。苏军在哥美尔－布来恩斯克即布良斯克之间的铁路被切断所形成的有着很大纵深的缺口，德军未能充分利用。古德里安的第 24 装甲军独立在斯塔罗达布－乌尼卡地区苦苦支撑。

战略的混乱导致德军的行动似乎乱了套。按德军通常的做法，如果出现这样相对有利的形势是不会放过的，第 2 军团的强大左翼就会与右翼第 24 装甲军相互支援配合之下，协同向哥美尔发动一次猛烈的攻击，给苏军的阵线造成被动。可是现在，第 2 军团的主力部队不但没有这么做，反而向东北方向移动，跑到了第 24 装甲军的后面。

古德里安急了，哪有这样打仗的！便向集团军司令部要求，应让第 2 军团攻击右翼方面的苏军，配合第 24 装甲军的行动。建议被采纳了，可却没有行动。古德里安询问第2军团是否收到了命令，得到的回答却是第2军团正按上级的指令行动，是上级命令他们向东北方面移动的，并没有其他命令；集团军司令则说自己也不清楚，自己是一直在催促向右翼进攻。听到这个回答，古德里安目瞪口呆，德军这是怎么了？

更令人费解的事还在后面。8月20日，集团军司令博克元帅电话命令古德里安，停止对南面波齐普的军事行动。整个装甲兵团都撤回罗斯拉夫尔地区休息，准备一旦奉命向莫斯科推进时作为生力军使用。

但到了8月22日晚间，在古德里安交出了步兵第20军、步兵第9军、步兵第7军的指挥权后，集团军司令部又向古德里安询问，他在克林兹－波齐普地区作战的装甲部队，是否可以调往第2军团左翼参加作战行动？

当然是不行了，这一来岂不是要将古德里安的部队调向更南的方向，而与进军莫斯科的方向大相径庭。古德里安猜想："不用问，不是最高统帅部的命令，就是陆军总部的命令来了，又要我参加第2军团的作战行动。"他当即一口回绝——这样使用装甲兵团是不合理的。

时间一点点地在争论中度过，但最终的决定还是挡不住，该来的终究要来的。

8月23日，古德里安到集团司令部去开会。没有想到陆军参谋总长哈尔德★也出席了这次会议，哈尔德情绪非常不好，当他说到希特勒已经决定暂时放弃列宁格勒和莫斯科的作战，转而要占领乌克兰和克里米亚时，完全抑制不住自己

★哈尔德（1884～1972）

德国上将，生于维尔茨堡，毕业于巴伐利亚军事学院，第一次世界大战时期任总参谋部参谋。1935年任步兵师师长。1938年任陆军总参谋长。第二次世界大战初期，在策划和实施入侵波兰、德国和苏联战争中起了重要作用。1942年被解职，编入预备役。1944年曾因涉嫌谋杀希特勒事件被捕入狱。1945年被美军俘虏。获释后，与美国人合作研究第二次世界大战战史。

的情绪，言词极为激烈，对希特勒的这个举动表示了极大的不满。这也难怪，哈尔德上将是德军将领中坚决主张攻打莫斯科的，当希特勒将他的希望彻底毁灭之后，他难免要大发雷霆，情绪激动。然而，希特勒这个“无可挽回的决心”已经定了，他们所做的工作也只能是如何挽回这个决定。

不管怎么说，希特勒的这个决定给前线德军带来了一系列的问题。参加开会的德军将领普遍感到，这个新计划的出台最为直接的后果就是将对苏战争大大地推迟，原定的结束对苏战争的企图破灭了，德军将不得不同苏军进行一个不愿见到的冬季战役。谈到这里，古德里安插话道：

“现在，装甲部队向南开进以准备进行乌克兰的作战行动，必然会对行军道路和后勤补给带来一系列问题。尤其是完成乌克兰的作战行动后，还要再返回来执行向莫斯科进攻的作战任务，我对我的装甲部队能否有力量完成上述任务感到怀疑。就拿我的第24装甲军为例，该军自从开战以来，就一直没有休息过一天，装备和人员都急需得到补充，如果再经过长途行军的反复折腾，它的作战能力将难于完成重要的作战任务。”

听到中央集团军各位将军的这些抱怨和申诉，哈尔德心里又恢复了希望，觉得有了新的素材可以使他得以再次劝说希特勒回心转意。他和博克元帅商量了一下，决定再次向元首陈述自己的主张，但是他们也知道，说服他们固执的元首是要讲技巧的，最好应有一个恰当的人以恰当的理由陈述自己的主张。自然，这个重要的任务落到了古德里安的身上，博克元帅提议古德里安和哈尔德上将一同去谒见希特勒，以一个前线将领的身份，特别是一个闪击战理论的实践者，德国坦克之父的角色，把不宜改变战略方向的事实直接讲给希特勒听，这也许是促使希特勒同意陆军统帅部的意见的最后一着棋。

说做就做！古德里安一行人当天下午就坐飞机出发，傍晚的时候就到了东普鲁士的鲁曾机场。

同苏联的气候不同，东普鲁士的天气还是温暖宜人，夏末的和风轻轻地吹拂在脸上，使人舒适安详。但是陆军司令部的气氛和东普鲁士的天气可是不太一样，有着丝丝凉意。陆军总司令布劳希奇元帅见到古德里安的第一句话，就打消了他的意气。陆军总司令说：“你不可以在元首面前提到有关莫斯科的问题！部队向乌克兰方面行动的命令已经下达。现在的问题只是执行，而不是讨论！”

既然陆军司令都是如此，古德里安心想：“我的建议还有什么价值？有什么意义！在这种环境之下，自己就是再去和希特勒谈一次，也不过是浪费时间。”听完总司令的话后，他当即提出要立刻返回部队。

令古德里安不解的是，布劳希奇也不同意古德里安返回的要求，命令古德里安必须谒见希特勒，报告部队的详细情况，而且绝对不准提到莫斯科！

古德里安只好前往坐落在腊斯登堡的“狼穴”，谒见希特勒。古德里安到会议室的时候，

已经有许多人到了，有最高统帅部参谋长凯特尔、最高统帅部作战局长约德尔和希特勒的副官长施蒙特等人，但却没有布劳希奇和哈尔德的影子。原来他们都没有出席这个会议，不但他们没有来，就是陆军司令部的其他人也没有一个参加。

古德里安把自己所属部队的情况，以及兵团所处位置及其地理环境，向最高统帅部的人作了大致的报告。整个过程中，希特勒除了对某些不清楚的地方简单地问了一下外，没有插言，安静地听完了古德里安的陈述。半个小时之后，古德里安报告结束，希特勒没有对古德里安的报告进行评价，而是问了一个其他的问题，这个问题引出了陆军总司令不准古德里安提及的莫斯科问题。希特勒说：

“对比装甲部队在以前的作战中所取得的结果来看，你所带领的装甲部队还有能力胜任另外一个更为重大的任务么？”

古德里安没有直接回答，而是说：“如果这个任务的重要性是每一个士兵都能认识得到、或受广大士兵所拥护的，那么我敢说他们是有这个能力的。”

> 希特勒在听取手下将领介绍德军在苏联境内的作战态势。

< 1941年，希特勒与墨索里尼（左一）、约德尔（左二）等人在"狼穴"研究作战方案。

希特勒当然知道古德里安潜在的含义，便把问题直接点破："你的意思是指莫斯科了？"

古德里安如实回答："是的，我的元首。您已经提到了这个问题，那么就请允许我把我的意见完全向您作一陈述。"

得到希特勒的同意，古德里安就把向莫斯科进攻的理由和向基辅进攻的害处，简明扼要地向希特勒汇报起来。

希特勒没有以往的歇斯底里，也没有极富煽动性的慷慨激昂，他平静地听着古德里安的陈述。等古德里安说完之后，他平和地却是无可更改地说明了自己这样做出决定的理由：

"将军，你所说的理由只是军事上的，我们还要从其他方面考虑战争问题。乌克兰地区的原料和农产品对于尔后我们的对苏战争，具有根本性的作用，它可以支撑我们对苏战争的消耗。特别是克里米亚，它可以说是苏军进攻罗马尼亚油田的一个基地，是对德帝国的油料供应的直接威胁，该处的苏军必须予以清除。"说到这里，古德里安首次听到了他对德国将军的"特殊"评价："我的将军们对于战争中的经济问题一无所知。"

希特勒长篇大论只有一个意义——那就是他已决定把基辅当作当前的首要战略目标，德国将军的责任和义务就是与他的决心相配合，努力实现这个目标。令古德里安感到心灰意冷的是，他看到每当希特勒说一句，在场其他高级将领则点头称是附和一句，在最高统帅部的一致反对下，古德里安陷入了绝对孤立的境地。到后来，会谈演变成为希特勒陶醉在自己所背诵的早已滚瓜烂熟台词的表演。

事已至此，无可挽回，再多的理由也是白费口舌，古德里安只好退而求其次。于是，他便从尽早结束战役的角度向希特勒建议，不要分割自己这个装甲兵团的兵力，而是应把整个兵团作为一个整体投入战场，以充分发挥装甲部队的突击能力，力争在秋天雨季来到之前，达成对苏作战的胜利。这一点倒不错，既同希特勒的计划合拍，也有利于希特勒计划的实现，更是因为古德里安及时地向“伟大”元首屈服，希特勒立即答应了这个要求。

在8月23日同一天，德国陆军总部向中央集团军发布作战命令：“本战役的作战的目的是尽量地歼灭苏联的第5军团，并且用最快的速度打通第聂伯河渡口，与南方集团军会合。为实现该目的，一支强大的突击兵力（最好由古德里安上将统领）应向前挺进，前进方向的右翼直指齐尼果夫。”

这个命令是在古德里安与希特勒谈话之前确定的，陆军总部也没有把这个命令告诉古德里安。虽然那天古德里安一直和哈尔德在一起，他也没有向古德里安提一句。古德里安只是一个棋子，希特勒侵略战争的棋子，也是陆军总部和最高统帅部争斗中的一枚棋子。

所以，当24日上午，古德里安去见陆军参谋总长，告诉他自己昨夜劝戒无效之后，哈尔德突然变得神经失常、大发雷霆，对古德里安恶语相加。古德里安虽是无可奈何，但也为他所气恼。古德里安飞回总部来不但毫无所获，却落得里外不对，情绪沮丧，第二天便飞回了自己的兵团部。

德国陆军所进行的一切努力都是徒劳的，陆军总部过多的建议只是增加了希特勒的反感。8月21日，希特勒就下达了一项训令，明确了今后德军作战行动的走向：

我不赞同陆军当局在8月18日所提出的建议。因此，我发布命令如下：

（一）在冬季尚未来临之前，最重要的目的不是占领莫斯科，而是占领克里米亚和顿尼兹盆地的工业区，并切断苏联通到高加索油田的供应线，并在北面的列宁格勒与芬兰军队取得联系。

（二）因为我军已到达了哥美尔－波齐普一线，所以我

∧ 1941 年　希特勒在苏联境内观察。

军在战略上处于极其有利的地位。中央、南方两集团军的内侧，应采取向心的行动以扩展战果。其目的不仅是要把苏军第5军团赶过第聂伯河，而且还应在他们企图撤到地斯拉－柯罗托普－苏拉一线之前，将其全部歼灭。完成上述任务，就可以使南方集团军在中部渡过第聂伯河时，获得必要的安全保障，并使该集团军的中央和左翼部队可以继续向罗斯托夫－卡尔可夫方向推进。

（三）作战中不必考虑到未来行动的有关问题，中央集团军在歼灭苏军第5军团时，可以使用它的所有兵力兵器，即使战场形势的发展，使它以少量的兵力就可以击败敌人的反攻。

（四）为了保护我们在罗马尼亚的石油供给，占领克里米亚具有极大的重要性。

命令下达要通过各层机关的烦琐程序，这类训令的时限性要求也相对宽松，所以古德里安23日和希特勒谈话时，仍不知道有这个命令的存在。毫无疑问，现在陆军总部和集团军总部下达给古德里安的指令，就是以希特勒的训令为基础的。想不到的是，希特勒曾允许保留古德里安装甲兵团战斗力的完整性，在实际运作过程中却未能做到。集团军总部把第46装甲军抽了回去，部署在第4军团后方的罗斯拉夫尔－斯摩棱斯克地区，担任中央集团军的总预备队。

于是古德里安手里只剩下了两个军：第24装甲军和第47装甲军，作战力量受到了极大的削弱。“这如何能够胜任未来的作战任务？”古德里安以兵力过于单薄而难以完成任务为由向上司提出抗议，却没有人给他答复，更不要说归还他的第46装甲军。

以前可是从未出现过这样的情况，古德里安在兵团部队自己空阔的办公室里陷入了沉思。阳光从窗外射进，又在房间弥漫开来，给古德里安烦闷的心增加了些许燥热，偶尔从户外传进的几声鸟鸣，更使古德里安的心情烦乱不堪。原因只能有两个，要么是陆军内部对希特勒的计划有着消极的、却让人无法指责的对抗态度，要么是古德里安的转变大大伤了陆军中坚持进攻莫斯科路线的人的心，他们不肯原谅古德里安的“背叛”，或者两者兼而有之。

没有人理解他，古德里安也只能在处处掣肘之中，统帅自己的部队进行作战。

力量不足，古德里安也就不敢将第一作战目标定得过于庞大，他把目标定于柯罗托普，先将他的装甲部队攻占基辅后面的有利位置，然后从后侧对基辅形成包围。为尽快完成战斗任务，以为将来对莫斯科的行动做准备，古德里安部署妥当后便命令第24装甲军向南方攻击前进，不仅要突入苏军阵地，还要保护本兵团的右翼安全，对苏军形成严密的战斗部署，以防止苏军由哥美尔地区向东逃脱。

虽然还没有得到明确的协同指示，古德里安的计划是充分考虑到今后与南方集团军的协同的。德军的南方集团军由于突击力量薄弱，对苏军没有形成如中央集团军那样的钳形纵深包围，而只是小规模的迂回包围，行动的魄力和气度都要比中央集团军差。反过来，苏联的西南方面军司令员却比西方方面司令员沉稳得多，西南方面军的苏军在付出了10余万人的牺牲后，它和南方方面军没有被德军合围，而是后退依托第聂伯河成功地组织起了一道新的防线。

8月24日，第24装甲军占领了罗夫西布可夫，并在乌尼卡斯塔罗达布地区打退了苏军的反击。

8月25日，第24装甲军的第10摩托化步兵师经过柯尔美和爱夫地夫卡方向前进，第3装甲师经过柯斯托波尔－罗夫果罗特西弗尔斯基向地斯拉河（杰斯纳河）推进，第4装甲师交付了在苏多斯特河西岸肃清残敌的任务后，在第3装甲师的后面跟进。

担任翼侧掩护任务的第47装甲军完成了战斗展开，正由罗斯拉夫尔地区向前开进。

古德里安的行动，正确地说是希特勒战略方向的转变，造成了苏军判断的失误，他们认为古德里安的举动是要包围西方方面军和预备方面军，便急忙命令布良斯克方面军和预备方面军一部向罗斯拉夫尔和斯塔罗杜布地区进攻，企图通过对古德里安的翼侧攻击而迟滞德军的进攻行动。为了“打败古德里安这个下流的家伙”，斯大林给布良斯克方面军加强了许多部队，还亲自从大本营为数不多的预备队拨出了一部分部队，斯大林对这个新建立的方面军充满了希望。

古德里安虽然对苏军情况知道不多，但也对自己那单薄的装甲力量完成希特勒的既定任务格外小心。8月25日天亮不久，古德里安便顶着丝丝凉意、踏着晨露前往第17装甲师的阵地，他要亲自监督他们渡过苏多斯特河及其南侧的支流罗格河。但是到第17装甲师所经过的道路破败不堪、崎岖难行，走到中午还没有到达目的地。不仅如此，他们一行中还有部分车辆中途抛了锚，横七竖八地躺在路上。一行人走到马梓林就走不了了，古德里安下了车，踢了熄火的指挥车一脚后，嘟囔了一句“这样的装备怎么打仗？”接下来，他只好命令手下用无线电向第17装甲师发报，调集新的装甲指挥车、人员输送车和摩托车来。救援装备来了之后，下午2点30分，古德里安一行才到达在波齐普北侧5公里的第17装甲师师部。

真是个艰难的任务，古德里安的兵力实在是不够用，他用尽一切方法调动部属的积极性，榨尽了该师所有的战斗能量，也只是取得了一点点进展，德军向前推进的速度极为缓慢，每次都是经过与苏军的激烈较量，才能前进一点距离。

战斗让古德里安亢奋起来，第二天一大早就到了罗格河北岸的一个炮兵前进观察所里。

∧ 苏军反坦克炮手向德军坦克开火。

＜ 德军的进攻遭到了苏军的顽强抵抗。

陪伴古德里安一同来前线的人是他的副官布辛少校，古德里安的目的是要看一看德国空军的俯冲轰炸机对苏军沿河防线的攻击效果，以便进一步协调陆空之间的作战行动。经过数次侵略战争的德国空军，以前并没有碰到过真正的对手，而且在战争初期苏军也没有制空权，战场的天空任由德国飞机肆虐。尽管航弹的杀伤力不是很大，弹着点倒是蛮精确的，凌空而下的炸弹的震撼效果对苏军官兵的心理是一个沉重的打击，迫使他们不得不躲避在散兵坑里。古德里安等人就这么躲在观察所里，看着德军一拨接一拨地渡河。时间一长，看到苏军被德国空军压得抬不起头来，观察所里的人员也就渐渐放松了警惕。

突然，迫击炮弹在观察所附近炸响，苏军的观察哨已经发现了他们！还没等观察所里的人有所反应，又一发炮弹在附近爆炸，观察所里5名德国军官受了伤，伤者也包括坐在古德里安身边的布辛少校。被爆炸气浪掀倒的古德里安却没有伤一丝毫毛，古德里安又一次逃脱了死神的眷顾！

8月26日，已突入到杰斯纳河北岸的德国第2军团，遭到了苏军顽强抵抗。苏军沿着杰斯纳河凭险据守，抵抗着第2军团的向前推进，从而使失去翼侧掩护的古德里安没有足够的力量发展进攻。为了摆脱窘境，加速发展进攻，古德里安向上司提出要把第46装甲军调回，重归他指挥。可是陆军总部对此没有过多考虑，又一次拒绝了古德里安的要求。

到了29日，有了空中支援的强大苏军，从西、南两个方向向古德里安的第24装甲军发动了猛攻，一时竟也使德军动弹不得，迫使第24装甲军的第3装甲师和第10摩托化步兵师的攻击陷入停顿，渡过河的第10摩托化师甚至在苏军的反击下，被迫退回到了河的西岸。这个师在这一渡一返的过程中，基本上耗尽了所有的兵力，最后连炊事班等勤杂人员全部上了前线，才勉强渡过眼前的危机。

∧ 德军步兵在坦克掩护下攻击前进。

古德里安所部在强渡杰斯纳河的这一阶段中，哈尔德在日记中写道：

“古德里安兵团在强渡杰斯纳河的进攻过程中，用其左翼紧紧地咬住苏军，以至于它南侧的进攻都不得不暂停下来。甚至，他不得不放弃已经占领的渡河地段。”

由于苏军布良斯克方面军和预备方面军共10个步兵师和若干坦克师发起的进攻，都不能有效地扼制古德里安的行动，这让苏军感到了问题的严重性。从9月1日起，苏军又动用了两个坦克旅向第47装甲军猛攻，使第47装甲军陷入了苦斗之中。古德里安所部从8月25日开始行动以来，第24装甲军已经俘获了7,500名俘虏，第47装甲军也俘获了12,000名俘虏，但苏军的后续部队仍是源源不断。

两翼和正面都遭受到苏军重压的古德里安，日子非常难过，尤其是他的第10摩托化步兵师，若再得不到支援，将直接使整个兵团的右翼受到严重威胁，进而影响到目前的作战态势。古德里安感到无能为力了，如果再得不到增援，以他现有的兵力，继续进攻是不可能的了，他只好再次向集团军司令部请求调回第46装甲军支援自己的作战行动。然而在集团军那里，他却得不到有力的支持，集团军不肯痛快地答应他的请求，采取了一种“添油战术”，一次只给古德里安一点部队。最初在8月31日，它准许古德里安调回大德意志步兵团，接着在9月1日又调回第1骑兵师，在9月2日又从斯摩棱斯克调回党卫军“祖国”师。

在前线心急火燎盼望援军的古德里安当然是不能忍受这种做法了，尤其是他知道，目前中央集团军并无作战任务，所以从9月1日起他就不断地通过电台，向集团军司令部要求调用第46装甲军全部，以及第7、第11装甲师。9月1日无线电通话中，他要求这些部队，并说如果他手里有这样大的兵力，他相信自己一定能够迅速完成对基辅的攻势准备等等。虽然谈话结果使他得到了党卫军“祖国”师，但通话内容却被陆军总部所侦听到了，闹出一场轩然大波。

>> 秋雨中的挺进

在9月3日的时候，陆军统帅部派在古德里安司令部的联络官纳格尔中校到集团军司令部开会，他也对集团军对古德里安的做法有些不满，一直憋在心里。这次开会时，看见陆军总司令也亲自出席，纳格尔觉得这是一个机会，当着总司令的面，他便把古德里安兵团的困难和请求讲了出来，以求得总司令的同意。当他说完之后，集团军的人反对他不说，就是陆军总司令也斥责他是一个“扬声器和传话筒”，并以不能站在自己的岗位上公正地说话，而只为前线军人叫苦为由，将他当场免职。古德里安当然为这个精通俄语的总部军官感到委屈，但是他更是对德国陆军内部的这种争斗感到震撼。

更有甚者，希特勒也开始亲自干预装甲部队的行动。他通过集团军传达了他对第47装甲军部署在杰斯纳河东岸的不满，并在晚上通过陆军总部命令第47装甲军停止在东岸的行动，撤回到西岸。接到措辞生硬、态度恶劣的命令，古德里安心里很凉：“没有功劳也有苦劳，这个军在10天的时间内，缴获155门火炮、120辆坦克、俘虏1.7万人，难道就没有一点可以值得鼓励的地方？难道努力向前进攻也是罪过？”除了对自己的部下感到不平，古德里安更为希特勒任意践踏时间感到伤心，时间对于德军就是胜利，就是战斗力。他知道，把部队从东岸撤回重新布防，所花费的时间是要远远多于直接从东岸发动攻势而打垮敌人的时间的。不能一鼓作气打击敌人，就会给苏军留下更多的休整时间，减小德军成功的可能。

不管这些，古德里安就在权限范围内竭力维持着自己的有利态势。

9月7日，第3、第4两个装甲师都已经在赛门河的南岸，顺利地建立了桥头阵地。本来古德里安按照集团军的命令向尼辛、莫拉斯提尔希特齐罗一线进攻，主力指向尼辛。可是到了第二天又命令古德里安："新的方向为波尔斯拉－罗门尼一线，主力应在右翼"，搞得古德里安无所适从。

德军和苏军激战到9月9日，古德里安的第24装甲军渡过了赛门河。在战斗中，虽然古德里安和第4装甲师在一起，并亲自监督第11和第33步兵团向果罗地辛特齐的进攻行动，为他们加油打气，德国空军的俯冲轰炸机也一如既往地进行了有力的支援。但古德里安心中明白，这个军的所有部队已经不断地苦战了两个半月，损失相当惨重，油料要用完了，弹药储备也出现了紧张，战斗力大不如前。

黄昏的时候，幸运光顾了古德里安。在兵团司令部，古德里安获得了一个惊人的好消息：第24装甲军在巴杜林与柯罗托普之间，发现了苏军防线弱点，第3装甲师已突破此弱点并正向苏军的后方目标罗门尼挺进。

时机稍纵即逝，古德里安现在要做的就是如何尽早尽快利用这个机会，抓住这个难得的成功之机。兵力有限，道路泥泞无法前行，也没有预备队，东南方向还有233公里不安全的翼侧，要进一步扩大这个战果，也不是一件容易的事。古德里安想来想去，唯一可以做到的就是亲自陪着第3装甲师，鼓励它努力进攻。

为此目的，古德里安第二天又再度赶赴前线。从此，第3装甲师在古德里安的带领下，在德国空军的支援下，终于冲开了苏军防线的缺口，打开一条通路，并开始向南疾速推进。

苏军在经过两个半月的苦战后，坦克所剩无几，兵员损失严重。9月7日，科诺托普失守，更加剧了基辅的危局，沙波什尼科夫和华西列夫斯基心急如焚，向斯大林请求："放弃基辅的防御，部队全线东撤。""否则会导致基辅地区所有苏军被德军所包围。"

斯大林坚持基辅不放，对二人的建议与请求给予了严厉的斥责："你们和布琼尼一样，只想避免抵抗，只想避开敌人，而不是去战斗、去坚决地打击敌人。"

9月11日，斯大林又针对朱可夫★所决定的撤退行动下达命令："你们关于立即撤退军队的建议是危险的，可能招致失败。""未经大本营许可，不得放弃基辅、不得炸桥！"这种结果，导致苏联西南方面军的惨重损失。

9月10日，古德里安刚到达克生多夫卡，第24装甲军的盖尔军长就向他报告，第3装甲师已经占领了罗门尼，并且夺取了罗门尼河上的桥梁；第4装甲师正向巴赫马赫前进；

祖国师正向波尔斯拉前进。针对苏军还有一定实力的现实，古德里安当即命令盖尔将军赶紧派兵占领柯罗托普火车站，以保证自己的后方补给供应；第4装甲师继续由巴赫马赫向南前进；祖国师则由波尔斯拉向库新托夫进攻，并负责与第2军团的接合部。

∧ 苏联最高统帅斯大林（左）与时任苏军总参谋长的沙波什尼科夫在一起。

部署妥当之后，古德里安便又向第3装甲师那里赶去。

古德里安到了罗门尼，在这个村镇的北面，他看到了苏军所遗弃的防御阵地，到处都是对付坦克战车的深壕和铁丝网。这说明，古德里安快速进军、突然袭击的重要性，不这样是很难攻克苏军防御阵地的，只有利用突然快速的进攻、利用奇袭的效果，才能使苏军措手不及，不能充分利用其防御手段。他感到只要德军再实施一次突然攻击，就可以完成对苏军的突破和包围。但天气却令人丧气，德军的机场基本上都处于秋雨的包围之中，飞机无法起飞支援陆军的战斗；而苏军的机场大多不在降雨地带，可以支援战斗。对此古德里安无可奈何，只能任由三三两两的苏军飞机对德军扫射、投弹。

虽然如此，这一天德军还是攻占了巴赫马赫。

秋雨连绵，天气没有改善。第二天的晚上，精疲力竭的古德里安才回到了自己的司令部。真是漫长的旅途，昨天他还用10个小时走了160公里，而9月11日这天，他用了10

***朱可夫（1896～1974）**

苏联元帅，参加了第一次世界大战。1918年参加红军。1919年加入俄共（布）。1940年6月任基辅特别军区司令。1941年1月至7月任苏联副国防人民委员兼总参谋长，同年10月任西方面军司令，参与指挥莫斯科会战。1942年8月起任第一副国防人民委员和最高统帅部副最高统帅，因功勋卓著于1943年1月晋升为苏联元帅。德国战败后，代表苏联最高统帅部接受法西斯德国的投降。

个半小时却只走了128公里。在被各种车辆搅拌成一锅粥的道路上，快速行军是不可能的。古德里安乘坐的指挥车是四轮驱动的，也不过是勉强能够行走，相比之下，两轮的摩托车在这样的路上就成了拖累。德军就这样用平均每小时10公里的速度在泥沼中挣扎前进。

在糟糕的天气里，似乎一切都出了毛病，通信联络也中断了，古德里安不能和部队联络，只是通过其他手段，他才知道他的部队已经占领柯罗托普；党卫军“祖国”师已经占领了波尔斯拉。

看到部队的现状，联想到自己目前不被理解的处境，古德里安心情有些黯然：

“只有经历这种泥泞的环境，得以能够身历其境的人，他对于前线的情况和今后的作战行动，才会形成一个正确的判断。而现在，我们的军事首脑们既不肯亲自来看一看，又不肯听信下级的报告，行动必然出现糟糕的结果，关于后果，真是不堪设想。”

∧ 泥泞的道路给德军的行动制造了很大麻烦。

> 路旁的指示牌上清晰可见，德军推进到距莫斯科100公里的地方。

在黄昏的时候，又接到集团军司令部的通知，由于道路泥泞、行军不便，克莱斯特的第1装甲兵团不能够到达预定目标。原来计划与企图似乎就要落空。

前几天，陆军参谋总长哈尔德飞抵前线，已经安排了下一步联合作战计划。该计划企图夺取基辅和歼灭基辅第聂伯河－杰斯纳河之间的苏军，任务规定，古德里安从斯塔罗杜布继续向南推进，插向罗门尼和普里卢基；第2军团由戈梅尔向南运动，掩护古德里安的右翼安全；南方集团军的第17军团把苏军部队牵制在切尔司以北第聂伯河的下游，并在河对岸占领一个桥头堡；克莱斯特的第1装甲兵团从第17军团所占领的桥头堡向北推进，最终与古德里安的部队在罗门尼和洛赫维策地区会合，把第聂伯河西岸的苏军合围于基辅附近。与此同时，德军第6军团则向东运动，渡过第聂伯河和杰斯纳河，进入基辅围歼被围苏军。

现在由于第1装甲兵团的延误，上述计划有着落空的危险。

在泥泞的道路上，德军还在蹒跚前行。9月12日，克莱

Moskau 100 km
Brest 2910 km.
Athen 2220 km
Narvik 1700 km.
WH-203 29

∧ 1941年9月，德军装甲部队和摩托化部队一起向莫斯科推进。

> 在德军进攻下丧生的苏军士兵。

斯特的第1装甲兵团通过西门罗夫柯；古德里安的第3装甲师在罗齐维特沙前进中，夺占了镇北苏拉河上的桥梁；受到恶劣天气更为严重影响的德军第2军团也接近了尼辛。

这一天，北方集团军对苏军的列宁格勒防线，取得决定性的突破。

苏军随时都可能撤离，古德里安心急如焚，希望早日合拢包围圈。9月13日，他要求准许他的第18装甲师赶紧前进，而用集团军的其他步兵师替换这些师的防御任务，但被集团军司令部以最后的命令不可随意更改为由加以拒绝。

9月14日，第46和第47两个装甲军，由于担任保护兵团的翼侧安全都丧失了机动性。古德里安只能继续驱赶自己的第24装甲军向前挺进。

在德军向前爬行的时候，苏军由于斯大林的原因，帮助德国人实现了预定企图。斯大林坚持要求苏军死守基辅不得后退，一定要顶住德军的围歼。

前一天，第1装甲兵团已经占领了鲁布尼，古德里安兵团与克莱斯特兵团之间的空隙在日渐缩小。原来古德里安认为，在罗齐维特沙南侧11公里的辛恰附近有强大的苏军，他着实紧张了一阵子，手中的兵力已是入不敷出，他真不知该如何对付这支苏军。可是苏军坚守基辅的决心帮助了他，原来那里并没有什么强大的苏军集中兵力，只是一些后勤补给部队，

对他构不成什么威胁。苏军在雅波尔地区德军的东南翼侧的进攻，也未能生效。9月14日第3装甲师的先头占领了基辅正东约80公里的小镇洛赫维察后，几辆风尘仆仆的坦克驶来，从坦克上黑白相间的铁十字和醒目的“K”字标志上，古德里安和克莱斯特的部队终于有了接触。第二天中午，德军的两支装甲兵团正式汇合。

这样，在这个广阔的基辅袋形阵地中，在这个等边三角形、边线有着约500公里的巨大的口袋里，差不多已经装进了5个苏军集团军——第21、第5、第37、第26和第38集团军。

但斯大林仍不愿放弃基辅，9月15日他不顾当前的危险，下令：“未经大本营批准，不得放弃基辅。”这等于将西南方面军向德军的怀抱送去！

古德里安在和苏军可能的撤退赛跑，他用无线电通知兵团参谋长李本斯坦：“命令第10摩托化步兵师全力向罗门尼开进，尽早接替第3装甲师的后方留守部队，以保证第3装甲师全部力量开赴前线投入战斗。”

斯大林还在坚持，但前线的指挥官却不甘心受困。9月15日，古德里安在鲁布尼附近的观察所里，看见了苏军的后勤补给纵队正在纷纷由西向东移动，但是被行动更为迅速的德军所阻。德军为了在基辅合围苏军也用尽了自己的一切兵力。古德里安在第3装甲师的第6坦克团那里看到，孟兹尔团长手里所能使用的坦克战车只有1辆马克Ⅳ、3辆马克Ⅲ和6辆马克Ⅱ，全团只剩下了10辆战车。

到9月16日，德军对苏军的包围更紧密了。在这一天，古德里安和克莱斯特兵团建立了联系；党卫军“祖国”师攻下了普利鲁基。

9月17日，斯大林终于知道大势已去，不得不向基辅周围的苏军下令，全线撤退。但此时已无路可退。德、苏两军一个要突出包围，一个要围歼对方，双方在基辅地区周围展开了激战。

美丽的乌克兰粮仓成了炼狱。拼到精疲力竭的双方展开了最后的较量，穿着不同服装的士兵们用枪托、刺刀、拳脚、牙齿在拼斗，苏军努力才杀开的一处缺口，随即被德军坦克塞上。德军在连续的战斗中损失严重，苏军的损失也不轻，更为关键的是，德军官兵的素质是要远胜于苏军官兵的，德军官兵的战斗经验要比苏军官兵丰富的多，苏军在大清洗中所遭受的损失更是难以弥补。两军相较，德军在突击力、机动力等诸多方面所表现出的战斗力要比苏军强得多。特别是德军的空中优势，更是加重了苏军的困境，包围圈内的苏军像一只被关入铁笼的巨兽，只是在毫无效果地东冲西撞，头破血流。苏军不顾一切的牺牲，换来的只是尸横遍野，筋疲力尽。一个德国兵的日记是当时的真实写照：

留下一片凄荒杂乱。上百辆卡车、轿车零乱地躺在野地里。车上人员下车时被打死，

> 德军攻陷了基辅城。

烧得像木乃伊一样的尸体歪挂在车门口。车子周围躺着上千具尸体，田野里也到处是残缺不全的尸体……

另一位医生写道：

一幅毛骨悚然的景象。在各种武器和装备之间横七竖八地躺着人和马的尸体。其中有一辆修理车，上面装着电动车床和钻床等机械。这种东西我从来没有见过。装满医疗器械的救护车翻倒在地。重型高炮、加农炮、榴弹炮、坦克、卡车和轿车，一部分陷在沼泽里，一部分撞进房屋或树丛中，有的则从斜坡上倾翻而下，摞在一起，还有的被烧毁……

古德里安和克莱斯特兵团进行了协商，由克莱斯特的第25摩托化步兵师接替第3装甲师的任务，以便让第3装甲师得到休整，人员获得喘息，车辆得到修补。

9月18日，战斗更激烈了。从清晨起，古德里安的左翼就有清晰的枪炮声，并越来越密。苏军投入了后备力量第9骑兵师和一个装备有坦克战车的师，这些部队分为3个纵队，由东面向罗门尼发起了进攻，苏军的攻势很猛，一度突入村镇外围德军的防御阵地达到1公里远。古德里安坐在罗门尼郊外一所监狱的守望塔上，居高临下，对苏军不断进攻狂潮看得一清二楚，直看得他心情一阵紧张：

“不要命的苏军这么冲击下去，我怎么防得住？”

突围的苏军获得了局部的空中优势，德国人不能及时得到所需要的侦察情报，德军空军的巴尔西维希中校亲自驾机侦察，差一点被苏军的战斗机所击落。苏军似乎是在拼死一搏，在苏军地面部队疯狂进攻的同时，苏军轰炸机群也对德军驻守的村镇进行了密集的攻击。负责防御任务的是第20装甲军的部分兵力，只有第10摩托化步兵师的两个营和少数的高射炮部队，勉强顶住了苏军的第一波次的猛攻。防守的德军刚想喘口气，苏军的援兵又源源不断地拥上来。没有办法，第24装甲军只好命令党卫军“祖国”师和第4装甲师从包围圈上撤回一部分兵力，用来加强罗门尼镇的防御。在苏军的猛烈冲击下，刚在罗门尼设立不久的兵团司令部又不得不撤回柯罗托普。

9月19日，基辅陷落，苏军西南方面军突然崩溃，指挥员已无法控制所属部队，苏军建制完全被打乱，各种部队混在一起，官不识兵、兵不识官。在德国空军的肆虐下，成千上万的人被德国飞机炸死，成千上万的人在枪炮面前丧命，除了少数部队逃入森林像原始人那样得以生存外，大部队苏军官兵不是被俘，就是死亡，听任命运的摆布。

< 时任苏军西南方面军司令员的铁木辛哥元帅。

德军发起了攻击，克莱斯特的第1装甲兵团的第48装甲军占领了里罗地希特齐和比鲁索弗卡。

9月20日，古德里安所部占领了比罗波里。

从9月13日起到现在为止，古德里安所部已经俘获了3万名俘虏。克莱斯特的第1装甲兵团报告则俘获了4.3万名俘虏，第6军团俘获了6.3万俘虏。

到9月22日，在基辅周围地区的苏军俘虏总数已经共达29万人。骁勇善战的基尔波诺斯上将和参谋长图皮科夫少将、军事委员布尔斯津科几天后也阵亡了，曾打得伦德施泰特无所适从的苏军第5集团军司令员波塔波夫被敌生俘，高级将领布琼尼、赫鲁晓夫等少数人得以在基辅失陷前逃走。

到9月26日，基辅会战结束。经过两个半月的鏖战，苏军以惨败而告终。德军在第聂伯河与杰斯纳河之间的突出部共俘虏苏军66.5万余人，击毁或缴获坦克824辆、火炮3,436门。苏军第5、第21、第37、第26集团军大部，第40、第38集团军之一部被歼灭。苏军为了抵抗德军的继续进攻，在9月27日以第40、第21、第38、第6集团军重建西南方面军，由西南方向总司令铁木辛哥元帅兼任总司令，在别洛利耶、希沙基、克拉斯诺格勒一线重组坚固防御。

苏军的惨重损失，是领导层的失误，但是从此后，这种失误离开了苏军，慢慢地转向了德军。

古德里安曾在回忆录中记录了与苏军第5集团军司令波塔波夫的谈话。古德里安问道：

“你在什么时候才知道我的装甲部队已经深入你们防线的后面的？”

“差不多是在9月8日的时候。”

“那么为什么你们不立即撤出基辅呢？”

“我们本已接到集团军总部的命令，命令我们撤出这个地区并向东面组织退却。我们也已经开始组织撤退行动，却突然又接着一个相反的命令，叫我们死守基辅地区不准移动。”

本来可以撤离、也应撤离基辅，在其他方向形成有利的防御的苏军，最终却遭到被歼灭的命运。古德里安感慨道：“这个前后矛盾的命令断送了苏军的基辅集团军。但苏联人从此之后却再也没有犯过同样的错误。相反，德军的高级当局却还是继续犯着同样的错误，结果使德军蒙受了很多次直接损失。”

基辅战役结束了，德军取得了辉煌的胜利，但失去了最为重要的东西——时间。到了9月下旬，初秋的温暖被北方的阵阵冷风吹走，初霜的天气晴朗，秋高气爽，落叶纷纷，只是不适合只着单装的德军官兵。没有做冬季战斗的准备，令人担心，但是更令人担心的是德军中一点一点滋生的恐惧，一种掉进无底深渊的恐惧。

战争进行几个月了，德军取得了从未见过的巨大胜利，俘获苏军无数，击毁坦克无数，占领的领土更是德军不可想象。但是苏联政权没有松动的迹象，军队也没有枯竭的时候，新式坦克源源不断，兵员倒下一片又蜂拥来一群，何时是一个尽头？德军素质好，却也不能无限制不停地投入。到8月底，德军就伤了44万人，死亡9.4万人。德军40万的后备军，补充到前线的只有不到22万人。德军前线部队严重缺编，人困马乏。古德里安向上叫苦连天，坦克团的坦克从编制的150辆减到了10辆，连队的人员严重的剩下不到50人。

希特勒也是心焦，与苏军的消耗战他是打不起的。只有趁着当前的有利势头，驱赶着德军用尽最后一点能量，夺取莫斯科，彻底打垮苏军。这是一场赌博，他也不知道结果，更无法确定攻下莫斯科就一定能打垮苏联。

从9月23日起，为了实现新的作战计划，德军各部队开始重新整编。德国中央集团军自北向南展开4个军团和2个装甲集群，从北至南依次为：施特劳斯的第9军团、霍特的第3装甲兵团、克鲁格元帅的第4军团、霍普纳将军的第4装甲集群、魏克斯将军的第2军团、古德里安的第2装甲兵团。

∧ 进攻波兰时的德国党卫军坦克。

★党卫军“祖国”装甲师

第二次世界大战时期纳粹德国党卫军中著名装甲部队之一。该师前身为党卫军突击部队“德国”团、“日尔曼”团和“元首”团，后参加波兰战役。1939年10月10日，这3个团组成第一个党卫军摩托化步兵师——“祖国”师。该师后来参加西欧战役、巴尔干战役和侵苏战争，因作战凶猛顽强，被德国军方誉为“帝国之花”。1945年4月，该师在德国东部地区被苏军包围歼灭。

∧ 德军将领们在一起讨论作战计划。

在莫斯科方向上，德、苏双方在紧张地准备着，一场大战又要到来。第2装甲兵团主要集中在格鲁巧夫地区以及它的北方。在这个地域，虽然第4装甲师和党卫军“祖国”装甲师★已经把苏军击败，使其东向卡门里卡撤退，但是沿着布良斯克－利果夫的铁路线上，却也发现苏军调动频繁，苏军后备力量正在开到。

9月24日，古德里安飞往设在斯摩棱斯克集团军总部，参加讨论实施新攻势作战行动的作战会议。会议决定中央集团军在10月2日发起对苏军防线的进攻。古德里安对此提出了不同意见：

“既然集团军在10月2日对苏军发动进攻，那么我军则必须提前行动。”

“在我军预定的进攻地区，据侦察得知，根本没有良好的、可以充分利用的道路，我希望能有效利用最近几天有利气象条件，在可能会使我军陷入泥泞之前，占据阿内尔周围的有利地形。而且一旦我军占据了纵贯阿内尔－布良斯克的公路后，还可以保证我军后勤补给的交通线。此外，我军提前行动的另外一个原因是，如果我军和其他部队在同一时间内发动进攻，那么我军将无法获得足够的空军支援而影响进攻行动。如果我军早两天动手，那么空军就可以腾出手来全力支援我军的作战行动。”

所以，在其他部队进攻时期不变的前提下，中央集团军同意，处于战线最右端的第二装甲兵团可以提前于9月30日发起进攻行动。

在随后的几天里，古德里安曾希望的休整还是未能实现。他和他的部队一方面忙于消灭围困在基辅附近的残余苏军，另一方面又忙于重新调整作战部署以准备进行新作战。古德里安的第2装甲兵团的恢复时间，包括人员休息、装备补充，也不过只有三天的时间，更不要说那些干脆得不到休息的部队。

>> 检索……相关事件

苏德签订互不侵犯条约

面对德国法西斯的肆意扩张，英、法仍然奉行绥靖政策。与此同时，英国同德国进行一系列的秘密谈判，力求实现英德合作，把战火引向苏联。在这种情况下，苏联也采取措施调整同德国的关系。1939年8月21日，苏联接受希特勒提出的缔结互不侵犯条约的要求，于8月23日同德国签订了《苏德互不侵犯条约》，有效期10年。该条约的签订使苏联得以暂时置身于战火之外，然而却给世界反法西斯斗争带来极大危害。

05

> 1939年8月23日，苏德双方在莫斯科签订了《苏德互不侵犯条约》。

> 1940年3月30日，汪伪“国民政府”在南京成立。

英国实行战时食品定量配给制

德国入侵波兰发动第二次世界大战之后，英国感到卷入战争已经是不可避免，便开始真正的大规模扩军备战。为了集中财力，1940年1月8日，英国开始实行肉、油、糖定量配给制。对家用和非必须消费商品实行严格定量和配给，使英国战时生产迅速达到高峰，如1939年的飞机产量是8,000架，而1941年就达到了年产20,000架。这一系列措施的实施，促进了军用工业的发展，为英国在”二战”中取胜奠定了物质基础。

汪伪“国民政府”在南京成立

在日本帝国主义的策划下，1940年3月30日，汪精卫集团在南京正式成立了“中华民国国民政府”傀儡政权。汪精卫任伪“国民政府”代主席兼行政院院长。其组织机构仍用国民政府的组织形式。辖区包括苏、浙、皖等省大部，沪、宁两市和鄂、湘、赣、鲁、豫等省小部分。汪伪政府在其辖区内实行法西斯统治，捕杀抗日爱国人士，配合日本对重庆国民政府进行诱降，妄图瓦解抗日阵线，遭到全中国人民的唾弃。

日本在诺门坎挑起军事冲突

1939年5月11日，日本帝国主义者在诺门坎挑起军事冲突，先由伪“满洲国”的警备队发动武装挑衅，随即关东军主力部队也投入战斗，并组建了第6军。苏联立即组成了以朱可夫为司令员的第1集团军及远东方面军，增调大批空军飞机及机械化部队到诺门坎地区，并于8月30日全歼日军第6军。9月15日，日本被迫签订了停战协定。这次战役使日本领略了苏联红军强大的战斗力，对其今后制订“南下”而不是“北上”的政策产生了重要影响。

中国被日本列入“大东亚共荣圈”

“大东亚共荣圈”是第二次世界大战时期，日本帝国主义妄图奴役亚洲各国，建立大殖民帝国的侵略扩张计划。1940年8月1日由当时的日本近卫内阁外相松冈洋右在声明中正式提出。被列入共荣圈的国家和地区有：中国、朝鲜、印度支那、缅甸、泰国、马来亚、菲律宾、荷属东印度（今印度尼西亚）、澳大利亚、新西兰、英属印度（今印度、巴基斯坦、孟加拉国）、阿富汗及太平洋的许多岛屿。中国及亚洲各国人民抗日战争的胜利，彻底粉碎了日本军国主义妄想称霸亚洲的迷梦。

retrieval 06

德意日三国轴心军事同盟正式形成

1940年9月27日，德国、意大利、日本三个法西斯国家在德国首都柏林正式签署了《德意日三国同盟条约》。签署这一同盟条约，是希特勒为发动侵苏战争而进行的一系列外交和军事准备过程中的一个最重要的组成部分。此项条约的签署，标志着德国、意大利、日本三国轴心军事同盟的正式形成。此后，德国又先后将匈牙利、罗马尼亚、斯洛伐克、保加利亚等国拉入这一军事同盟。

>> 检索……相关事件

罗斯福总统与丘吉尔首相发表联合宣言

1941年8月9日至8月13日，美国总统罗斯福和英国首相丘吉尔在大西洋东北部的纽芬兰阿金夏湾举行会晤。8月14日发表了联合宣言，史称《大西洋宪章》，又称《罗斯福丘吉尔联合宣言》。主要内容包括两国不追求领土或其他方面的扩张；反对未经有关民族自由意志所同意的领土变更等。《大西洋宪章》具有欺骗性，但在当时对鼓舞世界人民的反法西斯斗争，促进反法西斯联盟的形成起了积极的历史作用，并成为以后联合国宪章的基础。

07

> 1941年8月，罗斯福与丘吉尔在一起。

中美英联盟在重庆召开首次军事会议

太平洋战争爆发后，罗斯福于1941年12月16日致电蒋介石，建议在重庆召开由中、英、美、荷、苏等国参加的联合军事会议，讨论协调对日作战行动。随后不久，会议正式召开。经过协商，会议最终决定向罗斯福总统提出下列建议：继续以物资供应中国，维持中国的抗战力量；由中国军队对日军各阵线进攻或作进攻的威胁。重庆会议是中美英联盟的首次军事会议，对以后共同抗击日军发挥了积极的作用。

反法西斯国家签署联合宣言

1941年12月7日，日本发动了太平洋战争，随后英美两国对日宣战，德美两国互相宣战。当时在政治上亲英美的欧、亚、非、拉美各国也随之对日本宣战，中国政府对德、意、日宣战。战争波及世界80%的人口，反法西斯阵线力量日益壮大。在此情况下，1941年12月22日，英美两国首脑在华盛顿举行了会议，商讨联合作战计划，并于1942年1月1日由美、英、苏、中等26国在华盛顿签署了《联合国家宣言》。

美英荷澳四国司令部宣告解散

1942年1月3日，为协调反法西斯盟国在西南太平洋的军事行动，美英两国首脑经协商后决定成立美英荷澳四国联合司令部。联合司令部由英军上将阿齐博尔德·韦维尔任总司令。司令部设在爪哇岛的万隆，在西南太平洋地区的四国军队名义上都受到联合司令部指挥。但后来由于四国司令部缺乏共同的作战原则，始终未能形成强有力的联合打击力量，无奈于同年2月25日宣告解散。

retrieval 08

< 参加中途岛海战的日军舰队。

> 戴高乐主持召开"战斗法国"领导人会议。

日本舰队在中途岛受到重创

太平洋战争爆发后，日本海军倚仗在偷袭珍珠港中所取得的"辉煌胜利"，一直在寻求与美国海军舰队主力决战。1942年6月4日，日机从航空母舰上起飞准备轰炸中途岛。美军利用事先破译的密码，掌握了日本舰队的作战计划、实力等情况，给日本海军以重创。中途岛海战是太平洋战争的转折点，国力空虚的日本受此重创后，再也不能随心所欲地进攻了，而国力雄厚的美国逐步掌握住战争的主动权，开始对日本发动反攻。

"自由法国"易名为"战斗法国"

1940年6月法国战败之后，戴高乐将军飞赴英国伦敦组织领导法国反抗法西斯的抵抗运动，即"自由法国"运动。1942年7月，戴高乐将"自由法国"易名为"战斗法国"。确定法国民族委员会为其领导机构，强调"战斗法国"包括法国本土内和国外参加反击法西斯、促进法国解放的所有公民，认为只有它才能组织法国人民参加反抗法西斯侵略者的战争，真正代表法兰西民族的利益。戴高乐随后将新名称通知各反法西斯同盟国。

第九章

兵败莫斯科城下

1888-1954 古德里安

古德里安知道，要想说服希特勒那可不是一件容易的事。不过在那个时候，他还以为自己的最高统帅能够对一个来自前线、身经百战的将领所说的一切认真考虑的。当古德里安从冰天雪地的战场上飞往希特勒的大本营驻地时，在心里还抱有这样的一线希望……

>> 最后一搏的进攻

感到前景暗淡的德军将领不仅有古德里安，早在基辅战役开始前，德国陆军参谋总长哈尔德就在8月11日的日记中吐露了自己的不安：

“在战争爆发时，我们估算敌人有200个师，但现在我们已经数出了360个。的确，他们的装备远不及我们，达不到我们的标准，战术动作就更差了，但是他们在那儿！我们打垮了几十个师，苏联人又补充上几十个，苏联人以此赢得了时间。现在苏联靠近了后方，而我们却离后方越来越远……”

德军步兵的情况极为糟糕。他们身后的每步路都是用双腿一步一步走出来的，森林、草原、尘土和昏暗的天空伴随步兵走过长长的路程。自对苏开战以来，没有洗过澡的德军官兵带着满身的污垢，夏季的时候还可以在河水中忙里偷闲、在野外就餐，而现在情况急剧恶化，供应越来越差、粮食越来越少，只能就地取食，抢到什么吃什么，仅着夏装的德军伤病员数量陡然上升。

希特勒还是要拼尽德国人的力气，准备做最后一击。德军紧锣密鼓，苏军也不闲着，更要充分利用德军在莫斯科方向上留出的喘息之机来整军备战。从1941年7月中旬德军占领斯摩棱斯克之后，莫斯科人就全动员了起来，大部分男子应征入伍，妇女则不分昼夜，不停地挖反坦克壕，修工事。当德军向莫斯科进攻的时候，苏联妇女已经用铁锹掘土300万立方米，挖出了3道防线。第一道是维亚济马以西的维亚济马防线，全长320公里；第二道是莫斯科以西140公里的莫扎伊斯克防线；第三道是沿着莫斯科环城公路的4条弧形防线。苏军也使出了浑身解数调兵遣将。最初保卫莫斯科的苏军只有50万人，虽然武器装备充足，但缺少大炮等重型武器，人员也多是受训不久的后备役军人。斯大林深知，靠这些人是无法抗拒德军的强大攻势，于是他将原部署在远东的25个步兵师和9个装甲旅的精锐部队陆续西调到了莫斯科近郊。这支部队是最能在严寒条件下作战的，他们的到来极大地加强了莫斯科的防御。横在古德里安前进道路上的苏军，是叶廖缅科的布良斯克方面军。它由第50、第3、第13等三个集团军和掩护左翼的叶尔马科夫集群组成。至此，肩负保卫莫斯科重任的苏联3个方面军共70万人，合计782辆坦克、6,808门火炮和545架飞机。

德军向奥廖尔和布良斯克的进攻，可以说是向莫斯科大举进攻的前

< 莫斯科的妇女们在匆忙构筑防御工事。

> 在前线的作战中疲惫不堪的德军士兵。

奏曲，为了进行这次作战行动，古德里安的部队作了较大的变动。

在罗斯拉夫尔地区的德军第46装甲军、党卫军“祖国”师和“大德意志”步兵团，划归德军第4装甲军兵团指挥。德军第1骑兵师重新接受古德里安的第2装甲兵团的指挥。除此之外，第2装甲兵团还指挥着下列的各部队：第48装甲军、第24装甲军、第47装甲军，第34步兵军、第35步兵军。针对苏军的部署，古德里安决心以3个装甲军突破叶尔马科夫的翼侧，与左翼迂回的第2军团合围叶缅廖科的布良斯克方面军。

不管怎么说，古德里安还是得到了补充。他总共获得了100辆战车的补偿，以弥补所属各个装甲师的战斗损失。不幸的是只有50辆坦克按时运到了前线，其余50辆坦克却不知什么差错被运到了阿尔夏。等到发现再运回来时，时间已经耽搁，使古德里安的部队没有机会将它们用在最为急需的时刻。

经过几天的紧张准备，古德里安所部在1941年9月30日前完成了进攻部署：

第48装甲军从格德希－希特波弗卡地区，经过尼德利格罗夫向普提弗尔进攻。第9装甲师为攻击的先头部队，其余的第25和第16两个摩托化步兵师，当第34军的步兵接替他们的防务后，随即投入战斗。

第24装甲军从格鲁巧夫沿着公路东南侧向西弗斯克和奥廖尔前进，以第3和第4装甲师作先锋，第10摩托化步兵师则紧随其后。

第47装甲军从雅门波尔进攻，进攻右翼直指西弗斯克。进攻中，第17和第18装甲师齐头并进，第29摩托化步兵师则从左翼和后方，向西里地拉布达进攻。

9月30日，古德里安的装甲洪流向叶尔马科夫集群的翼侧发起了猛烈的攻势。奇袭产生了效果，尽管恶劣天气的影响使俯冲轰炸机无法起飞，但在无数飞机和大炮的掩护下，古德里安的装甲集群还是撕开了苏军的防线。随后，德军的坦克、装甲车从缺口处蜂拥而入，杀气腾腾地扑向苏军后方。这天清晨，古德里安来到了司令部所在地格鲁巧夫后，得知在希特

波尔卡周围的战斗中，被苏军以反冲击方式，包围了第48装甲军第119步兵团的2个营，抢走了他们所有的坦克战车，接着又把他们的车辆都抢了去。现在该军只能让其第9装甲师进攻，以稳定态势，已没有能力保护第24装甲军的翼侧安全。接着第24装甲军也报告，苏军似乎已从最初的震撼中冷静下来，并开始加强他们的防御。

古德里安感到了压力，现有力量恐怕难以完成预定作战任务。一方面第48装甲军既要对付苏军的顽强抵抗，又要掩护翼侧安全，另一方面自己所属的第34步兵军的先头部队只能在10月1日下午以后才可能到来，主力则需要更晚的时间才能到达，步兵是一时都不能接替该装甲军的掩护任务的。古德里安只好向集团军部队求援，从集团军预备队中抽出“大德意志”步兵团救急。

> 德军随军记者拍摄的战争场景。

★叶廖缅科（1892～1970）

苏联元帅。参加过第一次世界大战。国内战争时期，先后在南方军、高加索方面军和西南方面军内作战。1940年起任红旗远东独立第1集团军司令员。卫国战争时期，1941年12月，任突击第4集团军司令。1942年8月，任东南方面军（后改称斯大林格勒方面军）司令员，指挥部队参加了斯大林格勒反攻，完成了对德军重兵集团的合围。1943年4月起任加里宁方面军司令员。1945年3月，任乌克兰第4方面军司令员。1958年起任苏联国防部总监组总监。

这一天总的情况还是顺利的，古德里安的部队借着有利的天气和良好的道路，继续向苏军纵深推进。

10月1日，第24装甲军占领了西弗斯克，虽然它还有可能向前推进，燃料的极度缺乏中断了德军的进军。在公路两旁横七竖八地躺着各种样式的苏军坦克、汽车，在原野中处处留着激战的痕迹，四处都有苏军的死尸和伤兵。在这一天之内，古德里安的第24装甲军前进了136公里。

10月2日，叶廖缅科★急调自己的第13集团军向东攻击，企图堵住古德里安打开的缺口，但是苏军的攻击没有奏效。双方的战斗很是激烈，古德里安的部队已经完全达到了突破的目的，苏军第13集团军在德军装甲部队的强大压力下被迫向东北方向撤退。在这几天的战斗中，德军只有轻微损失。古德里安在对部队的视察中也看到，手下部队虽补充了一些新兵，而这些新兵也有着日耳曼人的狂热，但是作战经验到底不如老兵，沉着冷静地应对作战问题的能力明显不足，这又使他对这场与苏军不知将打多久的战争忧心忡忡。

这一天，德军中央集团军其他军团也在德军第2、4航空队支援下，发动了苏军未料到的猛烈进攻，德军进展顺利。自从清晨起，中央集团军的进攻行动在空军的支援下，沿着整个前线都进展得很顺利，古德里安装甲兵团的左侧德军第2军团突入到苏多斯时－地斯拉地区。

10月3日，古德里安的第24装甲军第4装甲师占领了苏军防线后方130公里的奥廖尔。对德军的到来，防线之后的苏联军民浑然不知，大街上的有轨电车还在照常行驶，不少人还对着远来的德军坦克挥手致意。德军在苏军防线后方的突击，完全出乎守军的意料，苏联为防备德军的侵占而详细制订的准备撤出一切工业设备的计划来不及执行。德军占领的奥廖尔，从工厂到车站的公路上，到处都堆满了物资和机器。德军占领奥廖尔也就意味着走上了一条

> 德军向莫斯科进军途中遭到苏军的顽强阻击。

良好的公路、占领了一个重要的铁路中心。随后古德里安命令第24装甲军沿着奥廖尔－图拉铁路继续推进，威胁莫斯科防御苏军的南翼安全。

与此同时，古德里安还命令第47装甲军继续向布良斯克方向挺进。

10月6日，古德里安的第17装甲师以奇袭方式攻占了布良斯克。同时，担任左翼迂回的德第2军团也顺利地实现了与古德里安的合围，切断了叶廖缅科和他的布良斯克方面军同苏军最高统帅部的联系，其第3与第13集团军被围，只有一少部分人利用夜幕的掩护和德军阵线的不稳突围出来。

德军进攻虽然顺利，但是一系列问题也日渐显现。

古德里安也是在这几天知道，在前进德军的后方地区，有相当数量的苏军游击队在活动，对德军的交通线及军事行动造成一定的威胁。在手下人的报告声中，古德里安也更深地感受到了燃料的缺乏，使行动进度完全取决于燃料的供应。原来，德军也想以战养战，通过缴获、抢夺苏联军民的燃料维持自己的使用，但在苏军坚壁清野的情况下，德军的这一想法也基本落空。通过空运解决燃料问题也不行，现在苏军空军逐渐活跃了起来，德军不再是独霸天空。

天气也逐渐变得对德军不利了，除了被装、给养问题始终得不到解决外，10月6日的夜晚，在中央集团军的战线上开始下起了大雨，半夜里变成了纷纷扬扬的冬雪。持续数天的大雨和初冬落地即融的雪，使地面和道路恶化了，到处是淤泥和水坑，古德里安部队行动的速度慢了下来，互相牵引着向前爬行。

在这一天，古德里安接到了上级的调整命令，第2装甲兵团改称第2装甲军团。

在维济亚马方向，德军第4军团和第9军团分别改称第4、第3装甲兵团，在罗斯拉夫尔和杜霍夫希纳方向突破苏军预备队方面军、西方方面军的防御，向维亚济马以东迂回包围。

< 德军在维亚济马一线发起进攻。
< 兵临莫斯科近郊的德军坦克部队。

到10月4日和5日的时候，德军第4装甲军团攻占了斯帕斯杰缅斯克和尤赫诺夫，从南面包围了维亚济马集团。苏军虽然为摆脱遭合围的命运而向后退却，但被德军切断了退路。10月7日，德军两个装甲军团在维亚济马附近会合，合围了苏军西方方面军的第19、第20集团军和预备队方面军的第24、第32集团军，德军第4和第9两个军团已经包围住了差不多45个师的苏军。被围苏军一部突围成功，退守莫扎伊斯克防线，余部顽强抵抗至10月13日。

在布良斯克和维亚济马地区的作战中，苏军以重大代价迟滞了德军的进攻。苏军被俘66.3万人，损失坦克1,242辆，火炮5,412门。苏军在付出重大代价的同时，利用这段时间调来大量的新锐兵力，并及时占领莫扎伊斯克防御地区，为莫斯科方向提供了有效的掩护。

不管怎样，德军的这个胜利对莫斯科的威胁太大了。随着德军压力的不断增大，苏军西方方面军不断后撤，莫扎伊斯克防线的一些要点也已被德军突破。10月15日，苏联决定，将部分党政机关、外交使团撤出莫斯科，将西方方面军和预备队方面军合并为西方方面军，同时任命朱可夫为方面军司令，接替了铁木辛哥担任保卫莫斯科的任务。苏军现在已经决定抵抗德军的手段不是消极的防御而是积极的反攻。

希特勒却认为自己胜券在握，他趾高气扬地宣布说，苏联的军事实力已经完全被歼灭。德国陆军总部也认为这个发展是令人满意的，足以保证向莫斯科进攻的成功，就连悲观的哈尔德也在日记中写道："只要会战能有相当良好的指导，再加中等的好天气，则我们对于莫斯科的包围战是一定可以成功的。"

与上层的乐观相反，德军前线的军官却对战争的信心越来越不足。如果这个战役早一个月完成，那么结局将极有利于德军对莫斯科的行动，可是到了现在10月份的时候，则就是在与天气赌博。前线的德国将军切身地感受到了这场赌博中，德军必然要输。

>> 俄罗斯的寒冬

在由希弗斯克到奥廖尔的公路上，古德里安找到了自己的部队，他们如一字长蛇在地面上蜿蜒。古德里安让飞机降低高度，他看得更清楚了，这条公路一直到克罗米为止，已经损坏得非常严重，只是在克罗米以后才有一条碎石路直达奥廖尔，但上面也布满了弹坑。

古德里安的手下经常谈到坦克，不过不是德军自己的坦克，而是苏军的T－34坦克部队，苏军装甲兵的素质今非昔比，他们现在的战术技术水平不是德军轻易就对付得了的，特别是坦克的质量更是令德军官兵大为头痛，想来想去也想不出有效的方法来对付。这些昔日任意收拾对手的德国军官感到了烦恼。古德里安昔日的勇将艾贝尔巴赫上校，也已经出现了精疲力竭的疲惫现象，这种状况，与其说是属于体力方面的，则毋宁说是属于精神方面。听到手下的言论，看到手下的精神疲惫之态，古德里安心中黯然："唉！"

古德里安心中着急，赶紧向集团军总部提出了一个详细的报告，如实地说明苏军的T－34型坦克相对于德军坦克的优点，并坚决要求，德国军队的坦克必须改良。他建议：

"应由陆军兵工署、军需生产部、坦克设计人员及各承造厂家的代表们组成考察团，到前线进行实地的视察。这样他们不仅可以看到被击毁的战车的实际情形，而且也可以充分了解前线使用人员的意见，这对于新型坦克的设计具有极大的价值。"

除此之外，古德里安还要求上司赶紧生产一种重型的战防炮，具有足够的穿透力可以击毁T－34型坦克。

德国中央集团军利用打开的缺口向前推进，10月中旬已经到了姆岑斯克－卡卢加－博罗季诺－加里宁一线，走 完了到莫斯科路程的2/3，莫斯科遭到了直接的威胁。这段时间里，古德里安克服天气带来的不利影响，努力执行着博克的命令，死命驱赶着他的部队向前。

10月22日，古德里安的第24装甲军从门曾斯克发动的攻击，因为炮兵和战车之间的协

调配合不够而失败。之后，古德里安又集中所有装甲力量，以第3装甲师为主在门曾斯克的西北方，再一次发动进攻。这次他们才获得成功。在进攻作战中，古德里安进一步感到泥泞的道路和苏军的布雷所带来的烦恼。

到了10月23日，他的第18装甲师已经到达通往克罗米的良好公路，并且占领了法特希城。

当西路德军艰难地突进距莫斯科只有190多公里的莫扎伊斯时，南路上的古德里安却因为天气的缘故，在姆岑斯克陷入了困境。古德里安不断努力，驱赶着自己的部队咬着牙向前挺进，终于在10月24日的时候夺取了姆岑斯克，完成了初步任务。毫无疑问，德军中央集团军已经赢得了一次伟大的战术性成功。不过它是否还有余力继续发动攻击，进一步扩张战果，却是一个问题。古德里安到这里时，也有一些心灰意冷，没有以前那种狂热的冲劲，最高统帅部的顽固和上司的刁难更使他心灰意冷，对于下一步应怎么做以不愿意多想，只想着如何执行上级的命令。

第二天，古德里安遵照上司的命令，准备向图拉进攻。从阿内尔到图拉的公路的路况非常之糟，被各种车辆蹂躏，加之撤退苏军的有意破坏，公路成了污泥河，古德里安的第2装甲军团只能缓慢地向前移动。尤其要命的是后勤也中断了，古德里安的军队燃料所剩无几。无奈之下，古德里安只得下令各部队的燃料由军团统一使用，不得保留！这样做，可集中所有燃料给第24装甲军，而第24装甲军也不能用全部兵力向前突击，只能供给部分坦克使用。古德里安只好将这些为数不多的可以继续向前的坦克编成临时的装甲旅，交给手下的艾贝尔巴赫指挥，由它们和“大德意志”步兵团一起担任开路先锋。古德里安手下的第43军的军长海利希将军，是他认为能吃苦、能战斗的勇将，可他现在也在向古德里安诉苦：部队已难以维持，别的姑且

∧ 苏联的气候给德军的进攻带来了麻烦。

＜ 身陷泥淖中的德军坦克。

不说，从10月20日以来，他们就再也没有发过面包，部队现在成了匪徒，抢到什么吃什么。

不过，天气确实帮了苏军大忙，为苏军的准备赢得了更多的时间。10月10日前后，苏军以大本营预备队为主，火速向莫扎伊斯克防线增调了14个步兵师、16个坦克旅、40多个炮兵团及其他兵力。13日，西方方面军就在莫扎伊斯克一线组成了比较稳固的防线。10月底，苏军最高统帅部认为形势已经趋于稳定，便开始抽回一些部队作为预备队，使其得到必要的训练和休整。同时，苏军也渐渐地从维亚兹马和布良斯克所蒙受的惨重损失中恢复过来。苏军现在不仅有了招架之功，而且也具备了还手之力。针对德军惯常的两翼包抄的作法，苏军决定先发制人，即在德军两股装甲部队还未来得及配合行动之前，就率先发起攻击，破坏德军的进攻行动，将其企图扼杀在实施之中。

10月29日，古德里安的一个军，终于到达距离图拉只有3公里左右的地方。可是守城的苏联军民坚固的阵地和严密的空防，使古德里安袭击的企图失败，城内的军民严阵以待，用高射炮一阵猛打，打得古德里安的坦克战车晕头转向，到处躲避，一仗下来损失了不少的装备和人员。古德里安知道自己的力量已大不如前，硬攻不行，便想绕过图拉，将其留给后续部队处理。不曾想苏军的第4坦克旅又杀将过来，直取古德里安的后背，古德里安只得转过身来，迎战侧后的威胁。

经过一个月的激战，苏德双方损失惨重，苏军被迫后退30到50公里，而德军中央集团军也元气大伤，参战的所有步兵师都减员2,500人左右，即相当于实际兵力的1/3……装甲团的战斗潜力也下降了65%～70%，此时一个装甲师只有正常兵力的35%左右。

11月3日到4日间，苏联的土地有了第一次霜降，大地终于开始封冻，道路慢慢地又适宜装甲部队行进了。但新的问题又接踵而至，身着单衣的德军走出泥泞后又进入了寒冻之中。

∧ 参加莫斯科红场阅兵的苏军。

> 在严寒下作战的德军部队。

古德里安为部队的过冬问题焦虑不安，天气的变化使他手下的众多士兵开始受罪了。

与德军斗志的下降相反，1941年11月7日，斯大林在红场举行了隆重的阅兵。通过在战火笼罩的莫斯科举行的庆祝活动，大大鼓舞了苏联人民和世界人民的斗志，打击了德军的士气。阅兵结束后，斯大林将部队直接开赴前线，参加对德作战。与此同时，苏军在受威胁地段构筑了纵深梯次配置的坦克防御阵地、防坦克支撑点和防坦克地域，军队进行了人员、装备补充。仅11月上半月，苏联西方方面军就补充了10万名官兵、300辆坦克和2,000门火炮。

与此同时，古德里安的部队中也出现了人员的严重的冻伤，而且受伤人数还有继续增加的危险。到了11月13日，气温降到了零下8摄氏度。大地的封冻，又使希特勒激动起来，他不顾前线官兵的死活，强行转动他那个快散了架的战争机器，驱赶德军前进。博克元帅的中央集团军担任了希特勒的最后一击的任务，博克虽然知道德军的现状已是不堪重担，但一方面他不敢违背希特勒的意愿，另一方面也认为苏联已是奄奄一息，或许在苏军云集莫斯科之前就能拿下莫斯科，自己就会是"莫斯科的征服者"。在野心与压力的双重作用下，博克决心拿出最后的一点能量，进行最后一搏！

秉承希特勒的意志，这一天在中央集团军司令部举行了一次会议，下属各军团的参谋长出席，会议由陆军参谋总长哈尔德主持。他在会上颁发了"1941年秋季攻势命令"。命令中赋予古德里安第2装甲军团的任务是攻占莫斯科东面约400公里的高尔基城，目的是彻底切断苏联首都的后方交通线。高尔基城从莫斯科算起有400公里，如果从古德里安现在所在位置奥廖尔算起，则大约是650公里，这段距离对于古德里安缺油少粮又无衣的部队来讲，真是一个可怕的漫漫征途。

没有更多的思考，古德里安的参谋长李本斯坦当即提出抗议："在现在这个状况下，我们这一个军团是无法推进到费尼夫那么远的地方。现在并不是天气条件极好的5月，苏联的地形是极其恶劣的，我们不是在法国作战！"

前线的古德里安知道了自己参谋长的表态后，极为赞赏，对参谋长的意见表示了完全的同意。不仅如此，他还命令立即打一个书面报告，正式告诉中央集团军总司令：古德里安军团实在没有能力担负所指定的任务。

希特勒战前以为只用4～6个星期就可以解决苏联问题，于是拒绝了陆军关于准备冬装的建议，直到深秋才知道战事还远未结束，才急忙下令工厂生产，但为时已晚。即便是德军

后勤部门加班生产，用尽了吃奶的力气，冬季严寒中的德军也只有1/10的官兵能够领到冬装。11月14日上午，古德里安去视察第167步兵师时，便亲眼看到，在零下8摄氏度的时候有许多人穿的还是一身单衣，好一点的德国官兵则穿戴上了苏军阵亡人员或被俘人员的大衣和皮帽子，只能从帽徽上还能看出来他们是德国人。

严寒还带来一系列问题。由于德军没有为严寒作任何准备，既没有防冻液也没有防滑装备，汽车一旦熄火就只有在发动机上生火才能发动，火炮、枪械更是无法正常使用；寒冷使望远镜也不堪使用，光学瞄准器则模糊不清。

寒冷加重了德军的恐惧。德军的机关枪不能发射，再加上37毫米口径战防炮对于T－34坦克的无能为力等一系列因素的相互作用，德军内部普遍的恐慌一直传播到了波果罗地斯克。这种现象可是在德军对苏战争中第一次发生，充分说明德军的战斗力已是今不如昔、远非从前了。

相反，苏军现在却在和德军形成了鲜明的对比，他们吃得好、穿得暖，有着充分的冬季作

∧ 在苏联严寒下行驶的德军坦克。

战装备的西伯利亚精锐师正通过铁路不断开到，并很快与古德里安疲惫不堪的部队展开了激战。

11月17日，德军已经知道从西伯利亚来的苏军精锐部队在乌斯罗维尼亚地区出现，并得知苏军还有更多的人通过铁路运到了德、苏交战的莱山－柯隆拉地区。古德里安已经严重减员的第112步兵师被迫和这些由西伯利亚来的苏军有生力量交战。在苏军强大的坦克部队和炮火的支援配合下，这个疲惫的步兵师很快便支持不住了，古德里安赶紧将手里的第167步兵师迅速调入乌斯罗维尼亚地区策应该师的行动，才算稳住了阵脚。

接连不断的挫折使古德里安的情绪更加低落。最令古德里安难忘的是苏联军民对德军的态度，现在所有的苏联人已从德军入侵开始之时的迷惘中清醒过来，对德军的入侵有着坚强的抵抗决心。古德里安曾见到过旧沙俄时代的一位老将军，当问到为什么苏联人这么反对德国军队时，他说："如果你们早在20年前来到这里，我们一定会热忱地欢迎你们。但是现在则太晚了，情况已经变了。现在我们刚刚从动乱中安定下来，过上了平静而安宁的生活。你们的来到，则就是把我们的生活向后逼退20年，要让我们一切又要从头来过。现在我们都是为俄罗斯而战，为了安宁的生活我们才联合一致抵抗你们的入侵。"

古德里安知道，战争最为可怕的莫过于一个民族不垮的意志，坚强的意志是对手的黑洞，它能将任何强大的敌人摧毁。拿破仑调动起了法兰西民族的精神，使法国军队横扫欧洲无敌手，战胜了无数强大的反法同盟。但是它对西班牙的压迫激起了强烈的抵抗意志，也最终被驱逐出西班牙。德军现在已经激起了苏联军民团结一心的抵抗，后果可想而知。特别是德军

∧ 严寒下行军的德军部队。

已远远没有以前那么强大，情况也就更为恶劣。

11月23日，古德里安取消任务的再次要求被上司驳回，只能按原计划办，继续驱赶手下向前。11月24日，第10摩托化步兵师攻下了米卡罗夫，第29摩托化步兵师从颜皮范向北前进了37.5公里的距离；11月25日，第17装甲师的前卫战斗团已经接近卡希拉；11月26日，第53军到达了顿河，并和第167师一道，在伊夫罗齐诺附近渡过顿河向东北前进，并在丹斯柯攻击了从西伯利亚新调来的苏军，俘虏了4,000苏军、42门大炮及一些车辆。

但情况并不容乐观。11月26日晚，古德里安的第29摩托化步兵师遭遇到一次严重的危机。当时苏军第239步兵师放弃了他们的大炮和车辆等重型装备向东突围，虽然有第29摩托化步兵师的防线存在，但由于兵力不足而拉得很长，不仅未能阻止苏军的突围，还受到惨重的损失。古德里安最初听到这个消息，还认为是自己的戒备疏忽所致。到了前线一了解，才知道德军是完全被优势苏军所击败的。古德里安还知道，虽然苏军突围后，第29摩托化师的机动部队立即追击，但也没有任何战果，德军的战车并不适合雪地作战。

在前线的路上，古德里安看到在隆冬严寒中，原野上到处都是一片白茫茫的大雪，冷风刺骨，路上的一切标识都已经被大雪所掩埋着，了无生气。就在这无人地带上，他再次看见那些饥寒交迫、连生存都难以为继的德军士兵。到现在，古德里安庞大的装甲军团就像要饭的叫花子，即使他的第24装甲军那样的劲旅，目前攻击的力量也大打折扣，一个军的炮兵一共只能凑出来11门可用的大炮。

在东战场的南端，拥有优势兵力的苏军在27日已经开始向罗斯托夫反攻。古德里安右翼的第2军团当面的苏军也已经增加了兵力，而古德里安左翼第43军在到达图拉－艾里克辛公路后，也立即遇到苏军的猛烈反击。

战场情况的恶劣，影响了德军的战斗力，然而德军却也没有被击溃。面对苏军的坚决抵抗，德军还是从西、北、南三个方向向莫斯科逼近。古德里安的第2装甲军团绕过图拉，继续向东北方向前进；第4装甲军团经过1812年的博罗季诺古战场、渡过莫斯科河，到达了莫斯科西北40公里的伊斯特拉；第3装甲军团也冲过了莫斯科到加里宁之间的铁路、渡过莫斯科河和伏尔加运河，占领了为莫斯科提供最大电力的发电厂，其第2装甲师的侦察队在11月底的时候甚至到达距莫斯科30公里的地方，看到了莫斯科克里姆林宫的塔尖！但这是德军第一次也是最后一次远眺莫斯科。

德军的进攻取得了不少进展，多次使莫斯科处于危急之中。但是，前线的德军指挥官们也意识到，德军的进攻能力马上就要耗尽。因此，他们请求“撤退到一条较短的容易防守的战线，预先为驻扎、补给、防御做好充分准备，以便时机一到，就能在很短的时间里将其占领”。陆军总司令和希特勒不同意博克等人的意见，如果一旦撤退，再次占领莫斯科则将成为难圆的梦。希特勒对于撤退一事干脆不予考虑，只是经过博克的再三请求，当代价高昂的攻势无法取胜时才同意中止进攻。

朱可夫的确不负众望，经过他的努力工作和苏联军民的团结奋战，终于将德军挡在了莫斯科之外。到11月底，他察觉到进抵莫斯科城下的德军终于耗尽了力量，达到进攻作战的顶点，已经再也没有进攻能力了。第二天，他打电话给斯大林，请求他下令展开对德军的反攻，要在德军恢复和得到增援之前把德军赶离莫斯科。

将敌人远远赶离莫斯科当然好，斯大林★有些不敢相信德军的进攻能力已经耗尽：“你确信敌人已接近危机状态而没有可能投入新的重兵集团吗？”

★斯大林（1879～1953）

苏联统帅，伟大的马克思主义者，革命家和战略家。1917年协助列宁组织和领导了苏联的十月革命，建立了世界上第一个无产阶级专政国家。1924年列宁去世后，全面担负起党和国家的重任。1937年当选为苏联最高苏维埃代表。1941年任苏联人民委员会主席。同年6月，苏德战争爆发，任苏联国防委员会主席、苏联国防人民委员和苏联武装力量最高统帅，组织和指挥全国军民的浴血奋战，最终夺取了反法西斯战争的伟大胜利。

∨ 一名德军站在坦克上用望远镜瞭望莫斯科。

“通过各种情况判断，敌人现在已极端虚弱，如果我们现在不消除敌人楔入的危险，敌人将来很可能从北方集团军或南方集团军抽调强大的预备队来加强莫斯科地区的军队，那时局势可能会更加复杂。”

“好，我们现在就将德国佬赶走！”

当晚，苏军最高统帅部决定发起反攻。

∧ 在莫斯科郊外的德国部队。

>> 告别前线

从1941年6月22日德苏战争爆发到现在，德军在东线战场的死伤总数已经达到74.3万人，德军仅在11月16日至12月5日的时间里，就死伤达15.5万人，这相对德军东线350万人的兵力而言，损失已经达到了总数的23%。

形势对德军来说更加严峻了，但是却无兵可抽，巴尔干地区的游击战日趋激烈，德军不得不在该地区保留较强大的兵力，而不能用来增援德苏战场。

眼下，古德里安最重要的事情就是占领图拉。图拉不仅是交通枢纽，而且它的机场还可对德军的下一步作战提供重要的空中支援。古德里安命令第24装甲军从东面和北面，第43军从西面向图拉进攻，并采取双重包围的战术来攻打图拉派出第53军提供北翼侧的掩护，阻击来自莫斯科方向的苏军；派出第47装甲军向东北推进，以抗击从西伯利亚方面调来的苏军。古德里安虽然有心，手下力量却是不足，担任掩护的第47装甲军和第53军，受到了不断增援的苏军的强大压力，难以支撑；派出去破坏莱山－柯隆拉铁路的第10摩托化步兵师，不仅没有达成作战目的，还被苏军赶了回来。

12月初，德军进行了又一次进攻。古德里安的坦克第2军团竭力由图拉以南地域前至梁赞到科洛姆纳之间的奥卡河，也未能夺取图拉，虽经过艰苦的战斗，却仍被苏军阻于韦尼奥夫及其以南地域。奉命从北面迂回的第4装甲集团军，在其南翼距莫斯科34公里时也已精疲力竭。

中央集团军的第4军团进到戈利齐诺地域后，也无力再进，并在12月3日苏军的反击中退到库宾卡以北。军队没有冬装，困难一天比一天增大。

12月4日德军中央集团军集合所部，进行了最后一次进攻莫斯科的尝试。清晨，古德里安到达第31步兵师的第17步兵团第2轻步兵营。这个营是古德里安军旅生涯的发祥地，在1920年～1922年，古德里安一直任该营第11连的连长。紧张的战事之中，尤其是这个时候，古德里安全然没有往日的意气风发。没有过多寒暄，便向这些下级军官发问："你们还有能力进行最后一次攻击吗？"

这些军官也知道他们当前的困境，觉得已没有能力再行进攻，但对于最后一次进攻，他们还是愿意的，也许他们希望最后的一击能暂时缓解目前的困境。

进攻发起了，第4军团夺占了一些不大的地段。第二天，苏军第50集团军协同第49集团军左翼各兵团在科斯特罗沃、列维亚基诺地域实施反突击，恢复了图拉与莫斯科的联系，古德里安被迫退回自己的出发阵地，第2装甲军团还是未能夺取图拉。鉴于这种情况，古德里安不得不做出开战以来的第一次撤退命令，放弃毫无支援、毫无成效的进攻，将部队撤回到顿河上游－夏特河－乌巴一线。

其实德军受挫何止古德里安一处，在古德里安遇到麻烦的这天夜间，霍普纳尔的第4装甲军团和朗哈特的第3装甲军团也是如此，当他们到达了距离克里姆林宫只有32公里的地点，却已筋疲力尽，眼巴巴望着近在咫尺的莫斯科而被迫放弃了他们的攻势行动。而第9军团则更糟，苏军甚至已经对其开始了反攻行动。

就这样，德军的最后一次进攻以失败而告终，莫斯科会战中苏军防御阶段结束。

1941年12月5日，看到形势无望，博克命令第3、4装甲军团与苏军脱离接触，并在随后几天内撤到伊斯特拉至克林以东的防线。5日和6日，苏军在加里宁、克林－索尔涅奇诺戈尔斯克、图拉和叶列茨等方向上发动了具有历史意义的反攻。

此时，古德里安认识到，只有全线立即撤退到一个地形比较有利，而且事先已经做好相应准备的设防地带，才可以挽救战场的危局。如果退到那里，德军就可以依托这条防线度过残冬，等到明年春季有机会时再向苏军发动新的攻势。古德里安还认为，自己的部队如果能撤退到苏夏－阿卡一线，将是非常好的，因为在10月份时德军曾在那里修建过一些防御工事。

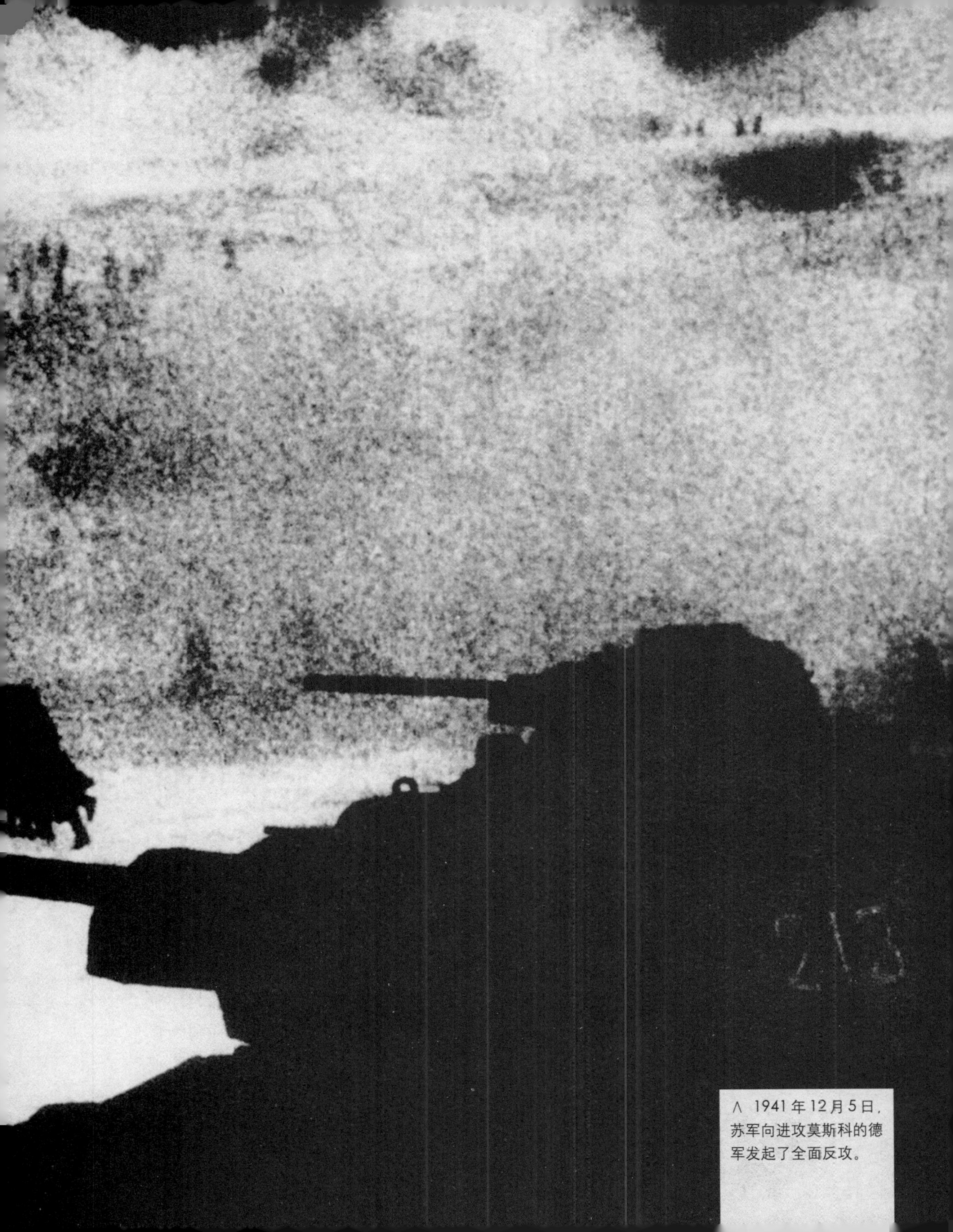

∧ 1941 年 12 月 5 日，苏军向进攻莫斯科的德军发起了全面反攻。

虽然德军早一点撤退使他们躲过了苏军最猛烈的反击炮火，但是衣衫褴褛、精疲力竭的德军若想在暴风雪中稳步后撤可不是容易的事，在苏军众多的西伯利精锐师的追击下，德军的战线登时千疮百孔，七零八落，撤退变成了仓促的逃窜。苏军西方方面军的两翼很快就渗入了德军的后方，大有要把博克的第4军团吃掉之势。12月6日，苏军突破了德军在加里宁以东南的阵地；7日，又强迫德军退出了克林；9日，古德里安的第2装甲军团在图拉以西的防线也被突破。历史似乎在重写拿破仑1812年全军覆没的惨景，这一年苏联的冬天格外的冷，气温已经低到了零下50多摄氏度，到12月10日的时候温度则更是低到了零下62摄氏度!

12月14日，古德里安冒着漫天大雪，顶着刺骨寒风，开车走了24个小时，来到了罗斯拉夫尔面见陆军总司令布劳希奇。没想到，始终与古德里安意见相左的克鲁格也在场，当时已升为元帅的克鲁格元帅是第4军团司令。在请求自己把部队撤到苏夏－阿卡一线后，古德里安不顾克鲁格在场，对克鲁格提出了第2装甲军团的第43军和第24装甲军之间宽达40多公里的缺口问题。他直截了当地说道：

“本来第4军团应该把它的第137步兵师借给我去填塞这个缺口。但是克鲁格却只派了该师师长率领的4个步兵营前来执行任务。这点兵力当然是不足以完成这么艰难的任务的，至少也应该派出半个师的兵力。结果可想而知，该师的师长布格曼将军即便战死，也没能堵住这个重要的缺口。”

看到德军实在是无法坚持下去，布劳希奇做出决定：“第2军团暂时受第2装甲军团的指挥。第2军团协同防守库尔斯克、奥廖尔－普拉弗斯柯以－艾里克辛一线，必要时可以撤到奥卡。”

< 撤退中的德军装甲部队。

与此同时，德军的形势更加恶化，苏军在实现突入德军第2军团防线后，又向德军的纵深进入，由里弗尼一路插向奥廖尔。在这过程中，德军的第45步兵师遭到了包围并被消灭掉了部分兵力。

到了12月中旬，德国陆军的领导层出现严重的危机。战局的不利使希特勒与参谋总部的意见分歧日益增大，希特勒现在也越来越疑神疑鬼，越来越不信任陆军总部，往往越过陆军总司令，直接与集团军司令或战地指挥官接触。哈尔德对此极为不满："陆军总司令现在只不过是一个传令员。"

因此，虽然布劳希奇在前线对德军的行动作了一些初步的决定，但这些决定却是虚的，它的落实必须得到希特勒的批准。撤退？那是绝对不行的！布劳希奇所希望的将德军撤到冬季阵地即库尔斯克－奥廖尔－梅登－勒热夫一线的想法，立即便遭到了希特勒的断然拒绝。

不管多少德军将领一再要求撤退，希特勒都坚决反对。他出于西线作战的经验和狂热的冲动，不同意撤退。他觉得，在德军的后方防线未做好充分准备之前，德军只能在前线进行局部撤退，第2装甲军团只能采取规避动作，而不能放弃任何地方。他也许明白，由于战场形势的变化，德军中除了军事问题之处还可能出现更加重大的心理问题：总认为对手是不堪一击的德军现在真正碰上了对手，第一次吃败仗的反差和德国官兵受到苏联冬季严寒的打击，以及迅速结束战争的打算的失望，必然使德军官兵在精神上和体力上难以支持。拿破仑的前车之鉴，更是悬在德军心头上挥之不去的阴影。这时的希特勒认为，德军如果撤退，结局必

< 德军克鲁格元帅（右二）在莫斯科郊外拿破仑1812年兵败纪念碑前留影。

> 在莫斯科郊外严寒作战的德军部队。

然是大溃败，这是万万不能的。他自信地认为，现在德国只有他一个人能够消除德军的危机，能够改变德军的命运，他不能退却，他不能让退却使自己丧失威信。

就这样，东线德军的日子更加艰难了，而伴随着这艰难的是德军高层的急剧变动。古德里安从到达他那里的希特勒的副官长施蒙特处得知，陆军总部正在酝酿大改组，布劳希奇元帅即将被免职。

此时的古德里安头脑已被自己的想法所占据，这段时间以来常常失眠，脑筋一直想着如何用所有可能的方法，解救德军目前的困境。考虑的结果，他认为德军只有大胆地向后撤，撤到一个合适的防线上去才可行。他一直在想德军该如何撤退，撤到哪里的问题。古德里安觉得陆军总部和最高统帅不愿听从前线将领的意见的原因，在于这些大人物们从来不到前线，所以也不知道前线的实际情形，因而也就难怪他们把一些无法执行的命令下达下来。这次施蒙特到第2装甲军团指挥部来，也就是古德里安一再坚持的结果。古德里安天真地希望通过和施蒙特的详细交谈，可以将意见反馈上去，进而影响上层的决策。希特勒的副官长走后，古德里安期待着有一天希特勒会在夜里打电话给他，详细解答自己提出的一些意见。

不久电话终于来了，古德里安真的收到了希特勒打来的电话。只是电话不是商谈，而是命令！希特勒命令古德里安坚守原地，不准退却，并且荒唐可笑地说要准备空运500名军人来增援古德里安部队的战斗。

接到电话，古德里安哭笑不得，增援500人，对一个军团不仅是杯水车薪，简直就是玩笑！停止撤退，前线德军是难于做到的。古德里安就以部队早已开始行动，现在已经无法制止，来搪塞希特勒的命令。

现在，电话和书面的报告早已不起任何作用，古德里安决定亲自飞往元首大本营，向希特勒汇报前方的情况，打动希特勒的固执。

还没有知道面见的结果，不过先兆却不怎么好。预定谒见的日子是12月20日，而中央

集团军总司令博克元帅这一天却称病辞职，而由克鲁格元帅继任。一听到克鲁格，古德里安心中就感觉不舒服。而在此之前，他还知道陆军总司令由于对战场的悲观态度，即将被免职。

古德里安出发去见希特勒的时候，同僚前往送行，大家心情低沉，没有多说什么，只是默默地拥抱和祝福。一个多年的同僚为了打破沉闷的气氛，便诙谐地说了一句："小神甫，你还有一段艰苦的路要走呵！"本想用这句话提起大家的精神，没想送行的人却更加沉闷了。1521年宗教革命时，送马丁·路德去法庭候审的人曾经说过："小神甫，小神甫，你还有一段艰苦的路要走呵"！现在说起这个典故，当然又勾起了人们对历史的回忆。

古德里安也知道，要想说服希特勒那可不是一件容易的事。不过在那个时候，他还以为自己的最高统帅能够对于一个来自前线、身经百战的将领所说的一切认真考虑的。当古德里安从冰天雪地的战场上飞往希特勒的大本营驻地时，在心中还抱有这样的想法。

12月20日18点钟，古德里安同希特勒的会谈开始会谈进行了5个小时，中途只是因统帅部每周的例行汇报和就餐被打断过两次。希特勒接见古德里安的时候，凯特尔、施蒙特和希特勒的其他宠臣也都在座，只是陆军参谋总长或是陆军总部却没有人员到场。

看到这个场面，古德里安心头一震，这和8月23日的情形一样，他又要独自面对最高统帅部的显要人物，完全处于孤立无援的地位。而希特勒见面时向古德里安表示的欢迎，也使古德里安感到了背上的阵阵凉意，室内黯淡的灯光，更将这种不和谐表现出来。

会谈一开始时，古德里安就提出应将前线的第2装甲军团和第2军团逐渐撤退到苏夏－阿卡一线，而且在12月14日的罗斯拉夫尔会议中，也曾经获得过陆军总司令布劳希奇的批准。没有想到，这时希特勒立即跳了起来，喊道："不，我禁止撤退！"

虽然想到过希特勒会狂躁，不过这时的古德里安还是有些意外，便只好回答说："元首，由于战场形势的变化，使我们不得不已经开始了撤退行动，撤退中途无险可守，我军将不得不撤到那两条河边不可。如果您认为保全士兵的性命、暂时采取守势以度过冬天的想法是对

∧ 希特勒固执己见，拒绝德军从莫斯科撤退。

的，那么您就应该允许撤退。”

“就是必须要撤退，那么士兵们也应该原地掘壕固守，不能放弃取得的土地！”

古德里安也不甘示弱：“在多数的地方，地面冻到了16米的深度，已经不能挖掘。特别是我军那些可怜的筑城工具根本上就派不上用场。”

希特勒的无知让古德里安苦笑不得：“这样的条件下，士兵们可以用重榴弹炮打出一些弹坑来。第一次大战时，我们在法兰德平原上就用过这种办法。”

希特勒是顽固的，坚决不肯收回他的成命，他命令德军必须坚守在现在的阵地上，不准后退。

看来希特勒真是对前线的战场形势不甚了解，古德里安心想，便从希特勒最为关心的资源消耗上说：“如果在一个不适宜的地形上进行防御战，就像第一次大战中西线一样，我们就会消耗与西线那样多的资源，那样多的生命，却丝毫没有获得决定胜利的希望。我们在这样一个冬天里采取这样的战术，就会把我们的人员消耗殆尽，广大官兵的牺牲不仅毫无益处，也将无法弥补。”

希特勒一听有些恼怒，嗓门一提：“你难道认为腓德烈大帝的榴弹兵是不怕死的人么？他们也想偷生，但是国家却有权要求他们，为了国家的荣誉牺牲自己的生命。我相信，为了德意志帝国的荣誉，我有权要求任何德国军人牺牲他们的生命。”

古德里安没有理会希特勒的态度，坚持自己的看法：“我们所有军人都知道，在战时是完全应该为国捐躯的，而且截至目前为止，事实上也无可辩驳地证明我们的士兵是视死如归的。只是我恳请您注意这一点，严寒的天气比苏联人的进攻还要可怕，我军由于严寒所遭受到的伤亡要比敌方火力造成的损失大一倍。任何人只要看到医院里那些满身冻伤的人，就可以明了这个严酷的现实。”

希特勒对古德里安的固执有些不耐烦，但是又不能不耐心说服这个对德国装甲部队有影响的人物，便冷冷地说：“我知道你是最能同士兵同甘共苦的，你也曾经花了不少的时间和部队在一起生活，对于这一点我极为赞赏。但是你看事情都是从小范围思考的，你过于执着于士兵的痛苦，所以你会觉得他们太可怜应为他们着想。作为一个高级将领，你看问题应该站得远一些。相信我，当你从较远的距离观察时，事实会看得更清楚。”

“是的，元首。但只要是我能力可能到达的地方，我应该尽量减轻士兵的苦痛，这也是我的义务。不过就是到了今天，士兵们还没有收到他们的冬服，多数的步兵现在还穿着单衣服。冬季使用的军靴、背心、手套、羊毛帽子等，要么没有，要么就是已经磨得稀烂。看到士兵这个样子，这叫我怎么办！”

希特勒当即高声反驳：“那完全不对，军需总监曾向我报告过，冬衣早就发了。”

古德里安是有备而来：“我也承认发过了，不过却从来没有到达前线。我查询这件事的真相，目前这些物资还留在华沙车站有好几个星期了。现在铁路运输发生了困难，根本无法

∧ 1945年5月9日，代表德军签署投降书的凯特尔元帅。

★凯特尔（1882～1946）

德国陆军元帅。1901年参军，参加过第一次世界大战，任炮兵参谋。在希特勒上台后积极与纳粹合作，1935年成为作战部参谋长，1938年2月至1945年5月为最高统帅部参谋长，是希特勒最亲近的军事顾问和希特勒意志的执行者，曾代表德国法西斯迫使法国接受屈辱的投降条件。1945年5月，代表纳粹德国武装力量签署投降书。1946年，被纽伦堡国际军事法庭处以绞刑。

转运。我们本来要求在9～10月间就应运往前线，却受到后勤部门的一顿官腔。现在虽然发出，却已经是太迟了。”

希特勒马上找来军需总监对质，结果证明古德里安所说的一点都不错。后来德国在圣诞节发动的为士兵们捐募寒衣的运动，也是由于这次谈话所致，不过还是于事无补。

希特勒与古德里安以后又谈到补给兵力和装备的一系列问题，谈话一直持续到晚饭时。到现在，希特勒的态度已是十分明朗，但古德里安还不死心，他要走到最后。

吃晚饭的时候，古德里安便利用在希特勒旁边的机会，把前线生活的一些零碎资料讲给他听，希望间接影响希特勒的想法。但是他白费心机，希特勒和他的宠臣们对此很不以为然，并都很明显地表现出来，觉得古德里安是在夸大其词。

吃过晚饭之后，会谈继续。古德里安建议应该把在前线上有着丰富战斗经验的参谋人员，调回最高统帅部和陆军总司令部里来服务，以改善上层领导机关参谋人员的综合素质。他说：“从最高统帅部参谋人员对上级报告的反应上看，我们似乎可以得出这样一个结论，他们没有对下级的报告做出正确的理解。其结果，他们也就不能对您做出恰当的解释。基于上述原因，我认为把前线上有经验的参谋人员调回最高统帅部和陆军总部充当幕僚，是非常有必要的。现在该是对参谋人员进行换班的时候了，自从开战以来，这两个统帅部里的人员就一直是在千里以外指挥战争，有两年多的时间都没有到前线上去看一看。特别是这一次战争和第一次大战是完全不同的，仅凭上次大战的经验是不能正确处理这一次的战争问题。”

没想到，古德里安这一段话可捅了一个马蜂窝。希特勒怒气冲冲地说：“现在我不能离开他们！”

古德里安只得解释：“我的意思并不是调换您的亲信助手。完全不是这个问题，只是把前方有经验的参谋人员，尤其是对于冬季作战方面有着深刻理解的参谋人员，调到统帅部中充当重要的幕僚人员而已。”

这个说法，是在间接地指责希特勒不了解战场形势，当然是希特勒不能接受的，自然遭到了粗暴的拒绝。

至此，古德里安和希特勒的会谈全盘失败，古德里安的最后一搏还是未能改变希特勒的决心。

古德里安在离开会议室时，听到希特勒向凯特尔*语气生硬地说了句：“我还是没有能够说服那个人！”

这次会谈，成为古德里安与希特勒裂痕的开始，从此以后再也未能弥补。

第二天上午，在飞返前线之前，古德里安又打电话给三军参谋总长约德尔将军，向他再次重申了一遍，照目前这样的办法只是徒增无益的牺牲，是毫无价值的。古德里安这一次的电话也没有发生显著的效力。

12 月 21 日，古德里安飞回奥廖尔。根据希特勒的命令，他只得忙于调整部署，以达到希特勒的要求。

事情已到了这一步，古德里安也没有办法，他只好向下属解释停止后退、坚守原定作战部署的原因，以求得下属的理解。但事情却不让他就此打住。先是由于第 2 军团丢掉里弗尼后，致使第 24 装甲军的统一反攻失败。接着 12 月 24 日夜间，古德里安的第 10 摩托化步兵师丢掉了齐恩，该师更有一部分在齐恩被围。古德里安将情况报告了集团军总部，却遭到克鲁格元帅粗暴的指责，说古德里安偷偷下令撤出齐恩，才导致这样的结果，并武断地说，至少在 24 小时前就开始撤退行动了。这使得本已是一肚子怨气的古德里安非常愤怒，激烈地否认了克鲁格元帅的指控。

12 月 25 日，被围的德军部队突围而出，并且还带回了几百个俘虏。古德里安便命令部队向苏夏－阿卡一线撤退。因为撤退之事，黄昏时分，古德里安又和克鲁格元帅再次发生了激烈的争吵。克鲁格再次指责古德里安谎报军情，并威胁说：“我要把你的情况报

∧ 在苏联前线指挥作战的古德里安。

告元首！”

克鲁格知道古德里安已经失去希特勒的欢心，想再次打击他，这使古德里安难以忍受，他受够了夹板气。古德里安立即打电话通知集团军参谋长：“既然这样，我无法工作，我不想再干了。请求解除我的职务。”

12月26日的上午，古德里安接㝵通知，说希特勒要调他回陆军统帅部，以候他任。

古德里安的抗议，只是气话，实际上他并不想离开部队，尤其在这个时候更是不能离开，他不能成为替罪羊，他还要为自己的想法而抗争。但是他失势了！

将军旅生涯视为自己生命的古德里安，在接到离职的命令后，神情黯然，心情久久难以平静。他离不开与他共同创造了辉煌的官兵。当初，第2装甲集团军如同势不可挡的狂风，横扫苏联战场，一路上无坚不摧，势不可当，如果不是希特勒不听自己的苦心劝说，延误了进攻莫斯科的时间，战争将不会是这样一个结局，自己的官兵也不会弄到今天的惨状。现在，在这关键时刻将他解职，这不是将上级指挥失误的责任硬栽到他身上吗？古德里安心中忿忿不平，但又无处申述。

当日，古德里安克服了克鲁格的阻挠，向他的部队发出了最后一个短短的告别书说：

第2装甲军团的全体官兵们！

元首兼三军最高统帅在今天已经解除了我的职务。

当我要离开你们的时候，我不禁回忆起这6个月以来我们并肩作战的情形，这是为了国家的光荣和陆军的胜利进行的作战。对于那些作战中为国而流血捐躯的勇士们，更是不胜怀念和敬佩。我从内心深处向你们表示极诚恳的感谢，在长期的作战中，你们总是尽了最大的努力、发挥了最大力量。我们曾经安危与共，只要能够帮助你们和保护你们，就是我最大的快乐。

祝你们鹏程万里！

我知道你们还是会和过去一样的英勇作战。尽管严寒的冬天、优势的敌军，你们都一定可以把这些困难加以克服。当你们作艰苦的奋斗时，我的思想永远和你们在一起。

你们这是为了德意志而战！

希特勒万岁！

古德里安（署名）

之后，古德里安于第二天离开前线，经过明斯克、华沙、波森，在12月31日回到了柏林的家中。

第十章

欲挽倾厦终无功

1888-1954 古德里安

陆军参谋总长不能空缺，希特勒只好决定在这期间任命古德里安代理参谋总长的职务。古德里安知道自己多次和希特勒闹过别扭，不能唯希特勒的意志是从，他并不是希特勒中意的人。现在找上自己，不用多说就知道自己是他在无人可用时候的一个替代而已……

> 资历深厚的伦德施泰特元帅亦因与希特勒意见不合，被免去了职务。

>> 不得已的重新起用

这次被免职，是古德里安军旅生涯中的第一次挫折。其实何止是他一人被免职，在这一段时间里，有许多德国陆军高级将领也先后被无端免去了职务。一些功成名就的老将，如陆军元帅伦德施泰特、博克，陆军上将盖尔、弗斯特、赫普纳等，都在这期间被希特勒闲置起来，李布元帅和库柏纳尔将军也在抗争无效之下，愤而辞职。

古德里安在柏林无所事事，受到了全面的监视，就连一言一行都受到监控。在最初的几个月中，古德里安过着实实在在的赋闲生活，难得离开家门一步。古德里安也深知目前自己所处的形势，老老实实待着才是上策。于是他闭门谢客，只是见一见亲属和个别故旧。令古德里安感到意外的是，近卫师师长戴垂希也特地从总理官邸打电话来，向古德里安问候，并郑重地说，他是有意采取这个行动的，以表示上级虽然亏待了古德里安，但他却要表示他对此的不同态度。

开始时，古德里安身上还有一股鸣不平的勇气在支撑着自己，但时间一长，他的心情就开始变得极坏，常为一些不相干的事大发雷霆。这样一来，生活也就更没有规律了，本来就严重的心脏病也再次恶化。不得已，听从医师的劝告，古德里安在1942年3月底，到巴登维勒尔进行了4个星期的疗养。脱离柏林的是是非非，不再关心战局、时局，在宜人的春天里的田园美景中，经常性的温泉疗养，使古德里安逐渐得到恢复。这段时光，是古德里安生活中的一段欢乐日子。

但好景不长，古德里安回到柏林后，太太却突然患了极其严重的恶性血中毒，卧床好几个月。同时，心灰意冷的古德里安也不再愿意接触过去的往事，不速之客的到访使他十分厌

★弗洛姆（1888～1945）

德国将军。参加过第一次世界大战，战后在国防军中任职。后积极追随希特勒发动对外侵略扩张战争，大肆鼓吹恢复德国军事强国地位。1943年出任国内驻军总司令。1944年7月，参与谋刺希特勒事件，任务是牵制柏林纳粹分子。谋杀失败后，摇身一变成为镇压密谋活动的干将。但最终没有能够逃脱秘密警察的逮捕。后在希特勒的淫威下，被迫于1945年自杀身亡。

> 德军在高加索地区占领油田后继续向前推进。

烦，便想举家搬到南部去住，以避免首都污浊的政治空气。

没有想到，事情很快发生了变化。9月底，当古德里安向国内驻军总司令弗洛姆将军提出迁居要求时，弗洛姆要求他面谈。原来，几天前健康状况不佳的隆美尔从非洲打来电报，向希特勒建议让古德里安代替他的职务，却被希特勒否决。

从整个过程中，弗洛姆★感到古德里安还有再次被起用的机会，就劝古德里安应耐心等待。不过，古德里安是不想再次踏入这个漩涡，当即推说不会再有这种机会，便偕夫人去了德国南部考察安居之地。

回来后，弗洛姆又再次约见古德里安。他曾经和施蒙特谈到古德里安的问题，施蒙特告诉他，古德里安被召出山是不成问题的。而且希特勒还关心了古德里安购置产业的问题，并准备对于获得武士级铁十字勋章的橡树叶子的人，由国家赠与一些地产，还转告古德里安到故乡去安置他的产业。当古德里安听了弗洛姆的转述后，心中怅然，异常激动，这巨大的反差使他的心脏不堪重负。1942年秋，古德里安的心脏病再次复发，11月底的时候，他突然昏死过去好几天。也是古德里安命大，经过柏林名医多马拉斯教授妙手回春，他最终得以慢慢复原。转过年的2月底就完全恢复，并开始到西普鲁士寻找安居之所。

在1941年冬季的混乱中，希特勒赶跑了许多经验丰富、受过严格训练的将军，然而他违反常理的命令，却使德军奇迹般地坚持了下来，德军在西撤100余公里后停下来，熬过严冬，顶住了苏军的反攻。

1942年6月28日到8月底，德军恢复了些力气，一再对苏军发动新的攻势。这次希特勒作战的目的，还是以经济为主，想要夺取里海的油

田，切断伏尔加河的水运，毁灭斯大林格勒这个工业中心。

这些情况，古德里安都是从报纸上和广播中知道的，当然也有一两位朋友将更为详细的作战情况告诉了他。这些残缺不全的信息使古德里安看到了局势的危险，幸运之神不再站在纳粹德国一边。

1943年2月17日，坐在壁炉前的古德里安刚从沉思中回过神来，打算将前几天找出的一些装甲车运用方面的论文整理一下，门厅里的电话就突然响了起来。

会是谁呢？看着仆人向电话机走去，古德里安想不出有谁会在上午的工作时间给他打电话。在这动乱的岁月里，几乎每个人都在忙，这一年多来古德里安家里的电话更少了起来，更多的时候，它都在那里沉默。

仆人接过电话答应了一声，便急匆匆地走向古德里安："先生，是陆军人事处的电话！"古德里安接了电话。然而，陆军人事处处长在电话里却没有说什么，只是通知他19日赶往维尼特沙晋见希特勒。

"在这个时候，元首为何要见我呢？"古德里安对于未来一无所知。也就是一周前，心脏病刚好不久的古德里安拜访过陆军人事处长小凯特尔将军，从小凯特尔将军谈话的口气上判断，希特勒对他成见极深，即使不再追求他的责任，复职也是看不到希望的。但是现在，陆军人事处明确地告诉古德里安马上向元首本人报到。虽没有告诉召见的原因，但显然是因为极为必要的事情，使希特勒不得不见古德里安。

在这种情形之下，古德里安由贝克中尉陪着，坐火车到了东普鲁士的拉森堡，然后再改乘飞机去"狼穴"。换乘的期间，古德里安见到了凯特尔的副官魏斯少校，心神不定的古德里安想从他那里获得希特勒突然召见他的内幕，却是徒劳。此次召见的原因，除了核心的几个人之外，其他人并不知道希特勒的想法。

到达维尼沙特的第二天上午，希特勒的副官长施蒙特将军到了古德里安的下榻处。"将军，我的老朋友，见到您非常高兴！"施蒙特是希特勒的心腹，也历来与古德里安友善，是古德里安可以畅谈的朋友。古德里安见到施蒙特非常高兴，急切地向施蒙特谈起了他的困惑与不解。两人一番长谈，终于拨开了古德里安心中的云雾。

"我的专家，元首是对您有着极高的期望的。现在由于一些客观的原因，苏军已经在战场上逐渐占据了优势，而他们的优势是与我军装甲部队建设所存在的一些不利方面分不开的。我军的装甲部队丧失了本来应据有的诸多优势，我们的装甲兵已经到了非重新进行改革不可的阶段。为这事，参谋本部和军需部发生了严重的争论，特别令人不能忽视的是，装甲部队坚决要求应该有一个真正的内行来控制他们，如果一个外人来领导，是他们所不能接受的。经过全盘考虑，元首认为您可以担此重任，所以召见您来，希望听一听您对此任命的意见。"

古德里安终于走出了冷落，焉有辞而不就之理？他当即身体一挺："国家和装甲军队的需要就是命令，我完全服从元首的任命。"之后，古德里安话锋一转，作为一个善于捕捉战机的军人，他可不会放过当前的有利时机为自己争取更大的权益：“我深感元首赋予使命的责任重大，为完成任务起见，在我就任之前应明确几件事，有了一定的条件后，那么我出任这个职务才能真正发挥作用。特别是我久病刚好，实在没有精力于毫无收获的争执。所以我应不受参谋总长和训练部总司令管辖，而直接受元首指挥。同时，在兵器装备方面的发展，兵工署和军需生产部也都应该尊重我的意见，否则装甲兵的战斗效率还是无法提高。而且我对党卫军和空军所属的装甲部队，在组织和训练方面，也应该具有同样的监督权。”

已经55岁的古德里安通过这一年多的沉寂，心情也看开了许多，不再过于追求仕途，因此直截了当地说：“烦请将军将我的要求转达元首。我所提出的要求都是工作所必须的，除非元首能同意我的要求，否则就不必面谈了。如果元首不同意我的要求，我也不强求，那就还让我回到柏林。勉为其难的事做了也是没有任何意义的。”

施蒙特回去之后不久，很快就有通知送来，希特勒当天下午3点15分将接见他。

古德里安到了希特勒那里，不久就单独进了书房。当只有两人在一起的时候，古德里安认真地打量了一下希特勒。自从1941年12月20日到现在，古德里安一直没有和希特勒见过面，在这14个月中，希特勒明显苍老了很多，神态疲惫、语言迟钝，往日的意气飞扬的气势不再，他的左手一直在抖动着，给人一种老态。

还是希特勒首先打开了话题：“对于1941年我们分手时的许多误会，我很抱歉。现在，我需要你的帮助。”

希特勒这样一说，使古德里安的满腹不平立刻抛到九霄云外，便恭敬地回答：“只要环境许可，使我能真正做一点有益的事情，那么我愿意接受您的任命。”

希特勒随后就告诉古德里安，他想任命古德里安担任装甲兵总监，也同意施蒙特转达的意见。只是要求古德里安拟定一个基本设想，由他批准。

然后，希特勒的话题一转，提出自己已经把古德里安在战前所写的文章细细地读了一遍，发现其中关于装甲部队未来发展的许多观点，都在实际中得到了很好的验证。希特勒当面称赞他人的时候可是极为少见，古德里安也没有想到希特勒能这样赏识自己。古德里安决定如希特勒所说，好好利用这个机会实现自己的理想。

得到重新任命，古德里安心情是十分高兴的，与希特勒45分钟会谈结束后，便进入了工作状态。离开希特勒，他随后就去见了此时任陆军参谋总长的柴兹勒尔将军,以了解自己工作方面的基本情况。晚上，古德里安便和一些老朋友们闲谈，以了解当前的战争现状及自己的工作重点。

1943年2月21日，古德里安通过和约德尔、柴兹勒尔、施蒙特、英格尔一整天的会商,确定了自己工作的基本思路。

28日在获得希特勒的签字批准任命后，古德里安正式展开了他的新工作。

古德里安的此次受命可是非同一般,使他具有相当大的权力，是其他兵种总监所望尘莫及的。此时的古德里可以不受参谋本部的控制，拥有很大的自主权。当然，看到古德里安有这么大的权限，总是有人不满的，结果一直到战后，还有人就此问题中伤古德里安。不过，古德里安的这种作法，在实际上对德国装甲兵的发展有着很大帮助。

工作的顺利进行，离不开有效、称心的参谋班子。在任职命令还未到的时候，古德里安就飞回柏林网罗自己的人员。他把办公室设在了战前自己当机动兵总监时的旧址后，便动手将自己的参谋人员收了进来。参谋长是装甲部队的老兵汤美尔上校，这个人的品质、禀性和能力等各个方面，古德里安都有较深了解;古德里安还找来一位管组织的参谋费尔中校，他是从前方调回的；管人事的参谋军官是考夫曼少校，不久由吴尔华兹少校接替。后两人也是古德里安多年的属下。另外古德里安还选了一个副官马克斯中校。

做机关工作，良好融洽的人事关系是极为重要的，古德里安深知这一点的重要性。在柏林，古德里安拜访许多部门的主管人，不管地位比自己高，还是比自己低，都一视同仁。从中，古德里安从自己战前就有深交的老朋友空军米尔希元帅那里知道了许多军界内幕。除此之外，米尔希又告诉古德里安，应重点关注的要人中，谁是希特勒的真正心腹，谁起着举足轻重的影响，并规劝古德里安前去拜访。古德里安这才知道纳粹党的宣传部长戈培尔、党卫军和秘密警察头子希姆莱及军需生产部长希皮尔的极端重要性。当他在前线为纳粹拼命的时候，却不知这些内幕。

> 德国外交部长里宾特洛甫在“狼穴”向希特勒汇报工作。

古德里安既不是纳粹党徒，也无心卷入政治漩涡里去，他只关心德国的军事行动和战争的需要，只关心自己的装甲兵总监的工作。然而为了解决军事问题，解决德军上层的混乱，顺利开始自己的工作，他又不得不与这几位纳粹要人周旋，求得他们的支持。

对纳粹要人的拜访告一段落后，古德里安便投入了重建德国装甲兵的工作中。

在初步了解了德国现有坦克工业的生产情况后，雷厉风行的古德里安很快便为1943年的装甲师和装甲步兵师，拟定了一个新的建设方案。古德里安希望通过这个方案，尽量节省人力和装备，采用新的武器装备和战术增强部队的战斗力。由于这个目的，在3月9日开会前，古德里安专门提出了一个会议备忘录，以求得与各军兵种的共识。

会议备忘录指出：

首先，德军军工部门在1943年的工作就是要装备一部分装甲师，使其具有较强的战斗力，以保证能够担负对有限目标的进攻行动。

在备忘录中，古德里安毫不客气地说，为此目的不能顾及所有任何方面的特殊利益，而集中精力重建装甲师。

其次，备忘录还指出，德军应继续增加马克Ⅳ型坦克的生产，并用轻型自行火炮暂时代替部分坦克战车的使用。

备忘录说，目前德军主要的坦克还是马克Ⅳ型。就目前需要而言，新型坦克现有的生产量只能保证每月装备一个战车营。在1943年，也只能成立一部分坦克营，装备有限的“虎”式和“豹”式两型坦克战车。

为了迅速补充装甲师的战斗力，备忘录建议使用现在已经有相当数量的轻型自行火炮装备装甲师，并主张一个月至少应使一个坦克营装备轻型自行火炮，并编入现有的各装甲师。这个措施一直采用下去，直到坦克的产量能够满足装甲师的需求为止。

第三，为了配合德军1944年的作战需要，古德里安主张采取新的编制。

将每个装甲师的坦克团扩编为坦克旅，每旅下辖4个坦克团，扩编所需要的坦克，由改进型坦克、“豹”式坦克和“虎”式坦克，以及轻型自行火炮来补足。

他同时提出，还应通过延长坦克战车的使用寿命，来增加战车的数量。为此，新型坦克如豹式坦克等，应进行充分的试验，使其尽善尽美，然后再投入使用；对坦克驾驶员应有彻底的训练；对训练单位提供足够的训练装备；训练应有充足的时间，未完成训练的部队不要轻易调用；在战场作战时，应利用适当的地形条件，在具有决定性的地点集中大量的装甲兵力、突然使用，以求在数量和装备两方面的奇袭效果。

第四，备忘录强调指出，次要的战场不应该补充新型坦克。并特别指出，目前装甲师担负纯粹防守任务的办法是一种浪费。当前的工作应把在前线固守的装甲师撤到后方整编。

根据上述原因，第五点阐明，坦克战车的防御任务应逐步由自行火炮来承担。

> 希特勒非常重视德军武器装备的发展，这是他视察新式坦克时的留影。

在主战场上，每一个师都要补充相当数量的自行火炮；在次要战场上，应由较高级单位控制一部分自行火炮作预备队，一般的师则暂时还是使用自动推进的战防炮。并提出，为了节省人力和物力，自行火炮营和战防营应该进行合并。

新型重自行火炮将来也只使用在主战场上，以担负特种作战任务，其任务是反坦克。

除了以上这些内容，古德里安还对装甲搜索营、自行火炮生产的管理权限，及进一步研究制造75毫米L70型轻自行火炮的必要性等问题，提出了自己的见解。

似乎是希特勒的重视，凡是关心古德里安这个计划的人都来了，有最高统帅部的全体人员、陆军参谋本部的高级人员、步兵总监和炮兵总监，还有施蒙特——希特勒的副官长。古德里安一看这个架势，心中暗暗叫苦，他知道这其中有些是来出难题的，要让他领教一下德军上层机构的复杂。这是次要的，更主要的是他将没有机会使自己的方案更快、更容易地通过，因为他不得不面对众多的对手。

会上，对古德里安所提出的各点，都进行了热烈的讨论。会议中争论最大的是古德里安主张把自行火炮也交由装甲兵总监控制，并且使现有各步兵师战防单位换用新式的自行火炮的提法，引起了众人的极力反对。

经过一番争论，除了古德里安要求装甲兵总监可以控制全部自行火炮单位这一条外，其他各点基本得到了与会人员的赞成。而对于自行火炮一事，整个会场都为之骚动，除了希皮尔以外，没有一个人支持古德里安。就连一向赞同古德里安意见的施蒙特也反对他。施蒙特直截了当地说，目前只有自行火炮这种兵器作战，才能使炮兵能够获得武士级的铁十字勋章，从炮兵手中夺去自行火炮控制权，他们怎会同意。

看到这种情形，希特勒同情地看着古德里安，无可奈何地说："大家都反对你的提议，所以我也无法批准这一条建议。"会议让古德里安精疲力竭，4个小时的会议结束后，古德里安

∧ 曾经在苏德战场上逞威一时的德军“虎”式坦克。

就昏倒在会场外的地上。好在当时与会人员都走光了，只有自己的几个手下在场，否则他的面子可就丢大了。

这样一来，自行火炮仍然是独立的兵器，战防营也依然使用那种效率不高的牵引式战防炮，而步兵师也始终没有合适的战防设备。此外，会议上原则批准的内容，执行起来也不轻松。古德里安主张把装甲师的残部由前线上抽回，加以整训建立最高统帅部机动的总预备队，最后没有完全实现。他关于统一指挥党卫军和空军中的装甲部队的问题，也是不了了之。

古德里安曾和希特勒的副官长施蒙特谈过，指出德军在非洲战事已是毫无希望，请求施蒙特帮助自己把那里的优秀坦克作战人员抢救回来，特别是那些有着多年作战经验的指挥人员和技术人员，那可是德军最大的财富。施蒙特答应说，将向元首建议，但毫无作用。第二天古德里安向希特勒提出这个问题时，他却漠然视之。古德里安只能眼睁睁地看着有许多飞机放空飞回意大利，自己所珍视的人员则留在非洲的荒原里。不仅如此，德军还陆续有部队派往非洲飞蛾扑火。别的不说，这些部队中还包括为数不多的最新成立的“虎”式坦克营。古德里安试图据理力争，也毫无结果。一些“虎”式坦克最终还是留在了西西里岛，没有能够撤回德国。

>> 忙碌的装甲兵总监

3月9日的会议一结束，古德里安也没有顾得上休息，第二天就赶回柏林，并紧张地往返于国内的坦克工厂和东、西两条战线之间，以了解德国坦克生产情况及新坦克的实战性能。

尽管有着重重障碍的阻挠，古德里安还是凭着他的努力为德军的最后挣扎出了不少力。到3月底的时候，德国装甲步兵师新的组织形式终于最后确定。

1943年3月29日，古德里安跑到了设在查波罗齐的南方集团军司令部曼施坦因★元帅那里。曼施坦因最近曾获得了重大的胜利，由于他巧妙地运用了装甲部队，使他得已重新夺回了卡尔可夫城。

古德里安飞到这里来，想要更多地了解新型“虎”式坦克营的作战成绩，以总结作战经验，为整个德军虎式装甲部队推广使用。

★曼施坦因（1887～1973）

德国陆军元帅，1887年生于柏林。1936年任陆军总参谋部第一总军务长，参与制订入侵奥地利、捷克斯洛伐克和法国的作战计划。1938年任第18师师长，参加占领苏台德区的行动。1939年10月任西线A集团军群参谋长。1940年任第38军军长，率部参加入侵法国的战役。苏德战争爆发后，率部参加对列宁格勒方向的进攻。1943年2月任南方集团军群司令，对苏军发起反攻，后在库尔斯克会战中失败。1945年被英军俘虏。

这次考察，古德里安可是收获“不小”，一方面，他不慎染上了痢疾，并留下病根。另一方面，更进一步地了解了希特勒。在曼施坦因的总司令部里，古德里安碰见了自己的老朋友第4装甲军团司令霍特。通过与霍特的交谈，从希特勒对待曼施坦因的态度上，古德里安再一次看清了希特勒狭窄的心胸，就像曼施坦因这样优秀的人才，也不能容纳在身边。相反逢迎拍马的凯特尔，只是把希特勒伺候得舒服满意，就可以成为最高统帅部参谋总长。

古德里安也就更明确地知道，每当自己建议曼施坦因任职时，希特勒就说：“虽然曼施坦因可能是参谋本部中产生的最优秀的人才，只是能力局限于在有利形势下调兵遣将，而不能在困境中运用残兵败将进行作战。所以，现在我不能让曼施坦因担任这个职务。”实际上，这不过是一个完完全全的托辞罢了。

< 1943年，希特勒与时任德军南方集团军司令的曼施坦因在一起。

从前线回来不久，1943年4月11日，古德里安受到了希特勒的赏赐，允许他到位于贝尔齐特斯格登的希特勒别宫去观光。在他这警备森严的别墅里，古德里安可是大开眼界，才知道什么叫奢侈。在他参观的地方，所有的房子都是每两间房子之间有一个连通的房门，里面的设施极为舒适。特别是希特勒的巨型会议室，相当华贵，从会议室的大窗户里，可以居高临下地看到对面的优美风景。在壁炉的周围，有一块高起的平台，希特勒在每天的黄昏汇报后，都要和他的亲信及女秘书们，在那里尽情欢乐。古德里安看到这一切，只是为它的奢华而惊叹，却没有丝毫的奢望，他是无缘来这个地方享乐的，能够到此参观已是他的幸运。

1943年5月2日，古德里安急急忙忙地赶到慕尼黑，参加了一个由最高统帅部召开的军事会议。这次会议，德军上层人物几乎全来了，会议出席人员包括最高统帅部和陆军统帅部的各主要首脑、南方集团军总司令曼施坦因、中央集团军总司令克鲁格、第7军团司令莫德尔和军需生产部长希皮尔等人。为了会议，古德里安紧急命令自己的参谋长汤美尔将军从柏林赶来，同时带来许多最新的资料。

德军的这次会议的主要目的，就是讨论如何解决目前的战场困境，为了摆脱不利形势，讨论在1943年夏季是否于东线战场上发动一次攻势作战。当时，陆军参谋总长柴兹勒尔提出，主张以双重包围的攻击消灭在库尔斯克以西突出部的苏军。虽然在斯大林格勒惨败后，德军在东线南侧一再受挫，不过柴兹勒尔却认为，如果使用新型的“虎”式、“豹”式坦克，是能够获得决定性胜利的，从而在东线战场上获得战场主动权。

对于柴兹勒尔的建议，莫德尔将军提出了反对意见，他认为这个计划是徒劳无功的。莫德尔以所掌握的情报为依据，特别用空中照相资料证明，苏军在德军准备进攻的地区中，已经准备了纵深配置的、坚固的防御阵地，把重要的大批机动部队撤出了这个突出部，并为阻止德军的进攻，对于可能的突破口部署了强大的炮兵和反坦克部队。莫德尔根据这些情报断然地说，苏军对我们的攻势早已预料到了，如果一定要进攻，则只能采取一种全新的战术。

对于以上两人的观点，古德里安只是从专家的角度指出，预计豹式坦克由于技术方面的原因，在进攻作战时还未必能用得上。希皮尔处事也比较客观，他没有为希特勒的态度所影响，公开支持古德里安的观点，间接地反对了柴兹勒尔的计划。

这次会议，令希特勒犹豫不决，会议也没有形成最终结论。

经过古德里安的一番努力，德国军工企业的战车生产走上正轨，马克Ⅳ型坦克不但继续生产到“豹”式坦克大量生产时为止，坦克的月产量也提高到了1,955辆。

不管对希特勒有何意见，也不管希特勒对他如何，古德里安还是想尽一切努力为纳粹德国卖命。5月10日，古德里安利用与希特勒在总理府商讨“豹”式坦克生产问题之机，恳切地请求希特勒允许自己向他说几句话。得到希特勒的允许后，古德里安动情地说：“亲爱的元首，我恳请您一定要放弃东线战场的进攻计划。您也早已经看出这个计划执行中的困难，这个计划将得不偿失，会严重影响我军在西线的防务。您到底为什么一定要在东线发动攻势作战呢？”

听到这里，站在希特勒身旁的凯特尔不屑一顾地说道：“我们由于政治上的原因，必须要在东线发动攻势！”

军人出身的古德里安，对政治还是陌生的，感到不解：“您想想看，全德国乃至全世界到底有几人知道库尔斯克是什么呢？我们是否攻下库尔斯克，对于全世界而言都是一件无关紧要的事？为什么一定要在今年发动攻势呢？”

希特勒打断了二人之间的争执，他转身对古德里安说：“将军，你说的一点都不错。我一想到这个攻势，就不免要作呕。”不但如此，他还向古德里安保证说：“我没有决定要实行这个计划的想法。”之后希特勒就结束了谈话。说这话时，除凯特尔元帅之外，还有古德里安的参谋长汤美尔、生产部的沙尔先生在场。古德里安相信了希特勒的保证，相信了这个能在任何事、面对任何人都可撒谎的人的诺言。

1943年5月12日，北非突尼斯被盟军攻陷，从此德军就基本上失去了整个非洲战场。7

HEINZ GUDERIAN

∧ 1943 年时的古德里安。

> 库尔斯克战役中的“虎”式坦克。

月10日，盟军在西西里岛成功登陆。7月25日，墨索里尼被推翻，意大利组成了巴多格里奥元帅的新政府，毫无疑问，意大利即将退出战争。

面对每况愈下的南欧局势，战争离德国本土越来越近，希特勒为挽救残局，开始了东线毫无希望的攻势行动，德国陆军投入了所能动用的一切攻击力量。苏军早已料到德军的行动，结局自然可知，最终以德军惨败而告终。

战争中，古德里安也得知，“虎”式坦克的设计缺陷充分地暴露了出来。在莫德尔军团中虽然有90辆波尔西“虎”式坦克，但这些坦克却不能用于近战，它既没有携带足够的弹药，车上也没有机关枪。虽然能较快地突入苏军的步兵阵地，也只是将一块钢铁扔到了对方阵地上，不能有效破坏敌方阵地，破坏敌方阵地的火力配置。如果独自冲到对方的炮兵阵地上，结果不是对方的炮兵阵地被摧毁，反而是坦克被对方所击毁。这样，在德军引以为荣的、战斗效能却不佳的新式坦克的配合支援下，莫德尔只向前推进了大约10公里远，就不得不停下来。

德军在库尔斯克突出部的“卫城”作战失败，使德军遭到了具有决定性的打击。古德里安费尽千辛万苦改编完成的装甲师，在这一战之后也所剩无几。古德里安看到这种结局，心中痛惜不已，这种损失使装甲部队难以再恢复元气，是否能投入到下一次作战、在明年春天能否用来对付盟军的登陆，他丝毫没有把握。

1943年7月底，古德里安正在东普鲁士与希特勒开会期间，他病倒了。过度的劳累，特别是精神上的压抑，使他在东线视察时染上的痢疾突然发作了。虽然痢疾不是什么大病，可古德里安却病得不轻，不得不躺到病床上，在8月初的时候还动了一次手术，一直到8月底才算康复。

病好之后，古德里安又投入了工作，现在的工作除了原来的内容之外，又增添了古德里

∧ 1943 年 10 月，苏军在第聂伯河对德军发起了反攻。

安不愿见到的内容，那就是视察被炸工厂。10 月 22 日，德国设在卡塞尔的坦克工厂遭到盟军的猛烈轰炸，工厂受到严重破坏，生产被迫停顿。古德里安立即赶往卡塞尔。经过轰炸，工厂里的许多人已经无家可归，在盟军的空袭中也有很多人伤亡。面对此情此景，古德里安为德国现在的处境深感忧虑，不知将来会发生什么。然而，身为德国装甲兵总监，自己不能不安慰所属员工。古德里安知道，普通大众是最为实际的，纳粹那一套蛊惑人心的口号、标语在这里丝毫派不上用场，古德里安只能私下交谈，设身处地向工人表达自己的同情，安抚他们，要他们为纳粹的战争出力。

随着苏联国内战局的好转，苏联军工企业的生产大大增加，参与到前线作战的苏军坦克数量与日俱增，使本身就缺少反坦克兵器的德国步兵死伤人数大大增加。本来兵员就入不敷出，步兵伤亡的增加更令希特勒大发雷霆，他痛斥围在身边的统帅部、陆空军的高级将领，为什么把没有充足的反坦克武器的步兵师送上前线："简直愚蠢！"一转身，希特勒却看到了古德里安脸上奇怪的表情，立时不再咆哮。希特勒看着古德里安有一两秒钟之后，想起了自己当初否决他建议的情景，只好老实承认是自己的错误导致今天的结果："你的话是对的。在 9 个月之前就已经向我说过这个问题。不幸的是我没有接受你的建议。"

在惨痛的教训面前，希特勒才知道当初古德里安所提出的自行火炮接替坦克担任防御任务是多么的应该，现在希特勒真的重视了起来，古德里安也有真正的权力可以安排自行火炮的生产和分配。但太迟了，即便是古德里安用尽浑身解数，到1944年冬苏军发动反攻时，东线德军也不过才有1/3的战防部队装备了自行火炮。

1943年下半年，德军在战争中形势急转直下，10月下旬，苏军在第聂普罗配托夫斯克与克里门巧格之间渡过了第聂伯河；10月底，德军在查波罗齐南侧的防线完全崩溃；11月上旬，苏军胜利收复基辅。希特勒还想做最后的挣扎，决定在贝尔地齐夫进行反攻，结果不但没有达到预期目的，到年底的时候更以彻底失败而告终。

随着1944年的到来，盟军对德的第二战场指日可待，纳粹德国将陷入东西两面作战的困境而不能自拔。古德里安看到东线的危局、感受到盟国登陆在即的危险，便想为德军留下一点儿机动兵力，以备不虞。可是希特勒决不能容忍东线部队从前线后撤来组建什么机动预备队装甲师，他一听到为了战略目标后撤，就暴跳如雷。不得已，古德里安只能为西线组建一些装甲预备兵力。对于西线，希特勒倒是非常痛快，在12月份就批准成立这样的部队，不仅如此，还给古德里安成立装甲训练师的文件加了一个按语："这个想法非常好，可惜我事先却没有想到。"

>> 失败的爆炸

就这样，古德里安命令把各学校中的训练部队都集中起来编成一个师，配备了新装备，选用了一些特殊优秀人员，并由古德里安原来的作战处长拜尔林将军担任师长，在法国境内进行集中训练。此外，古德里安还想把西线的装甲师也撤回来进行整编和补充，只是直接指挥西线的最高统帅部却不积极支持，对这个问题是一拖再拖，气得古德里安只好向希特勒抗议。最后好不容易撤出来一点部队，往往又都是补给部队或是炮兵部队，坦克部队还是扣着不放。到了1944年6月6日，盟军登陆作战开始之际，古德里安总算勉强给西线整编了10个装甲师和装甲步兵师。

古德里安就任装甲兵总监之后不久，就看出了加速造成德军战局被动局面的原因，那就是指挥系统不统一和最高指挥部门不得力。他看出，这个问题的解决是非改组最高统帅部不可。古德里安曾向希特勒多次陈词，却不被接纳；通过希特勒亲信进言，也毫无反应。古德里安深知自己之所以能有今天的位置，也是希特勒万般无奈的选择。

古德里安找过纳粹宣传部长戈培尔，向他提出改组问题，也没有得到任何结果。

接下来，古德里安又找希特勒的另一个亲信希姆莱。自从年初与希姆莱协调党卫军装甲部队问题拜访希姆莱之后，古德里安对他就没有好印象，知道这个家伙极其凶狠狡猾。但这次古德里安还是不得不与这位特务头子打交道。见到希姆莱后，古德里安硬着头皮提出了自己的想法，当提出应促使元首指派另一位能力更强的人担任最高统帅部参谋总长，而使希特勒放手去抓大事后，竟惹得希姆莱勃然大怒，认为此种说法极其荒谬。他甚至怀疑古德里安有野心，是想剥夺希特勒的权力。古德里安只好自认倒霉，便赶紧离开了这个阴森的地方。

看来人真是不好找，怎么办呢？军方人士肯定是不行的，古德里安左思右想，终于想到了约德尔。约德尔也是希特勒的干将之一，虽然在斯大林格勒战役问题上，约德尔坚持己见犯上，曾惹得希特勒大怒，但仍受希特勒信任。

1943年11月，古德里安看望了约德尔，向他提出改组最高统帅部的建议，建议参谋总长对于作战问题应该有指挥实权，元首则应主要掌握政权和战略大局。因为古德里安和约德尔早就相识，说得也就比较多，正当古德里安说得很起劲的时候，约德尔却给古德里安浇了一瓢冷水，他反问古德里安："你还知道有比元首更好的最高统帅人才么？"古德里安一听话不投机，就想别再自找没趣，便只好把所有的想法塞在皮包里，匆匆告别而去。

一连串的碰壁，使古德里安对他人失去了希望，对自己的建议也不抱多大希望了。没想到，一个偶然的机会又使他动了试一试的念头。

1944年1月间，希特勒派人送了一张便条，请古德里安同他一起去吃早饭。

吃饭的时候只有古德里安和希特勒两个人，他们同坐在一张小圆桌旁。室内的光线很暗，只有一个窗口有光线透进来，房间笼罩在阴沉的静谧之中。希特勒的爱犬伏在他脚下，希特勒时不时地顺手扯了一点面包喂它。一个伺候的仆人，只是轻手轻脚地走来走去，悄无声息。在这难得的机会中，古德里安知道自己也不能太过放肆。随便谈了一些杂事后，他就将话题引向军事问题。古德里安说：

"元首，根据当前战场态势和敌方的企图分析，盟军极有可能在西线登陆。如果敌方登陆，我们现有的预备兵力是绝对不够的。为了对抗西线登陆行动，只能从我军东线部队中抽调兵力，为了在东线抽出较多的兵力又不影响东线目前的形势，我军东线似乎有建立一条坚强防线的必要。我感到在我们前线的后方没有一条防线作为支撑，这实在是令人有点想不通。如果建立防线，我感到若是能把过去德、苏边界上的要塞修复后使用，它们的作用一定比目前选定村镇来当作据点的办法要好得多。"

这下子可引起了希特勒的长篇大论，希特勒以反驳的语气说道："请你相信我！我是有史以来第一位伟大要塞工程师。我建筑了西线长城，之后又建筑了大西洋长城，我曾经用了多少吨水泥，我一清二楚，我懂得一切有关要塞工程的所有问题。我们在东方前线防线建设中，缺乏的是劳工、原材料和运输工具。东线的问题是，铁路能运输的物资不能满足前线的需要。我无法调出火车来装运建筑材料供给东线战场建设。"接着，希特勒又讲出了一大堆天知道是真是假的统计数字，反正不管这数字对或错，总之古德里安是没有办法开口讲话。

古德里安现在也知道了希特勒的谈话特点，不能让希特勒的话题把自己的思路引开，所以不管希特勒说什么，古德里安只把问题围着东线转："既然在西线方面已经有了较为充分准备，那么为什么在东线方面却毫无准备呢？"希特勒引不开古德里安的思路，只好围着这

∧ 1944年初，苏军在东线向德军发起了猛烈反攻。

个题目与古德里安纠缠，重弹他的老调，说什么如果在后方修好了防线，那么东线上的将领们就只想着撤退，而不想努力战斗。任凭古德里安讲出多少理由，东线的作战问题就是绝对不能变，决不能后撤，令古德里安不得不屈服于希特勒的意志。

接着，谈话的内容又转到了各位将领和最高统帅部的组织指挥问题。古德里安费尽了三寸之舌，劝说希特勒任命一位他可以信得过的将领担任统掌全军指挥事务的参谋总长，解决目前存在的杂乱无章的指挥系统的弊病，但也是白费，以完全失败而告终。希特勒不但没有接受古德里安的意见，反而疑心古德里安企图限制他的权力。

看到这一点，古德里安算是彻底灰心了，感到自己实在太幼稚，努力的结果不但没有解决问题，反而给自己制造了难以解释的麻烦。

1944年1月中旬，苏军开始了在东线猛烈的反攻。

在南面，到了3月初的3、4、5日，苏军的大规模进攻将德军赶到了布格河一线。到4月份，在整个克里木半岛，除了塞瓦斯托波尔以外，德军丢失了其余全部占领区。

在北面，到1月下旬，苏军将德军逼过了洛加河，接着是拉尔代河。到3月份，德军撤到了维里克亚河和普里斯考湖、排波斯湖的西面，才算是站住了脚。

德军现在已经没任何预备兵力可以使用。凡是一切抽出来的兵力，也都送到了西线，去防守所谓的“大西洋长城”。德军在西线准备了48个步兵师、10个装甲师和装甲步兵师，将这些部队编组为“B”集团军，由隆美尔负责。隆美尔接任了“B”集团军总司令职务担任防守盟军登陆的任务后，也确实做了不少工作，他把所有部队作了这样的部署，即38个师分布在海岸线上、10个师位于后方以应对可能的变化。隆美尔在海岸线前面，布置了很多水底障碍物，并在防线的后方认为盟军空降部队可能着陆的地区，也设置了许多障碍物和雷区。

∧ 在巴格拉季昂战役中，苏军向德军发起了总攻。

对一般人来讲，可能认为隆美尔的部署非常好，但古德里安也有自己的看法：隆美尔的部署中忽略了对机动预备兵力的运用。就为这，古德里安和隆美尔曾有一番争执。

古德里安提出："由于我们在空中和海上都居于绝对的劣势，所以我们必须充分发挥我们唯一的陆上优势。只有大规模的陆上行动，我们才有可能获胜。为此，我建议充分发挥我军装甲部队的这种优势，集中最大的装甲力量，将其分成两大部分，分别集中于巴黎的南侧和北面，以随时准备向盟军的登陆作战地点投入，挫败敌方的登陆企图。"

隆美尔可不这么认为，他重申由于盟军有着强大的空中优势和海上优势，德军的运动战是难以进行的。隆美尔坚持以自己的观点进行着作战准备。

两人由争论发展为争吵。最后，隆美尔竟以自己在非洲和意大利作战的经历，来指责古德里安是没见过世面的"乡巴佬"。他完全忘了当初在古德里安闲职之际，自己曾举荐古德里安的历史。

古德里安也曾努力通过伦德施泰特和希特勒影响隆美尔的意见，但未能实现。建立在相互需要的关系基础上，希特勒更加相信隆美尔的分析和判断。

德国人以为坚不可摧的这个“长城”，会令盟军感到很棘手，而其实它不过是唬人而已。德军的战斗力已今不如昔，装备优势的对比也不在德军这里，更何况盟军的空中优势又大大限制了德军的调动。同时，兵力的不足、机动所面临的困难，也使隆美尔的机动预备队极其有限，不足以应对盟军的大举登陆。

结果可想而知，盟军成功登陆！

登陆后的盟军站稳脚跟，正在集结兵力准备向纵深突破，给德军以最后一击。

与此同时，在东线战场上，德军也遭受了更大的惨败。

1944年6月22日，苏军使用了146个步兵师和43个装甲师，约5,200辆坦克和自行火炮、6,000架飞机，实施了“巴格拉季昂”计划，兵分六路全线向德军中央集团军发动了总攻。苏军一路势如破竹，进展神速，打得德军步步败退，几乎全歼德军中央集团军，到7月3日就消灭了德军25个师。

听到噩耗，希特勒半天说不出话来，只得强打精神把他的大本营迁回东普鲁士，然后将所有能够调集的兵力全部送上战场，以挽救危局。

恼怒的希特勒是绝对不肯承认自己的失误，他将失败归于部下的失职，撤掉了中央集团军司令布西，换上了莫德尔元帅。

现在，随着苏军的节节胜利和盟军在西线的步步进逼，德军内部对希特勒的不满也更加激烈了。

7月17日下午，一个古德里安熟识的空军将官来到古德里安处，直截了当地对他说，新任西线战场总司令克鲁格元帅准备避开希特勒，与西方国家缔结一个停战协定，现正在与盟军接触。

古德里安听到这个消息之后，吓了一跳。他想，在这个关键的时刻，克鲁格这么做，必然会使德军已经危险之极的东线和整个德国的当前局面，陷入更大的混乱之中。古德里安是坚决反共的，他觉得这个时候是绝对不能做出影响德军东西两线作战的任何轻率的举动，决不能让苏联的共产主义赤化德国及其周围国家。

古德里安以为自己是在梦中，多年的军国主义教育，使他绝对想不到德国的将军，能在领兵作战的前线和敌人接触，更不能想像还要采取行动直接反抗国家的元首。古德里安有些怀疑地问了一句：“你这个消息可靠吗？从哪里得到这个消息的？”

古德里安有此一问，加上他那难以琢磨的表情，使来人犹豫了，最终也没有告诉古德里安他说这话的动机和对古德里安的要求是什么。当古德里安再问计划中的行动是否会在最近发生，来人也没有明确回答。

来人走后，古德里安为此事想了半天，也想不出个所以然，想到自己还是应该有充分的

*希姆莱（1900～1945）

纳粹德国首领，党卫军和秘密警察头子。主要战犯。1929年成为党卫军首领和希特勒私人保镖。1933年任慕尼黑警察局长。1934年成为普鲁士盖世太保头子。1936年任全德国警察总监。“二战”初期，以党卫军首领和警察总监的身份，领导建立帝国保安总处，推行种族灭绝政策。1943年任内政部长，把握监督行政机构和法院的权力。1944年任国内驻防军司令。1945年初任陆军第2集团军群总司令。1945年5月被盟军捕获，后自杀身亡。

时间对这个问题做出决定的，随即决定在7月19日，乘车到艾仑斯坦、多恩和何恩沙尔查等地校阅部队，用这段时间来思考一下自己该何去何从。

古德里安也曾想把这个消息报告希特勒，但转念一想，现在自己没有确实证据的消息告诉希特勒，只能算是中伤克鲁格，最多使希特勒对克鲁格产生猜忌，但对自己也没有什么好处，就放弃了这个念头。放弃之后，他的心中却又矛盾起来，如果不说，这又是一个真的消息自己又该如何，不知怎么办才好。

心神不定的一天又度过了。1944年7月20日，古德里安基本上都是在何恩沙尔查等地视察部队。到了傍晚日薄西山之时，古德里安感到压抑，便一个人到野外去，沿着静寂的小路散步，希望将自己放松在黄昏的美景当中，慢慢地理清困扰自己的问题。突然，一

∨ 希特勒在行刺事件后，接见负伤的德军将领。

> 老资格的伦德施泰特元帅在战场上未获重用，却在希特勒除去异己的行动中被委以重任。

辆摩托车戛然停在他的身边，打断了他的沉思。传令兵一下车就急急地向他报告，最高统帅部有紧急电话打来，请他立即回去。回到驻军司令部，古德里安才知道发生了一件震荡德军上层的大事：有人谋刺希特勒未遂！

古德里安听到这个消息，心里一沉："真有此事！"随后他就坐在驻军司令部等着最高统帅部的电话。直到深夜，古德里安才和自己的参谋长汤美尔将军联系上，知道了谋刺希特勒的事实经过和主谋人的姓名。接着，最高统帅的电话也来了，说希特勒命令古德里安明天到最高统帅部报到，准备接任柴兹勒尔担任陆军参谋总长。

第二天一早，一架飞机来到何恩沙尔查，把古德里安接到东普鲁士的"狼穴"。

看来，这次暗杀的目的是想严重打击德国政府的机构。不过在爆炸的当时，纳粹党的重要人物希姆莱★、戈林、戈培尔、波尔曼等人却一个都不在。在暗杀现场受到意外伤亡的只是几个不太重要的人物：陆军总部的布兰特上校、空军参谋总长柯尔吞将军，希特勒的侍卫长施蒙特将军，及一位名叫贝格的速记员。但希特勒很是幸运，竟然躲过了爆炸，从而使得这次事变彻底失败。

其实就算事变成功了，结局会怎样也难说。且不要说国际社会坚决反对纳粹的决心和要求德国无条件投降的声明，就德国国内来讲，也是一个未知数。在那时，德国虽然遭到了失败，但受纳粹的蛊惑，还有相当一部分德国人民相信希特勒，认为希特勒是他们胜利的希望。如果德国军人在当前这个生死存亡的关头，推翻了他们的元首，他们一时也难以接受。

希特勒在从爆炸中恢复过来后，对暗杀的相关人员进行了疯狂的报复。对参与者或与之有牵连的人及其家属进行了严厉的惩罚。当然，这些人中只有极少数才是真正的参加者，多数的人不过只是知道有这样一回事罢了。在希特勒谋杀者的追捕中，前陆军参谋总长贝克上将、哈尔德上将，军需总监瓦格纳，西线"B"集团军司令隆美尔，国内驻防军总司令弗洛姆上将，维茨勒本陆军元帅，谍报局局长卡纳里里海军上将等人，不是自杀就是被绞杀或被捕后枪决。死刑的处置是最为残忍的，被行刑者被抽掉腰带，用琴弦慢慢地、一点一点地绞死，在挣扎中不少死者都掉了裤子，赤身裸体地展现了临死前的痛苦。行刑的场面，被戈培尔派人拍成电影，到部队中广泛播放，以儆效尤。

希特勒认为这样做，还不足以警吓敢于与自己作对的人，接着又下了一道命令，将所有的被告都交给一个所谓“人民法庭”审判，扩大对犯上者惩处的影响。当然，这个法庭是由希特勒一手控制的，法庭执法的根据也不是依据一般的军法，而是以希特勒的报复心理而定。在法庭上，这些与事件有牵连的人被剥夺了正常的权利，只能认罪，而不能提出任何质疑和抗诉。

当然，这些参与事件的军人在被移交“人民法庭”审理前，还应决定开除军籍。希特勒为了显示自己是遵照法律行事，还特意组织了一个“荣誉法庭”，庭长由伦德施泰特元帅担任，其他人是凯特尔、夏尔斯、克利贝尔基尔、基尔希汉和古德里安。古德里安可不想替人背上骂名，便以自己身兼陆军参谋总长和装甲兵总监两项重要职务为由，推说公务繁忙，实在没有时间考虑和处理这类问题，希望打动希特勒免除自己这件难受的差事，但却没有得到批准。不过他也有办法，就经常借故紧急军务不能分身，让基尔希汉将军替自己出场。当然，每次到场看到的都是让他感到难以面对的受牵连人的亲属。

事变之后，希特勒没有受到严重伤害，开始他想任命布里将军做陆军参谋总长，可这位将军运气不佳，在爆炸事故中受了重伤，让人很难知道他什么时候可以康复。而目前在这个动荡不安的局面中，陆军参谋总长不能空缺，希特勒只好决定在这期间，任命古德里安上将代理参谋总长的职务。古德里安知道自己多次和希特勒闹过别扭，不能唯希特勒的意志是从，自己并不是希特勒中意的人。现在找上他，不用问就知道是希特勒在无人可用时候的一个替身而已。

虽然这个时候，德军在东线战场的形势已经危如累卵，但古德里安还是愿意站到这个位置上来。他对于自己在战场上的功绩和在发展德国装甲部队方面的成绩还是颇为自负的，嘴上没有说什么，但还是希望得到希特勒的承认，哪怕是不得不为之的承认。现在，希特勒把他放到这个位置上来，不也正显示他还是有着出类拔萃的才能，有着过人的英勇吗？

当然，如果有人问他为什么要接受这个吃力不讨好的苦差事，他的回答就要“伟大”得多：“军人必须服从命令！特别是当东线战场已经危险到了不可收拾之际。为了挽救数千万德国军民的失败的厄运，我也非跳这个火坑不可。我不入地狱，谁入地狱！如果我这时拒绝命令，坐视东线被苏军攻占，那么我就是一个懦夫……我也是一个普鲁士人呀！”

在陆军总部，古德里安见到了幸免于难的希特勒。这时的希特勒的形象可是够狼狈：一只耳朵还在流血，右臂烧伤严重，用绷带包裹着，几乎看不见手臂。当他接见古德里安的时候，已经没有了往日的威风，表情平淡、态度异常的安详，就是这样，他也不忘在宣读了任命古德里安为陆军参谋总长后，对柴兹勒尔的失职指责了一番，还装腔作势地要求古德里安不得借故辞职！

∧ 1944年7月，希特勒与时任陆军参谋长的古德里安（右）等人在一起。

在谈到新的人事安排时，古德里安想将自己的宿敌西线战场总司令克鲁格换掉，也初步得到了希特勒的赞同。不过，凯特尔、约德尔和顶替受重伤的施蒙特的布格多夫却一致说，克鲁格元帅现在还有极大的利用价值，虽然这个阴谋和他也有干系，还是以不动为宜，古德里安也只好放弃自己的想法。

受伤后的希特勒更加神经质，对事情更为敏感。按照古德里安的话，希特勒“心理状态在过去本就不太好，现在就更差了。他的精神从此完全被破坏。他全身的一切邪恶的魔力，都充分地宣泄了出来。他的发泄从此更不受任何的限制。”

第十一章

大势将去犹不甘

1888-1954 古德里安

古德里安决心要坚持自己的主张不再放弃，要与神经处于崩溃边缘的希特勒相抗争。面对希特勒的狂怒，他不发一言静静地看着希特勒的表演。从来没有人敢于这样对抗希特勒的权威，古德里安的坚持，终于使希特勒恢复了思考的能力……

>> 无权的参谋总长

古德里安就任陆军参谋总长后，希特勒竟也为他的安全问题操起心来。煞有介事地告诉手下说，古德里安处在危险之中，命令秘密警察对古德里安严加保护。更煞有介事的是，希特勒还劝说古德里安接受他的私人医师莫里尔的医治，请这位医生为古德里安的心脏病注射药品。古德里安可不上莫里尔的当，他接受了自己的医师劝告，拒绝了莫里尔的麻醉性药品。

古德里安就任参谋总长后，首先是恢复陆军总部本身的工作秩序。他把已迁到柏林附近左森的那部分人员和军需总监部等重要的机构，撤回东普鲁士原来的位置，把拆迁的通信网重新安装好。

其次，他恢复了陆军统帅部的工作秩序，赶紧任命一些主要的机构负责人。古德里安接过陆军参谋本部的大印后，走到设在陆军总部的参谋总长办公室时，却发现司令部各办公室受“7·20事件”的影响，很多人离开了参谋本部，没有离开的也无心工作，或者不来，或者来了之后不知去向，办公室里空空荡荡，寂静无人，丝毫没有往日的繁忙景象。古德里安走遍所有房间只找到了一个正在酣睡的士兵。看到此情此景，古德里安知道自己这个堂堂的陆军参谋总长，现在只是一个光杆司令，要使陆军统帅部运转起来，必须招兵买马。

在古德里安接任陆军参谋总长的最初几个星期中，整天忙的事就是尽快使陆军统帅部恢复它的正常功能，其他事情还根本没有时间考虑，任由前线部队按原来的计划维持既定局面。德国陆军曾是德军唯一的军种，它由沙恩霍其特、李希留和克芝塞维次等人所创立，经过毛奇、施利芬、兴登堡和鲁登道夫等人的多年经营和发展，形成了具有德国军国主义特色的参谋本部。虽然经过希特勒三番五次的打击和压制，原来的参谋本部的那种精神几乎荡然无存，但是这些军官对希特勒绝对权威还是不会俯首帖耳的。古德里安想，自己做了参谋总长就不能不服从希特勒的命令，而且为纳粹德国的前途着想，也必须与希特勒及其亲信合作。

古德里安在参谋总长任职上的经历，是他一生中最为耻辱的一段时间。无论他怎样解释，但实际上古德里安成了希特勒的走卒，延长了希特勒苟延残喘的时间，这使他以前所表现出来的刚直不阿、言行一致的形象蒙上了一层阴影。

在陆军最高统帅部的参谋本部工作秩序恢复之后，古德里安的工作

∧ 古德里安与手下将领在一起制订作战计划。

还是难于开展。爆炸事件之后，希特勒对陆军参谋本部的不信任更加严重了，他要求古德里安所办理的任何一件事都必须经过他的同意。对于东西两线的百万德军，陆军参谋总长只能指挥东线的部队，而对西线的德军无权过问。更为严重的是，希特勒和他的亲信出尔反尔，不仅答应的事情可以不办，就是白纸黑字的命令他们也可以随便反悔。

以前就对希特勒大权独揽颇有微词的古德里安，当然不甘心作希特勒的一个传声筒，他的目的是要在这个位置上展示自己。古德里安向希特勒要求，除了一些涉及根本原则和方针路线的大事，参谋总长应该有命令东线战场上各集团军采取相应行动的权限，而且对纯属参谋业务的诸多问题，自己应有权向各军团的参谋人员下达有关指示。但是这两个要求都被希特勒拒绝了，他不能容忍德国正统军人传统的恢复，不能让军人拥有太多的权利以影响他的野心，他要扼杀军官团的信心，使他们服服帖帖地为他所用。

★魏玛共和国

德意志第一个资产阶级议会民主制共和国。德国"十一月革命"推翻了霍亨索伦王朝后，1919年2月6日在魏玛召开国民会议，选举右翼社会民主党领袖艾伯特为总统。7月31日通过《魏玛宪法》，正式宣告废除帝制，实行共和。1925，年兴登堡当选总统。1933年1月，纳粹头子希特勒被任命为总理。1933年2月1日，希特勒解散国会。同年3月23日，希特勒操纵重新选举的国会通过《授权法》，停止执行《魏玛宪法》，魏玛共和国宣告解体。

想当初，参谋本部是多么的威风。它曾经在第一次世界大战时统治着德国，魏玛共和国★也受它控制，就是希特勒的早期政治生涯中，不得不摧毁自己建立的、为自己上台立下战功的冲锋队，原因之一也是这个组织受到参谋本部的反对。但是现在，到了1944年以后，这个机构已成了由一群可怜虫构成的团体，对希特勒不敢反抗，更不敢抗议。古德里安并不愿意就此放弃自己的想法，他还想通过与希特勒私下的交流说服他。所以在接受任命的几天后，他就要求希特勒和他进行一次私人谈话。

希特勒一听，知道古德里安有所企图，而且这种企图还不想让他人插手，便以警惕的目光看着古德里安："你是想要讨论业务问题呢，还是人事问题？"

"那当然是业务问题，而且只有我们两个人进行深入的、开诚布公的态度，才可以获得一些有益的结论。"

希特勒猜出了古德里安的企图，当即拒绝了这个要求。非但如此，以后凡是古德里安与希特勒讨论业务问题的时候，希特勒总是让凯特尔元帅在座，另外还加上两个速记员。希特勒的这种安排，彻底打碎了古德里安的企图，使他基本上得不到机会向希特勒据理力争。对希特勒的盲目崇拜，使他不敢、也不愿意在公开场合提出自己的观点，古德里安认为私人性的谈话才不会损害元首的尊严，为了心中元首的尊严，他放弃了自己想做的事。

古德里安曾经设想的对指挥关系的改革，就是到了他被任命为陆军参谋总长之后，也未能实施。

现在，德军东线的战场形势更加恶化了。古德里安的前任留给他的，不仅是失去机能的参谋机构，还有一个即将瓦解的前线战场。

由于希特勒的困兽犹斗，坚持不放弃一寸土地，决不后退，这使得德军无论是在西线战场还是在东线战场，都从来没有做过构筑防御工事的准备。在西线战场方面，希特勒还是相信他的"大西洋长城"；在东线战场，他始终抱着"置之死地而后生"的想法，不给前线德军留下可以后退的一条固定防线，迫使德军拼死战斗。这样做的结果是德军一连串的惨败，丧失更多可供回旋的战场空间，前线距离德国本土越来越近。古德里安知道，战事发展到这种程度，如果不希望今后的战局因局部的败退而导致全面的崩溃，那么现在就必须进行本土的战场防御建设准备，他早在1月份向希特勒提出的重新修筑德国东面边界防线一事，必须立即着手。不但如此，古德里安还认为在连接着这条防线与主要河流防线之间的节点，也应加强设防准备。

古德里安立即动起手来，他在陆军总部工兵指挥官贾可布将军合作之下，很快就拟订了一个全面建设计划。同时，为了突出对要塞设防问题的重视和指挥，古德里安还命令前任被撤销的参谋本部城塞组重新恢复起来，并任命提罗中校为组长，具体负责要塞设防事宜。古德里安把他们所拟订的计划，在没有呈送希特勒批准之前，就先分送各有关单位加以执行。

古德里安知道希特勒的特点，怕在此问题上生出什么枝节，便先将计划下发执行。之后，才把计划呈送给希特勒审批，古德里安特意在呈送件上加了一个附注，说明事情紧急他已经先行发出了执行命令，而请求元首能进行事后追认。事已至此，希特勒才勉强同意了古德里安的做法，也许这是古德里安的第一次，也许这并没有违反他的不放弃一寸土地的原则，反正最后希特勒是同意了。

东线的要塞建设总算是开工了。古德里安从各个方面搜罗了一些志愿人员、妇女小孩和老年人，以及盟军的战俘等投入了建设。为了防守建成的这些阵地，古德里安第一批就成立了100个要塞步兵营和100个要塞炮兵连。后来机关枪部队、工程通信等部队也都陆续成立。

古德里安心里十分清楚，要想阻止苏军的攻击，使这些要塞工事发挥作用，就一定要有充分的防守兵力、武器和补给物资。为此，古德里安组织了要塞部队，并要求这方面所需要的人力等不能被野战部队所调用，而以在要塞中服役为原则。但是这纸命令算什么呢？在这些部队刚刚形成战斗力时，就有80%被最高统帅部抽调到西线去了。当然把这种准备尚不充分的部队，送上西线战场，也不过是使德军的损失数字再增加一些罢了。

武器方面的情况和兵力的情况基本相似。古德里安最初曾要求把储备的缴获敌方的各种兵器完全用于工事防御，却遭到了凯特尔和约德尔的坚决反对。开始他们说没有这类武器，当有证据说明存在这类武器时，约德尔又从中捣鬼，把凡属口径在50毫米以上、弹药在50发以上的大炮一律送往西线战场使用。使古德里安所建设的防御工事只能用30毫米和37毫米的战防炮抗击苏军的T－34式坦克。

最终结果是，古德里安在东线辛苦修建的要塞工事，既没有足够的人力，也没有合适的武器进行防守。

不过虽然如此，这些防御工事有一部分还是起到了一定的防御作用，在一定程度上迟滞了苏军的进攻速度。

希特勒可顾不上东线的问题，他只想在西线发动一次新的攻势，完全顾不到东线战场的如何防御、能否防御的问题，并为此目的把德国国内训练的最后一点兵力，也都调到了西线。但是西线的形势又如何呢？在1944年8、9月份，西线德军也已经完全崩溃，一直向所谓齐格非

∧ 德军构筑的防御工事。

防线退却。德军在盟军的打击下狼狈撤退，使其所占领的许多防御要点也都纷纷沦陷。古德里安知道，所谓的齐格菲防线只是一个名字，事实上它已不能再称之为防线，原来防线上的大部分武器都已被拆卸到“大西洋长城”上去了，随着“大西洋长城”的瓦解，德军便什么都没了。希特勒不但不承认他未能事先对防御行动做出适当的安排，而导致德军的形势一发不可收拾，相反这个时候，希特勒淫威大发，更不允许他人提出意见，他三番五次地要求前线官兵必须死守。

8月15日，古德里安奉命向希特勒汇报战况，终于和希特勒发生了激烈的冲突。古德里安本就对希特勒及其亲信不满，当然他更不会将失败的责任揽在自己身上，汇报战场上装甲部队作战的情况时，他说：“装甲部队虽然英勇作战，却仍然无法弥补海空军所造成的损失。”不料，这句话使希特勒大动肝火。他怒气冲冲地对古德里安喊道：“你跟我到这来！”

在另一间房子里，古德里安与希特勒互不相让，声音越来越高。最后，希特勒的副官安斯堡少校实在听不下去了，只好走进来说：

“您们两位说话的声音稍为高了一些，在外面都可以听得见，要不要我把窗子关上！”

这时，德军战场的形势已是不堪收拾，但希特勒和他的最高统帅部对于未来的战局，还是不能有一个明确的长远规划。古德里安心中明白，此时对于德军最为重要的是，应考虑如何保卫德国本土。

为此目的，古德里安认为已是弱不禁风的德军是无法应对英美联军和苏军从东西两个方向发起的进攻，从现在起就该撤回部队，收缩防线，采取守势。而且，由于上西里西亚和波兰的大部分领土，是德国战时原料和粮食基地，是重要的供应来源，现在还在德军手中，所以古德里安建议以东线战场作为防守的主要方向，建立一条稳固的防线，阻止苏军继续推进。当然，这样做的结果是西线最后被英美联军所击垮。但没有关系，古德里安认为可以与西方单独讲和，或者使战争再拖下去，而且不一定会发生什么事，出现对德国有利的局面也说不定。

> 古德里安战时经常往返于陆军司令部与总理府之间。

在国际政治上，希特勒和他的顾问们到底比古德里安明智得多，绝对不相信有与西方国家单独媾和的可能，拒绝了古德里安的建议，坚决主张死守下去。希特勒的注意力已集中到西线战场，企图在美英联军尚未到达莱茵河之前，至少是在他们渡过莱茵河的时候，发动一次强有力的反攻，击败对手。

希特勒和他的最高统帅部相信，到11月中旬，德军一定可以发动攻势。而这样做，到12月中旬的时候，德军又可以把大量兵力调回东线战场。对于这一点，希特勒是颇为自信的，“那年秋天天气特别温和，可以预料冰冻期来的一定较晚，苏军的进攻行动将不得不拖到过新年之后发动”。

这样，古德里安孜孜以求的东线防御，被放到了德军整个作战计划的第二位。

古德里安心里不同意希特勒的计划，但是当希特勒强行定下来之后，他作为东线战场的最高负责人，又不得不忠于自己的职责，力求先稳定东线战场的局势，以保证西线的反攻计划付诸实施，等西线完成预定企图后，再在东线进行大的行动。

除了前一时期在后方构筑的防御工事，古德里安就想在前线防御上做点文章。第一，在12月中旬，把前线上所有装甲师和装甲步兵师都逐渐撤回，补充兵力和装备后，编组为4个兵团，充当机动预备队。第二，用最大的可能压缩苏军夏季在维斯托拉河上占领的桥头堡，使之失去有利地位，以增加苏军在可能的进攻行动时的困难，在某种程度上迟滞苏军的行动。第三，在重建陆上交通线已是不可能的情况下向希特勒请示，为缩短战线、增强预备力量起见，可否把留在波罗的海国家的德军从海路撤出？

这一切的预想，最后被西线战场的失败所摧毁，古德里安的计划付诸东流。东线已经构筑好的防线和阵地，因从西线没有转来任何人员和武器，自然也就失去了原有的价值。

不过，对于东线德军来说最不利的事，莫过于希特勒决不允许缩短防线，留在村尔兰地区的北方集团军残部也始终未能撤出。古德里安该如何应对下一步行动呢？没有决定权却又要承担着对德军的指挥任务，纳粹的这个马前卒也不知路在何方，该怎样应对将要出现的一切！

这时的东线战场上，尽管前线各处交战不断，德军节节败退，但是德军在从卡配多到波罗的海的绵长战线还算平静，古德里安组织的构筑工事、抽调装甲师和装甲步兵师作总预备队的工作，也算顺利。古德里安知道，表面的顺利掩盖不了事实上的空虚，这长达1,000多公里的漫长防线，在数量占绝对优势的苏军面前，他抽出的这12个装甲师和装甲步兵师能做什么呢？古德里安只能自我解嘲：有一点部队总是比没有要强得多。

自我解嘲是解决不了实际问题的，古德里安还要面对这个又长又过于薄弱的防线。兵力不足、装备短缺是无法解决的了，唯一可以动脑筋的就是如何在阵地部署上想点子。针对德军的现状，古德里安决定扩大防线的纵深，把平时占领用以防守的“主防线”和敌方大举进攻时的守军占领的“最后防线”完全分开。前线的德军军官希望把这最后一道防御阵地建立在距离主防线后面约20公里远的地方，进行严密的伪装后，配置一部分守军在里面。这些军官的设想，当进攻苏军在进行炮火准备的时候，守军可以把部队的主力都集中在最后一道阵地上，只留下极少数的防守兵力，坚守原有的主防线。让苏军的炮弹白白地浪费在第一道防线里。而等到苏军攻占主防线后，费尽力气攻到德军最后防线的前面时，进攻的锐气肯定是严重衰减了。这时占领最后一道阵地——“最后防线”的德军主力部队就可以轻易地击退苏军的进攻。

从战术运用上讲，古德里安认为这是很好的防御方法，理论上可行，在实践上也应该没有问题。所以古德里安立即批准了这个方案，并把它转呈给希特勒。谁想到这个战术方法的运用又惹得希特勒大发脾气，岂有此理！这不是和“寸土必争”的要求唱反调吗？希特勒决不能坐看着20公里的距离，居然不经过一次战斗就白白地让给苏军，当即命令两道防御阵地之间的距离最多只能相隔2～3公里。当然，希特勒的根据是他第一次世界大战时的经验，希特勒的顽固再一次使德军受到严重损失。当苏军于1945年1月向德军阵地发起攻击时，由于德军的“主防线”“最后防线”“预备队”三者距离过近，绞合在一起，从而受到了苏军炮火的猛烈打击，仅仅几十分钟的时间，德军费尽周折建立的防线便土崩瓦解，全线崩溃。

希特勒见到德军遭受如此失败，当然又大发雷霆，坚决要追究当时设计和建筑防线的人，并严厉指责他人的无知，强调说自己一向主张两道阵地之间应该隔离20公里以上，并厉声追问：“是哪个混蛋下了这样不合理的命令？”

古德里安当然是不甘沉默的，毫不客气指出：“元首，这是根据您的命令所作的部署。”

“这怎么可能？”一向自视颇高的希特勒当即把当时的会议记录找来，并大声地读了起来，他要证实自己的英明。但是读着读着，希特勒便不再出声，白纸黑字的事实无法被否认，他尴尬万分，只好以默认对待这个事实。

希特勒一直相信在最高统帅部里面，就只有他一个人是真正前线战斗的经验者。这也难怪，他的那些亲信和军事顾问大多数都没有他的经验丰富，尤其是在里宾特洛甫、戈林等一群马屁精的吹捧之下，更使他觉得他自己是世界上最伟大的军事领袖。此外，从政客成为德国的元首的希特勒，因为要凌驾于军队之上也就更不能让自己的军事才能低于德国军官，就是硬充也要充上去。特别是他的军事冒险在欧洲获得成功后，更是认为自己无所不能。所以他是绝对不肯向他人低头学习的。古德里安有一次想使希特勒了解一点现代军事发展的情况以及这种发展所引起的战术上的变化，也遭到了希特勒的斥责："你不要把我当作小学生看待，我已经在战场上指挥德国陆军达55年之久。在这个期间内我所获得的实际经验，要超出了参谋本部诸位先生的想像之外。我曾经研究过克劳塞维茨和毛奇的战争理论，研读了施利芬的著作。我自问懂得战争问题要比你高明得多！"

战场上的连续失败，导致轴心国★之间离心离德的问题更加突出。匈牙利的摄政王霍尔泰对希特勒的态度已是口是心非，他希望与英美重温旧好，并企图利用无线电与英美进行联系。而匈牙利军队有许多高级将领，则完全倒向了苏军。匈牙利的参谋总长弗罗斯将军，前不久还到过东普鲁

∧ 身陷内外交困境地的希特勒愈发苍老了。

∧ 时任德军南线战场总司令的凯塞林。

★轴心国

特指第二次世界大战前和大战期间结成侵略同盟的法西斯德国、意大利、日本三个国家。"轴心"一词在此意义上的初次使用，是墨索里尼于1936年11月1日德国和意大利签署盟约之后不久在米兰的一次讲话。在这次讲话中，他提及"柏林－罗马轴心"。1940年9月，德、意、日签署三国同盟条约之后，又有"柏林－罗马－东京轴心"之说。从广义上讲，轴心国也指在第二次世界大战期间，加入了德意日三国同盟的法西斯盟国匈牙利、保加利亚和罗马尼亚等国。

士，并向古德里安信誓旦旦地保证将完全忠于同德国的关系，还接受了古德里安一辆汽车的馈赠。可是没几天，他被开着德国人给的那辆汽车逃到了苏军那里。不得已，希特勒在1944年10月16日推翻霍尔泰政府，另外选了一个傀儡元首沙拉斯基。

而在斯洛伐克，整个国家成了游击队的天下，他们拦截火车，到处追杀德国军人，搞得德军惶惶不可终日。在意大利，自从盟军1944年7月4日攻占罗马以后，德军南线战场总司令凯塞林元帅只能守着安第内斯山上的一条防线与优势的盟军苦斗。由于那些向墨索里尼效忠的意大利军队战斗力极差，发挥的作用有限，德军20个师以上的兵力被牵在那里动弹不得。而在德军的后方，反纳粹的意大利人已经展开了激烈的游击战，逼得德军狗急跳墙，进行了残酷的报复行动。

战后，盟军根据德军的罪行对有关德军将领进行了惩处，这是正义力量的表现。可是这个古德里安却还在为他们叫屈，认为德军是被逼才采用强硬的报复办法，是为了保证军队的后勤供应路线不被切断，竟指责军事法庭以一己之偏见来定德军将领的罪。可见古德里安已完全没有了是非观念，最后已彻底沦为纳粹的走狗，成为坚决反人类的希特勒纳粹的信徒。这是后话。

1944年的12月初，希特勒为了更接近西线战场，以便亲自指挥即将在西线战场发动的最后攻势，把他的大本营从东普鲁士移到吉孙附近的齐根堡。希特勒置东线战场于不顾，在过去几个月当中，他集中了一切可以集中的兵力，把他们部署在从艾尔弗到列日以南马斯河口之间。在这里，美英联军阵线相对单薄，防守兵力较其他地方要少。所以德军就想从此地实行突破，将兵力渡过马斯河后直趋布鲁塞尔和安特卫普，进而使所有在突破口以北的美英部队陷入被围歼的厄运之中。希特勒坚信，只要这次突破行动和围歼作战能够成功，那么在德军的拼命一击之下，西方国家的实力从此就会一蹶不振，盟军在西线战场再也不会对他构成威胁。于是，他就有了足够的时间把西线所有的兵力再集中到东线战场，再设法击败苏军的冬季攻势。如果这样的目的实现，纳粹德国就可以将战争拖延下去，破坏盟军迅速胜利的希望，迫使盟军收回那个“无条件投降”的要求，而不得不坐下来与他谈判。

也许是天意，大自然也不愿意为纳粹的进攻提供方便条件。这一段时间天气始终不是很好，同时在盟军的地毯式轰炸的影响下，德军兵力的集中、部署也一再延迟，迫使希特勒不得不一再推迟进攻日期，将原本是在11月中旬开始的进攻行动，推迟到12月16日。

鉴于德军战斗力大不如前，德军的新战法再也不是盟军所对抗的新东西，它已失去了原有的意外效果。西线战场德军总司令伦德施泰特元帅和B集团军总司令莫德尔元帅建议，应使德军的这次攻势只局限于一个有限的目标，因为德军没有足以完成希特勒理想中的伟大的计划那样强大的兵力。他们二人建议把攻击范围限制在马斯河以东，以击败沿着该河东岸、在阿亨和列日之间的盟军为目标。可是，狂妄的希特勒坚信自己天才的直觉，断然拒绝了他们的建议，他坚持要实现自己的那个“伟大”理想。

结果自是不难预料。从12月16日开始进攻的德军，取得了一定程度的突破后，便由于胃口太大，在美英联军的合力反击下，陷入了僵局。到12月22日的时候，古德里安看到任务不能实现，便建议希特勒选择一个较小的目标结束西线战斗，把兵力尽快用到东线上去。可是希特勒及其最高统帅部却认为这是扭转整个战局的关键，坚决不顾东线而要最后一搏。

古德里安只能在办公室里，眼看着德军的西线战局走到不可收拾的境地，自己东线所希望的兵力和兵器被盟军在西线战场上摧毁，德军上演又一幕失败的惨剧。

德军的各个军团于1945年1月底退回了出发阵地，在退却过程中，原来还满怀希望去战斗，并准备为德国的胜利打到最后一人的德军，现在已是垂头丧气，情绪低落。而国内也受此影响，在西线取得决定性胜利的希望落空后，民众中充斥着悲观失望的气氛。而为此付出的代价呢？兵员本已不足的德军在付出了9万人后，只使盟军损失了7.7万人，德军中很不容易补充或新建的师损失了大量的技术兵器，德军陆军失掉了勉强挤出的最后一点预备队。

∧ 1944年底，苏军向德国境内发起了全面进攻。

∧ 1944年，希特勒与约德尔（右二）等人一起研究战局。

>> 末日已将来临

现在古德里安的陆军总部已经移到了左森附近的梅巴赫营房。对西线的战局，他没有办法，而东线的战场情况更加恶化。情报显示：苏军即将发动大规模的攻势作战，苏军兵力的主要集结地也都已查明。

苏军为了实施冬季攻势，已经集中了168个步兵师、23个装甲军和1个骑兵军。整个东线，苏军处于绝对优势，步兵与德军的对比是11:1，坦克是7:1，大炮是20:1。若从整个部队的各个方面进行综合评估，则苏军的陆军优势高达15:1，空军则为20:1。

虽然古德里安相信德军的战斗力，因为它曾在5:1的劣势下击败对手。不可否认，德军士兵的个人素质较高，德军特有的委托式指挥也能在战场及时应变，具有一定的优势。不过今天，经过5年来的战斗，德军的武器装备和后勤补给一天少于一天，所补充兵员的素质也大不如前，更可怕的是德军官兵的士气日益低落。所以，要想以久疲之兵同得胜之师作战，古德里安觉得无论是一般的德军官兵还是希特勒及其最高统帅部，都难以承受如此的重负。

不能承受也要承受，德军现在面临的首要问题是如何阻止苏军的强大攻势。古德里安知道要解决东线问题，就必须把尽可能多的兵力从西线调到东线，并在罗兹－霍亨沙尔查地区筹建一支强大的预备队。通过这样的部署，强迫突破德军防御的苏军与德军进行一场运动战，不管怎么说苏军在机动作战方面还是较德国为弱，运用德军擅长的机动战与苏军展开较量，也许能有击败苏军进攻的机会。

最后的决定权不在古德里安手里，他的要求要得到希特勒的同意。可统帅部不但不愿意增援东线战场，而且还不断从东线本已不堪重负的部队中再抽出一些，移作他用。12月下旬，在古德里安乘火车回左森的路上，古德里安得知，希特勒又直接下令把一个党卫军及其所属的2个党卫军师从华沙以北地区，调到了巴尔干地区，以解救布达佩斯之围。这样，古德里安的东线只剩下了相当于15.5个师的预备兵力，来防守1,000多公里的漫长防线。

这样下去如何是好，古德里安回到总司令部之后就和自己的两个手下格仑、温克，仔细地琢磨起对策，研究怎么办才能改善德军的危局。结论只有结束西线战场的进攻行动，并将大部分兵力集中到东线战场，才可能制止苏军进攻。

当然还得请求希特勒。这一次古德里安精明多了，他未见希特勒之前先拜访伦德施泰特元帅和他的参谋长魏斯特发尔将军，讲明了自己的目的和要求，求他们给自己出主意。这位老元帅和他的参谋长对西线战场部署比古德里安了解得多，当即告诉古德里安西线3个师、意大利1个师部署位置都在铁路附近，只要希特勒批准，马上就可以调往东线。不但如此，他们还偷偷地下令让这些部队事先作好了调动的准备。一切妥当后，古德里安才去见希特勒。

约德尔不知这些内幕，还坚持说西线无兵可调。没想到古德里安当场指出了4个师的番号，说得约德尔哑口无言，只好老老实实地交出了这4个师。就是这区区调往东线的4个师，到最后也奉希特勒之命，又转用到匈牙利，古德里安只是空欢喜一场。

以后，在1945年1月上旬，古德里安走访了东战场的前线将领，再次感到，现在东线已无法防守如此绵长的战线，只能增加兵力或收缩战线。古德里安决定再次面见希特勒，请求他将战场重心移到东线，或者缩短战线也好。

1月9日，古德里安再一次来到了齐根堡，古德里安暗暗地下了决心，这一次无论如何也要取得一点结果。为了保证自己的这次晋见取得成果，古德里安特意带上了装甲兵总监部的参谋长汤美尔将军一同前来。除此之外，古德里安还命令陆军总部的情报首脑格仑将军准备了一份极其详细的情况报告，报告既有文字说明，也有附图和表格，是一份难得的图文并茂的文件。

但这次汇报的结果更糟，希特勒对接过来的报告只看了一眼就大发脾气，“这是谎言！是完全的虚构。”同时，他气冲冲地命令古德里安：“立即把这个草拟报告的人送到疯人院里面去！”

古德里安再也难以忍受希特勒的自以为是，不禁气上心头说：“撰写报告的人是格仑将军，是我手下一位最好的参谋。如果他准备的东西我要是感到不满意，我也决不会随便送给你看。如果你要想把格仑将军送到疯人院里去，那么你就把我送去好了。”

古德里安的激烈反驳令希特勒感到吃惊，手下这样对待这个历来不可侵犯的元首可是首次。他怔了一下，只好退一步要求古德里安把格仑将军免职，古德里安仍然不同意，希特勒只好不了了之。古德里安虽然保住了格仑将军的位置，也制止了希特勒的发泄，但结果还是一无所获。古德里安带来的想法又原封不动地带了回去。东线增加兵力的目的没有达成，就是收缩战线的企图也化为乌有。

此时希特勒的鸵鸟政策，又配上了鸵鸟战略，是完全彻底的自欺欺人。在会谈结束的时候，希特勒竟还天真地口头表扬古德里安：“我们的东线战场还从来不曾有过像今天这样强大的预备兵力。这都是你的功劳，我真应该感谢你。”

古德里安能说什么呢？只好再次重复自己的意见：“今天东线战场的形势就好像没有摊牌前的赌局，一旦我们的防线有一点被苏军突破，那么整个东线战场也就跟着完蛋。现在的预备兵力，是绝对不够用来防守这么漫长的防线的。”

“东线战场应该自求生存，充分利用现有力量进行战场准备。”听到这话，希特勒似乎是安慰、也似乎是在命令地又说了一句。

路越来越窄了，这时的古德里安真是难于理解希特勒和约德尔等人抛弃东线的立场。他只能认为由于希特勒和约德尔的故乡都不在东线，感受不到这个地区对于他们的血肉联系，失去这个他们不会有切肤之痛。

古德里安等人的情报是准确的，1945年1月12日，苏军开始了被称为第二次世界大战中最大的战略行动。在巴拉罗夫桥头阵地的苏军开始发动了一个准备周密的大攻势。自从1944年12月17日以来，在巴拉罗夫桥头堡的苏军的大炮增加了790门，迫击炮也增加了268门。而德军空中侦察的报告也说，苏军部队正向维斯托拉桥头堡推进，苏军在马格鲁兹夫桥头阵地也已经新增了60个炮位。这次行动主要是以2支强大的装甲部队发起的，南路是第一乌克兰方面军从维斯杜拉的桥头堡向西里西亚的布雷斯劳进攻，北路由第一白俄罗斯方面军从普瓦维和马努舍夫桥头堡向小波森进攻。两军的最终目标是直抵奥得河，攻向纳粹德国的心脏柏林。

苏军的进攻如摧枯拉朽，转眼之间，东线德军便全线崩溃，苏军将进攻矛头直插德军防线纵深。

第二天，苏军投入了更多的兵力向德军进攻，德军的各处防线一段一段地被突破。

希特勒的歇斯底里已经到了无可救药的地步，在1944年11月，他发布了一道传达到每个士兵的命令，宣称：“任何要塞、守备部队或坚固支撑点的指挥官，从他的防线撤退或者突围前，应向其他军官或士兵移交指挥权。任何军官和士兵被认为他有能力继续抵抗时，不论军阶高低，都应当授予他一切的指挥权。”

现在，东线的苏军发动了强大的攻势，打得德军溃不成军，他还认为前线指挥官的撤退是主观上的逃避，并再次发布了一道让人不可思议的命令：“师级以上部队的指挥官非经正常途径将他的企图报告给最高统帅部，让元首有足够的时间进行干预之前，不得下令进攻、反击或撤退。”从而剥夺了德军师以上各级指挥机构的指挥权，他要把一切权力都控制在自己的手里。这种举动，恰恰把德军指挥中相对其他国家军队的特色也剥夺殆尽，使注重灵活性的德军走入了死胡同。

希特勒不顾自12日以来苏军展开的猛烈攻势，一直不放弃自己的打算，他仍然在那里寻求继续进攻的途径。古德里安曾向他报告东线局势已经恶化到了最危险的程度，并苦苦请求他坐镇柏林指挥战争，哪怕只是在精神上表示作战重心已经移到东线战场也行。可希特勒还是坚持这样的观点：“东线战场应该尽量以目前的力量坚持。同时，你要明白在这个时候，从西线调兵已经来不及了。”

直到德军在东线遭到了有目共睹的惨败后，希特勒才不情愿地开始关注他所不予理睬的东线战场。当1月15日德军察明苏联坦克第4集团军突破的规模后，希特勒当即命令从东普鲁士经铁路调集由2个装甲师编成的一个坦克军到罗兹地域，意图通过向南突击以封闭德军A集团军的缺口。不但如此，希特勒还希望德军第9军团至少能在布祖拉河一线阻住苏军的进攻，从而组织新的防御。古德里安反对“大德意志”装甲军由东普鲁士调到基尔斯，他认为德军的这个部署调整已经来不及了，可能对战场起不到太大的作用。相反从东普鲁士抽调部队后，将使东普鲁士的战局险象环生，情况也会变得像维斯托拉河地区的情况一样严重。

古德里安对此的反对，使希特勒大为光火，一怒之下，他要亲自坐镇指挥东线战事。

1945年1月16日，希特勒回到了柏林。

到这一刻，希特勒才最后决定在西线战场暂取守势，把一切可以抽调的兵力都集中到东线战场上来。古德里安得知希特勒的这个决定，虽然太晚了，还是舒了一口气，毕竟自己不用再为东西之争费口舌了，这也算是与希特勒许多天的争争吵吵产生的积极结果。现在所有那些无目的的攻击都已经停止，一切可以节省出来的兵力都已经决定运往东线。

古德里安立即晋见希特勒，他已经拟好了用兵计划，他想让西线增

∧ 1945年初，希特勒与希姆莱在一起。

援过来的部队赶紧渡过奥德河，对苏军的翼侧实施反攻，以求迅速扼制住苏军的进攻锐势。

希特勒就是希特勒，他的注意力回到东线，东线的指挥权便不再是古德里安的陆军统帅部的了，他打算把从西线调集的增援兵力，即德军第5装甲军团立即送往匈牙利，想在匈牙利发动对苏军的反击。古德里安一听，大感失望，当即表示了自己的不满。

为此事，古德里安与希特勒在随后的各次会议席上，展开了激烈的争论。古德里安从军事行动的利与弊进行分析，希特勒则从战争经济学的观点来判断，谁也不能说服对方。希特勒振振有词："现在，德国的石油工业受到了猛烈的轰炸已不能有效地支援我军作战，所以匈牙利的油矿和炼油工厂对于我们来说，就更重要，它们的存在对战争有着决定性的作用……如果你的部队没有燃料，那么你的飞机怎能飞，坦克怎样能开动？你是最应该明了这一点的，可是我的将军，你对战争的经济基础并不完全了解……"

争论的结果只好将西线增援部队一分为二，分别由最高统帅部和陆军统帅部指挥。而这又产生了新的问题，产生了兵力是否应集中使用的争论。会上，当古德里安一提出这个问题，便遭到了希特勒的抢白："我知道你要说些什么，你主张要集中兵力对敌人进行决定性的打击，而不应分散了使用兵力，可是你应该了解现实……"

尽管如此，希特勒对西线的兵力还是不肯抽调太多，尤其不肯撤出库尔兰地区的德军。到了1月17日，苏军的进攻发展顺利，各路大军如入无人之境，一直向德国逼近。

1945年初，突破德军防线的苏军如潮水般西涌，士气旺盛的苏军昼夜兼程，终于在1月20日的时候，苏军的足迹踏上了德国本土。

也在这天清早，古德里安的妻子离开华尔西高的别墅，投奔了在柏林的古德里安。在柏林，古德里安也不能为妻子找到合适的住宅，她只好挤在古德里安的宿舍里，陪伴古德里安共度纳粹德国的最后时光。

这一天，匈牙利的前参谋总长弗罗斯向苏军投降，并转而为苏军效力。在西里西亚，苏军越过了德国边境，迅速地向布里斯劳挺进。在维斯托拉河以北，强大的苏军正在向多根－格劳登兹一线实行猛攻。在苏军先头部队的后面，接着就是强大的预备兵力。苏军强大的进攻声势，令德军震惊不已，想当年德军最强盛的时候，也未能有这样浩大的人力、物力，对比苏军源源不竭的兵力和装备，德军怎是对手？

现在，前线德军再也顾不上希特勒的淫威。1月21日，当苏军已经深入上西里西亚工业区，而希特勒拒绝朗哈特把第4军团撤出拉里夫突出地带的建议后，第4军团司令霍特巴赫将军干脆在22日擅自决定，命令自己的部队转过向西攻击，意图是向西普鲁士维斯托拉河突围。

到26日，希特勒才知道在中央集团军地区中，不仅发生了未经他批准的行动，更有甚者事后也没报告他，令他怒不可遏。但也没办法，只是将朗哈特的职务由云邻里克上将代替，霍特巴赫的职位由米勒将军代替了事。

1月25日，为了适应德军目前战场形势，德军对集团军进行了重新调整。原来的A集团

*约德尔（1890～1946）

德国上将。第一次世界大战期间曾在巴伐利亚炮兵部队服役，任参谋长。1935年被希特勒任命为作战部国防局局长。1939年8月升任最高统帅部作战局局长，是第二次世界大战期间希特勒的主要军事顾问，参与指挥了除1941年下半年入侵苏联初期战役外的全部德军军事行动，是法西斯德国主要战争罪犯之一。1945年5月7日在兰斯代表德军向西线盟军投降。1946年10月被纽伦堡国际军事法庭处以死刑。

军改名为中央集团军，原来的中央集团军改称北方集团军。古德里安为了填补新的中央集团军和北方集团军之间的空隙，向希特勒建议成立一个维斯杜拉集团军，负责管理和控制这个地区的一切防务。由于这个集团军所处的位置极为重要，古德里安就主张从原巴尔干方面的两个集团军总部的全班人马选择，他更倾向于魏赫斯元帅担任总司令。不过希特勒却不愿意，他不想让一个听从陆军统帅部的人来担任这个职务，而执意让希姆莱担任。希特勒相信，一个人忠诚可靠、狂热盲目要优于他在军事上的经验和才干，他相信希姆莱的忠心会让这个人为自己拼命。可就是这个希姆莱，也在柏林陷入绝境之时背叛了希特勒，企图与西方进行和平谈判。希特勒对古德里安说："以我看，魏赫斯元帅已经非常疲惫，他恐怕没有充沛的精力担负如此困难的工作。"

古德里安知道希特勒的意图，他决心不让这个军事上的无能之辈担任这么重要的职务，便与希特勒争执起来。见不能说服希特勒，他搬出了约德尔*，希望压一压希特勒的霸气。可是没想到，这个约德尔为了讨好希特勒，反而踩了古德里安一脚，让他无话可说，只能同意希特勒的人选。

∧ 德国外交部长里宾特洛甫。

＜ 苏军正攻击德国普鲁士的一处德军阵地。

军事上的失败已无法改变，古德里安无计可施，于是他便想通过外交途径解决战场的压力。1月23日，外交部派驻陆军统帅部的新任联络官巴兰登博士来到古德里安处，和他讨论了如何利用外交解决军事问题的可能性，古德里安异想天开地认为，可以通过德国现在已是处于瓦解状态的外交关系，至少在一个战场上获得休战的机会，想利用苏联与英美之间的矛盾，与西方签订休战协定，或者达成默契，使德军的兵力可以全部用来对付东线战场的苏军。

不管行与不行，这也是古德里安捞到的最后一根救命稻草。一个将要溺死的人，看见一根草也是急于想把它抓住的。这样，古德里安背着希特勒和纳粹德国外长里宾特洛甫进行了私下交谈。古德里安意图通过他共同说服希特勒，以期让纳粹德国苟延残喘下去。

1月25日，古德里安来到了纳粹外交部长那豪华的官邸。这个纳粹外长并不觉得战场是多么危机，反而怀疑古德里安的分析判断，反问古德里安："真是这样么？你说的话是事实?"顿了顿，接着说："我看参谋本部的人员似乎都有一点神经病！是不是被敌人吓怕了？"古德里安只好再次强调自己的决心和认真，并请求这位号称"德国外交政策的制定者"和自己一同晋见希特勒，至少争取使一个战场停战。

里宾特洛甫一口回绝："我不能这样做。我是元首的忠实信徒，事实上我知道元首是不愿意和敌人谈判的。我不能同意你的看法。"

"那么，如果在三四个星期以内，苏军的铁骑敲击柏林的大门，你会作何感想呢？"

里宾特洛甫喊了起来："你以为真会有这样的可能么？"

"这不仅是有可能，而且这是我们这种政治领导的必然结果。"

最后这句话使里宾特洛甫有一点触动。但有什么用！他还是不敢与古德里安面见希特勒。不仅这样，还在古德里安临走之际，再三叮咛："这一段谈话最好我们都守秘密，好不好？"

但希特勒还是知道了，夜里古德里安出席希特勒的"夜

> 1945 年时的希特勒。

> 1945 年，法西斯头目希特勒仍然鼓动德国青少年走上战场。

间汇报”时，希特勒大发脾气。对着古德里安喊道：“当参谋总长跑去见外交部长告诉他东线的情形是如何的严重，并且主张在西线求得休战的时候，那么他在一定程度上犯了卖国罪！”原来古德里安一走，里宾特洛甫马上就把当时的情况向希特勒打了个小报告。看到希特勒的样子，古德里安想到自己没有做错什么，对希特勒的神经质已经没有了原来的恐惧，只是静静地看着希特勒。希特勒果然在一通发泄之后，自动停了下来。

现在，柏林的形势越来越危急，可是希特勒并不把兵力全部用于防卫柏林，还是坚持着他原有的计划，把可以动用的第 6 军团送到匈牙利去发动令人莫明其妙的攻势。

希特勒已经崩溃了，他不再愿意与人单独交谈，他不再想听危急的事情，他现在只想到了死亡。希皮尔向希特勒提出一个新备忘录，备忘录的第一句就写道：“这个战争已经失败了！”希特勒只读了第一句，就不再往下看，而立即把它锁在保险柜里。似乎只有这样，希特勒的情绪才能好一些。希特勒对要求单独接见的希皮尔说：“你要告诉我的话不过是说，战争已经失败了。要我尽快结束战争罢了。”

“你知道我为什么要拒绝再和任何人单独谈话。任何人要求我单独谈话的时候，就一定有一些不愉快的话要说。我实在忍受不了。”

但是，这个绝望的希特勒还不想结束战争，他想要全体德国人为他殉葬！他还要发淫威！

在1月29日的夜间汇报会上，希特勒又下令，凡是没有尽到职责的军官都应该立刻予以降级。这样，又使许多为他卖命的纳粹军官在前线上最紧要的时刻，不经过审讯调查，突然被连降几级。

1 月 30 日，苏军在匈牙利的巴拉吞湖南侧向德军第 2 装甲军团发动了一次猛烈的攻击。

HEINZ GUDERIAN

在华尔斯河以南，苏军获得成功的战术突破；在华尔斯河以北，苏军向西推进，占领了索尔丁－阿恩斯华德，并威胁到了斯退丁的德军。同时，苏军也在布劳恩斯堡、吴尔门地特等地发动了猛烈的攻势，并准备从后面包围德军。德军在克尼斯堡要塞西南方的交通被切断。

从开始进攻到现在，苏军在大半个月的时间里取得了极其辉煌的战果，将部队从维斯瓦河畔一直推进到德国本土。被包围在东、西普鲁士的德军，已与纳粹德国的其他部分完全断绝了联系，形成了两个孤立的被包围圈。为了将他们维持住，以实现希特勒坚守的目的。德军只好从海上和空中进行物资供应，为了执行这些后勤补给任务，早已残损的空军和海军几乎放弃了战斗任务。

古德里安不想看到德军的战局垮掉，他还想挽救德国东部。他一次又一次地请求希特勒放弃已经毫无意义的外围阵地，全力加强东线。可是现在希特勒还是把德军留在亚平宁山脉和挪威的西北角，拒绝从库尔兰撤军，还命令这些德军士兵要坚守下去，把它作为德军的外围阵地。到了2月初，德军的情况更是急转直下。而库尔兰仍然还有20个步兵师和2个装甲师，还在孤零零地守东北一隅之地。对于把这些战斗力还较强的部队撤回加强柏林的防御，希特勒是不同意的，就是在最危难的时候，希特勒也只同意撤回4个步兵师和1个装甲师。

这时距柏林的陷落已是越来越近，希特勒为什么要这样坚持“不放弃一寸土地”？他这样做，很难使人相信他是要打赢战争。反过来，希特勒的作法倒像是以德军官兵的生命和打败它的盟军进行最后挣扎，似乎是要在所有的战线中造成更多的伤亡。

虽然德军处处危险，但还有着一定的实力。就西线战场来讲，德军还有步兵师103个、装甲师和装甲步兵师32个。

对战局全盘分析研究之后，古德里安感到德军还有力量与对手一搏，他就想再度劝说希特勒放弃匈牙利的攻势行动，集中兵力于苏军进攻到法兰克福和库斯春之间、接近奥德河边的时候，突然出击，从南北两个方向攻击苏军的翼侧。力求通过最后一搏击退苏军的攻势，保证纳粹德国坚持一个较长的时期，并在这个期间设法与西方进行谈判。古德里安也知道，要保证这个作战行动的成功，重要的先决条件就是要把留在巴尔干、意大利、挪威，特别是库尔兰等地的德军全部撤出，以集中最大量的兵力。

2月初，古德里安面见希特勒，向他陈述了自己的意见和关于未来的作战计划，没想到希特勒一口拒绝了。古德里安不知该怎样说服自己顽固的元首，只好祈求希特勒：“你应该相信我坚持撤出柯尔兰守军的理由决不是意气之争。现在，我们已经没有预备兵力，而没有有生力量的支援，怎样保卫我们的首都？我可以向你发誓，我完全是为了国家的利益！”

希特勒一听，更是气得无话可说，身体不停地抖动。最后，希特勒双脚跳了起来，向古德里安喊道；“你怎么敢向我讲出这样的话？难道你还以为我不是为了德国而战么？我一生就是完全为德国而奋斗的。”在场的戈林只好将古德里安拖出来，安抚了一通。

古德里安与戈林两个人在另外一间房待了一会儿，心情静了静。“不行，事情总要有个结果。”他接着就去找了邓尼茨海军元帅，哀求邓尼茨，希望他能从侧面帮助自己。并与他商定，如果希特勒同意撤出部队，还希望得到海军元帅的支持，提供足够的船只将这些部队撤运回国。但是希特勒不同意，这些商定又有何意义呢？

希特勒的马拉松会议还要接着开，古德里安又回到会议室，继续讨论。

古德里安又一次提出撤出库尔兰的建议，再度使希特勒大发脾气，希特勒走到古德里安的面前，挥舞着拳头，恨不得杀了他。看到这一幕，古德里安的参谋长汤美尔将军不知如何是好，只好拉着古德里安的袖子向后退去，他真怕俩人忍不住打了起来。

库尔兰守军是不能撤了。古德里安只好另做打算，决定从阿恩斯华德地区发动一个小型攻击，以期击败在华尔斯河以北的苏军，贯通波米拉尼亚和西普鲁士之间的联系。

作战行动要有指挥官，由于这次行动所在的战区属于希姆莱所管辖，所以古德里安和希特勒为指挥问题又一次争吵了起来。

古德里安决定，派自己中意的副手温克将军到希姆莱的司令部去，具体指挥这次作战行动，却遭到希特勒的强烈反对：“党卫军领袖完全可以指挥这次作战！”

古德里安一听，你也管得太宽了，什么事情都要插手，更何况他本身就对希姆莱没有好感，也极为瞧不起希姆莱。所以对希特勒毫不相让：“党卫军领袖显然经验不足，指挥机构也不完善，是难于独立指挥这次作战行动的。”

自己认为是好的，就不能允许别人说不行是希特勒的作风，现在当然也不能放弃：“我不允许你说党卫军领袖没有能力完成他自己的任务。”

古德里安针锋相对：“我还是坚持要把温克将军派驻到这个集团军总部。只有这样才能保证这次作战完全按计划执行。”

希特勒狂怒了，为此事与古德里安争论了两个小时。到最后，希特勒失去了自制力，全身发抖，两眼充血，眼球也要从眼眶中爆了出来，声嘶力竭，在地毯上不停地走来走去。

古德里安决心要坚持自己主张不再放弃，面对希特勒的狂怒，他不发一声，静静地看着希特勒的表演。从来没有人敢于对抗希特勒的权威，古德里安的坚持，终于使希特勒进行了思考，他知道古德里安是对的，希姆莱有热情，但能力却不够。想到这，他将身子停在了希姆莱的面前：“希姆莱，温克将军今晚就到你的司令部去，负责指挥这次行动。”

希特勒改变了自己的表情，回到自己的位置要求继续开会，并特意说了一句："今天，参谋本部胜利一次。"然后，希特勒献媚地对古德里安一笑。

会后，凯特尔走向古德里安，以告诫的口气说了一句："你怎能这样和元首讲话。元首气成什么样子？如果元首气病了怎么办？"

并没有完全从冲突中恢复过来的古德里安，没有好气地回一句："政治家就要能接受反面意见，否则怎能说是一个政治家？"

纳粹德国终于到了最后的毁灭时刻，德军的所有希望都化为泡影。

曾经飞扬跋扈、耀武扬威的希姆莱再也没有自信，情绪极为低落。本来，像希姆莱这样对军事一窍不通的人之所以坚持带兵，是因为他特别想获得一个武士级的铁十字勋章，为自己将来捞取资本。可不行就是不行，一上战场，希姆莱就显示出他军事素养的严重不足。于是显出了原形，弄得自己狼狈不堪，无法下台。只好想法子躲开指挥事务，避开他人的视线。

为党卫军军纪的事，古德里安到了希姆莱的司令部，却没有找到他。司令部的人告诉古

> 1945 年，希特勒与希姆莱合影。

< 古德里安与温克将军一起研究战争形势。

德里安，希姆莱正患流行性感冒在霍亨林青疗养院里接受治疗。可是当古德里安坐车找到希姆莱时，发现他的健康状态一切正常。古德里安感到不可理解，在这样一个危机时刻，对自己的部队撒手不管，是令军人难以想像的，更何况身兼数个重要职务的希姆莱呢。如果感到自己能力不足以胜任这么多职务，那么就干脆辞职算了。对于古德里安的疑问，希姆莱已没有了往日的自信，犹豫了半天只好答道：

“我无法向元首开口讲这些，再说他也不会批准我的要求。”

看到希姆莱如此回答，如此精神状态，古德里安立即想到这是一个换人的好机会，当即向希姆莱追问一句：“那么你能够授权我请求么？”

得到希姆莱的同意，古德里安立即行动，当天夜里就向希特勒建议，希姆莱的职务实在太繁重，应该免除维斯托拉集团军总司令的兼职，使他腾出精力抓好其他重要的事项。希特勒先是不赞成古德里安的想法，但大势已去的他也无计可施，经过了一番口舌后，还是同意了古德里安的要求。随即古德里安调任第 1 装甲军团司令黑利奇上将填补了这个遗缺。

第十二章

一切都匆匆结束

1888-1954 古德里安

1945年5月10日，古德里安和装甲兵总监部的人员来到盟军的军营，直接要见美军的指挥官。他坦白地说：“我就是德国装甲兵总监古德里安，这些人是我的部下。我们希望能得到你们的保护，不要把我们送到苏联人的手中。”就这样，古德里安成了美军的俘虏……

★“焦土”政策

1945年3月19日，德国最高领导人希特勒在其签发的一项特别命令（“焦土命令”）中规定德军撤离德占区前应实行这一政策。“焦土命令”的要点是，德国军队在撤退之前应将德占区内所有的军事交通、通信、工业和后勤补给设施及物资全部销毁，以避免其落入盟军手中。3月29日，德国军备和战时生产部长阿尔伯特·施佩尔曾致函希特勒，对希特勒的这一命令提出异议。由于战局的剧烈演变，“焦土政策”最终未能付诸实施。

>> 再次免职

1945年3月，德国的败局已定，空袭也更是空前的激烈，仅首都柏林就被连续轰炸了20多个夜晚。3月15日这天，陆军参谋总部遭到了极严重的轰炸，空袭的时间前后长达45分钟，苏联空军所投掷的炸弹数量，足可以炸平一个大型的城镇。

这么多的炸弹落在古德里安的小营房上，后果是可想而知的。因为参谋总部是一个重要的军事目标，所以他们遭到了苏军猛烈的轰炸。15日正午的时候，突然空袭警报急促地响了起来，古德里安还是和平常一样，仍然留在办公室里工作。听到空袭警报后，住在古德里安宿舍的他的妻子玛格丽特，习惯地看着那张军事地图并在上面勾画出苏军飞机空袭的路线。通常情况下，苏联飞机到了布兰登堡之后，就会向柏林方向飞，可是这一次却转向左森飞来。古德里安的妻子不禁紧张起来，她飞快地跑去告诉古德里安这个反常现象。古德里安于是立即命令全体的人员，赶紧都躲进防空洞。

当古德里安等人刚刚冲进洞口的时候，第一颗炸弹就炸响了。作战处的人员行动慢了一点儿，结果古德里安的新助手克里布斯将军和他的几个幕僚都受了伤。克里布斯头部伤势较重，被送进了医院。

3月19日，在所有的希望都化作泡影后，丧心病狂的希特勒便决定不顾德国人民的死，准备开始实施“焦土”政策★，他下达了毁灭一切的命令。

但是，由于苏、美、英军队的迅速进攻和德军当局施佩尔的联合行动，在相当大的程度上阻止了这一疯狂的命令的执行。布里将军拒绝发给炸药，这使得党卫军无法动手。施佩尔亲自到各地去视察，劝说那些准备执行命令的人认真想一想这种破坏可能引起的后果。这样，才使德国人民避免了灭顶之灾。

在这种情况之下，希特勒又命令黑利奇上将去左森，准备去接受维斯托拉集团军总司令的新职。希特勒希望他能以5个师的兵力，向苏军发动一次攻击来解库斯春之围，因为这个小要塞正在苏军的包围之中。而古德里安却觉得这种攻击实在是毫无意义的。他主张先夺回苏军在库斯春附近所占领的桥头阵地，然后再与被围的守军进行正面的接触。

由于意见不一致，古德里安和希特勒不免又发生了多次的争论。在古德里安任参谋总长的最后一个月中，他与希特勒之间的冲突愈演愈烈。

3月21日，古德里安和外交部的巴拉登博士商议后，决定由古德里安出面，再一次试图说服希姆莱。主要的目的是想敦促和利用希姆莱在中立国的一些关系，来达到休战的目的。当古德里安在破损的总理府的花园中找到他的时候，希姆莱正陪着希特勒在瓦砾之间散步。希特勒看到古德里安，就大声地问他："你有什么事情？"古德里安马上回答说："我想和希姆莱讨论一个问题。"于是希特勒就单独走开了。

古德里安径直向希姆莱走过去，并直截了当地说道："这个战争已经决无胜利的可能。现在唯一的就是赶紧结束这一场毫无意义的屠杀。除了里宾特洛普以外，只有你一个人与中立国还有一些接触。因为外交部长不敢直接向希特勒开口提这个问题，所以我请你和我一同去见元首，要求他赶紧开始作休战的安排。"

希姆莱却慢条斯理地回答说："我亲爱的上将，这个似乎还早了一点儿吧。"

古德里安说："我真不了解你的心理。现在已经不是12点差5分，而是12点过5分了。假使现在我们还不开始谈判，那么以后就不会再有机会了。难道你还不知道我们今天的情况已经坏到什么程度了吗？"

希姆莱这里的一点希望也最后破灭了，古德里安算是彻底失望了。他们俩人的这次谈话，就这样不了了之。因为希姆莱也害怕希特勒，不敢同他谈论这个问题。

那一天的晚间汇报会之后，希特勒叫住了古德里安："将军，请你慢走一步，我有话对你说。"等其他人都散尽之后，希特勒一边向古德里安走过去一边说道："将军，我发现你的心脏病又厉害了。你应该立刻请4个星期的病假，借此去休养。"古德里安当然明白希特勒所说的含义。而这个建议对于古德里安来说，又何尝不是一个很好的解脱办法。而且古德里安也知道，他能在位的日子已经屈指可数。不过，想到参谋本部今天所面临的难关，古德里安回答："在目前我无法离开我的岗位，因为我并没有副手。克里布斯的伤还没有好。我现在马上去设法找一个副手，找到了之后，我就向您请假。"

∧ 被轰炸后的柏林街道。

3月23日，西线的盟军沿着莱茵河岸到了上中莱茵河，而在莱茵河口的北面，也以正面渡过了下莱茵河。同一天，苏联人在阿培仑的附近又开始突破了。

3月24日，美军越过了上莱茵河，向达门斯塔德和法兰克福挺进。在东线方面，但泽周围也正在激战中。苏军正向库斯春进攻。

3月26日，苏军在匈牙利又发动了一次新的攻势。德国人想和库斯春守军重建联络的企图也终告失败。

3月27日，巴顿所辖的美军装甲部队已经进入了梅因河上的法兰克福城的近郊，在阿夏芬堡附近展开了激战。

∧ 1945年3月，希特勒与手下将领一起分析战局。

∧ 1945年3月，古德里安与“希特勒少年团”的成员在一起。

也就是在这天的夜间汇报会上，希特勒大发雷霆，他强烈的指责第9军团在库斯春反攻的失败。希特勒认为这是由于在进攻时发射炮弹太少的原因，主要的责任应由布西将军承担。听到这，古德里安马上站起来证明：“这是因为该军团手中根本就没有充足的弹药，所以他只可能采取这样的做法。”古德里安的话音刚落，希特勒就冲着他喊了起来：“那么你就应该设法使他多有一点弹药！”古德里安马上拿出了有关的资料，把他所分配到的全部弹药数量的数据给希特勒看，以证明他已经把全部家当都给了布西兵团。

然后，古德里安又把每一个师所遭到的惨重伤亡的数字给希特勒看，明确地告诉他，部队的确已经不顾他们自己的牺牲，尽到了他们最大的努力。这一次的会谈就这样不欢而散了。回到左森之后，古德里安再把弹药和死伤的数字，详细地检查了一番，然后写了一个极直率的报告，再为布西将军辩护，要克里布斯将军在夜间汇报时当面交给希特勒，因为古德里安不想再去作这种无意义的辩论。同时，古德里安叫克里布斯请求希特勒，批准他明天到法兰克福桥头阵地去亲自作一次视察。

古德里安是想亲自去看看，到底希特勒主张使用5个师的兵力，从这个狭窄的桥头阵地，向奥德河以东进攻的计划，事实上是否可行。因为一直到现在，他们的辩论还是没有得出一个结论。

>> 无奈的离去

深夜，克里布斯才从柏林回到了左森。他向古德里安报告说："希特勒不准将军到前线上去视察，并且命令你和布西将军在明天的午间汇报中，一定都要出席。"对于古德里安的那个报告，希特勒表现得很恼怒，他认为古德里安是在有意指责他。所以这一次又将会是"会无好会了"！

3月28日14点钟的军事会议，古德里安和布西将军按时而来。希特勒刚一走进会议厅，就再一次大声地指责布西将军指挥的不力。布西将军只辩解了几句，希特勒就粗暴地打断了他的话，并叫他不要再说下去了。于是希特勒旧话重谈，又把昨天那一套搬了出来，歇斯底里地责骂布西指挥的错误。古德里安越听火越大，最后他实在是听不下去了。

于是古德里安也就给希特勒来了一个如法炮制，他打断了希特勒的话："请您准许我打断您的话，插进来说几句。我昨天已经同时用口头和书面的方式，把这个问题都详细地解释过了。布西将军对于库斯春攻击的失败，并不应负任何的责任。第9军团已经把他们所分配到的弹药都用光了。部队也都尽到了他们的责任。这种特别高的死伤数字就是一个证明。所以我要求您不要再责骂布西将军了。"

希特勒于是冲着所有参加会议的人说道："我要求诸位先生们都暂时离开这间房子，除了这位元帅和这位上将以外。"当全体出席会议的人员都退到接待室去，这间房里就只剩下了希特勒、凯特尔和古德里安三个人。希特勒向古德里安说道："古德里安上将，你的健康问题使得你必须请6个星期的病假。"

"是的，我马上就走！"说完之后，古德里安站起来就向门边走去。当古德里安刚把手放在门把手上的时候，希特勒又把他喊了回来，说道："请坐在这里，等会开完了再离开。"

于是古德里安就沉默地坐在自己的椅子上。那些退席的人现在又被召回，继续开会，仿佛刚才并没有发生什么事一样。希特勒没有再继续斥责布西将军。大家再敷衍了一会儿，就草率地散会了。

所有的人都退席之后，希特勒又把凯特尔、约德尔、布格多夫和古德里安四个人喊了进去。希特勒又对古德里安说："请你赶紧设法恢复你的健康，在6个星期以后，局势一定更紧张。所以我更需要你的帮助。还有，你准备到哪里去养病呢？"

古德里安很从容地说："凯特尔劝我去李本斯坦温泉休养，他说那里的风景极为美丽。可是，那里早已被美军占领了。我将自己选择一个地方，这个地方至少在以后的48小时内不会让敌军追上。"说完，古德里安起身高高地举起右手，向希特勒做了最后的道别。然后，古德里安便由凯特尔陪着走出了总理府。在走向停车场的途中，凯特尔对古德里安说："将军，下次不要再拂逆希特勒的意思。"古德里安听后什么话也没有说。

古德里安走出总理府的大门，直奔停车场上自己的汽车。他拉开车门，一屁股坐在汽车后座上，对司机说："先回总部去。"

这是一个伸手不见五指的夜晚，它同古德里安的心情一样的低沉。这样的夜晚、这样的心情，仿佛也预示着德国的前途暗淡无光。随着汽车的颠簸，古德里安无力地半靠在汽车的座位上，任凭思绪一幕幕在脑子里飞过。第二次世界大战刚开始的时候，他是多么的威风八面，他曾经率领他亲手创建的装甲部队，横冲直撞，无人能挡。为希特勒出生入死，立下了汗马功劳。而就是这样，希特勒还是不满意，不但不听从他的劝告，相反，又第二次免了他的职。

由于死心塌地地跟着希特勒，造成自己今天的惶惶不得终日。古德里安的脑子乱极了。不知不觉中，汽车已经慢慢地停在了陆军参谋本部前，司机轻声地叫道："将军，到了。"古德里安一愣，随即走下了车。

古德里安没有像往常一样先走进他的办公室，而是径直向妻子住的那间房子走去。听到外面的汽车声，玛格丽特迎了出来，因为她一直没有合眼，正等待着丈夫的归来。看到古德里安回来，玛格丽特长长地出了一口气："怎么这么晚才回来，今天你出去的时间真是长得可怕！"古德里安的声音很低："是的，而这也是最后一次了。以后不会再让你担心，我已经被免职了。"夫妻二人拥抱在一起，他们都感到如释重负。

战争的残酷，使玛格丽特像许多的妻子和母亲一样，每天为丈夫和儿子担惊受怕。而她也是流离失所有家不能回，还要经过希特勒的批准住在陆军参谋本部的宿舍里。这次，她的心终于可以放下了。

3月29日，古德里安遵照希特勒的命令，把陆军参谋总长的职务移交给克里布斯，并与同僚们做了一个简短告别，他说："奉元首的命令，从今天开始，各位就要听从克里布斯的领导了。同时，我也将离开你们，到一个安静的地方去休养，我相信你们还会与从前一样努力地工作的。再见了，我的朋友们。"然后，古德里安回到住所，他的妻子已经收拾好了一切，正等着他一起踏上旅程。

3月30日，古德里安离开了这个度过了他战争中最残酷岁月的陆军参谋本部，离开了他的部下，偕夫人踏上南去的火车，离开左森开始了旅行。他们本来想到杜林根山地去休养，但是由于美军的进展非常快，所以已经不可能。于是古德里安又决定到慕尼黑附近的文本霍森疗养院中去暂住，以便可以顺便治疗他的心脏病。

4月1日，古德里安夫妻来到疗养院，这里空气清新、环境优美，他们再一次享受到了生活的安逸和舒适。脱离战争的硝烟，古德里安感到从没有过的轻松，心情也相对好了一些。而且这里还有著名的心脏病专家齐美尔曼博士。古德里安接受了治疗，心脏病也有了好转。

日子是平稳了，可古德里安的职业习惯使他的心一天也没有离开过战场。虽然古德里安对希特勒失去了信心，但这只不过是他的纳粹主子不再信任他，不给他机会而已。所以，他

★邓尼茨（1891～1980）

德国海军元帅，纳粹德国潜艇部队奠基人，二战战犯。第一次世界大战初期在巡洋舰上任职。1935年任纳粹德国第一支潜艇支队支队长。二战爆发后，任德国潜艇部队司令。1943年1月任海军总司令并兼管潜艇部队。1945年4月出任德国北方部队与民防司令。1945年5月1日根据希特勒遗嘱，任国家元首兼武装部队最高统帅，同年5月23日被捕。1946年被纽伦堡国际军事法庭判处10年有期徒刑。1956年被释放。

只能从广播里听一听战况。德国的节节败退，使得古德里安这个法西斯的走卒有时也会陷入一种深深的苦恼中。

一天，古德里安的一个好朋友打电话来，他警告说："由于你以前曾经想劝说元首和西方国家停战，他很不高兴，要暗中监视你的行动。"古德里安听了这个消息感到非常的气愤，但是古德里安也非常的清楚，希特勒是什么事都能做出来的，于是请了两位宪兵来保护他。

5月1日，古德里安带着妻子离开了文本霍森，来到塔门兹尔。在那儿，古德里安把妻子留在希莱赫尔夫人的家，玛格丽特受到了周到的招待。安排好妻子，古德里安一个人去了提罗尔。因为此时装甲兵总监部已经迁移到那里，他准备在那里坐候战争的结束。

装甲兵总监部的人，多数还都是他从前的老部下。古德里安一到那里，就受到了大家的欢迎。他们久别重逢，不免要讨论一下当前的战况和战争的发展。他谈得很多，从第二次世界大战开始到现在，他们无所不谈。甚至于他们还为自己想好了后路，那就是德国战败后，他们相信美国是唯一的监护之所。

晚上，古德里安和他的部下们一边吃饭一边继续谈论着当前的形势。

突然，有一个人慌慌张张地跑进来说："元首已经死了。"古德里安连忙问："从哪里得到的消息？"来人回答说："是广播里说的。"

4月30日，希特勒见大势已去，匆匆地将自己的位子让给了海军元帅邓尼茨★后，于这天的下午，在他的密室里草草地与他的情妇举行了一个结婚仪式，然后两人一起自杀了。

自此，第二次世界大战欧洲战场结束，德国宣布无条件投降。古德里安和装甲兵总监部的人员按照事前的商量，于1945年5月10日，向占领区的美军投降，以图得到他们的监护。古德里安来到美国的军营，直接要求见美军的官员，他坦白地说："我就是德国装甲兵总监古德里安，这些人是我的部下，我们希望能得到你们的保护，不要把我们送到苏联人的手中。"

就这样，古德里安成了美国人的俘虏，开始了他有生以来的第一次监狱生活。

由于古德里安没有同美军直接进行过正面的交锋，而在进攻法国时，希特勒又一再延误战机，致使古德里安没有对在法国的英军构成大的威胁。所以在审讯中，英美极力为古德里安开脱罪责。在被关押了三年后，以古德里安在第二次世界大战中并未虐待战犯和屠杀无辜的平民，不能被列为战犯为由，于1948年释放了他。

出狱后的古德里安，身体每况愈下。长期的监狱生活，使他的心脏病越来越重，已经严重地影响到正常生活。古德里安毕竟是坦克专家，他仍然迷恋着陪伴自己大半生的坦克。他在家休养的这段日子里，他的第一本个人传记《一个士兵的回忆》出版了。

这本书的出版，受到了学术界的广泛重视。接着他又着手写一部关于1935年到1945间德国坦克部队的发展和战术的专著，可惜的是最终没有能够完成。

1954年5月14日，古德里安，这位在第二次世界大战中为德国法西斯和希特勒服务的，又有很大争议的著名将领因病去世，终年66岁。他被安葬在他初任军职时的果斯拉尔。

09 retrieval

日军撒布细菌祸及自身

1942年9月中旬，中国杭州日本陆军医院塞满了沾染细菌的官兵，每日死亡3至5名日兵，这是日军进行细菌战得到的报应。1942年6月至8月末，在浙赣作战中，日军第1644部队曾用飞机装载霍乱、鼠疫等各类细菌撒布在浙江一带的中国军队驻地及其后方，使无数中国军民染恶疾而死。由于中国军队撤退很快，日军进入撒布地区并在当地住宿，饮用附近的水，致使很多日军官兵也受到了传染。

苏德战场形势发生根本转变

1942年11月，苏军在斯大林格勒保卫战中大量消耗敌人的有生力量后，其西南方面军、顿河方面军和斯大林格勒方面军先后转入反攻。战至11月23日，苏军完成了对斯大林格勒地区的德军和一部罗马尼亚军队的包围。1943年1月10日起，苏军发起围歼被围德军的战斗。至2月2日，30余万德军几乎全部被歼。苏军在斯大林格勒战场上的胜利，标志着苏德战场的形势发生了根本性的转变，也对第二次世界大战的进程产生了决定性的影响。

赖伐尔宣称：法德合作是“欧洲和平的唯一保证”

1942年11月20日，法国维希政府总理赖伐尔发表了一篇广播演说，在这篇反动的演说中，赖伐尔表示他的政府将比过去“更加紧密地同德国合作”，为实现法兰西共和国和德国的共同繁荣而不懈努力。他还宣称，法德合作是“欧洲和平的唯一保证”。此演说受到法国国内外爱国人士的强烈谴责和唾骂。然而，纳粹德国方面却对此赞赏有加，甚至称赞赖伐尔是法国“最有远见”的领导人。

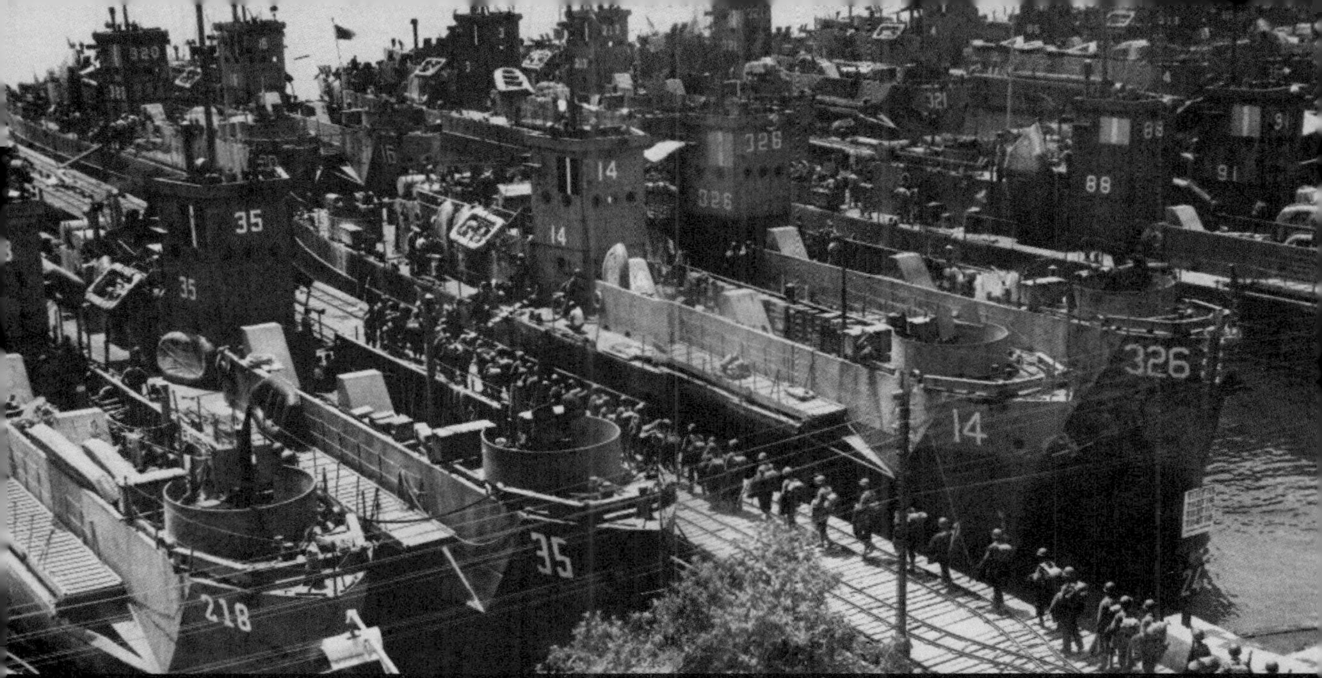

盟军集结重兵登陆西西里岛

为了保证同盟国地中海航线畅通，并迫使意大利投降，1943年7月，盟军在意大利西西里岛进行了一次大规模的登陆作战。集结总兵力达47.8万人，舰艇约2,600艘（登陆运输舰艇约2,100艘，其他战斗舰艇约500艘），飞机约4,000架。同年8月，盟军进入西西里岛东北重镇墨西拿，占领了全岛。盟军伤亡约2万人，德、意军伤亡和被俘约16万人。此役，盟军达到了预期目的，为以后的登陆作战提供了有益的经验。

犹太人奋起反抗纳粹大屠杀

德国法西斯征服波兰后，于1940年秋将40万犹太人赶到华沙一个只有4公里长、1.6公里宽的隔离区内。1942年7月起德国党卫队开始所谓“重新安置”行动，至10月止，将31万余犹太人送到集中营杀害。1943年4月19日晨，德国党卫队数千人包围犹太人隔离区，强迫最后一批犹太人迁移，隔离区内的犹太人被迫起来反抗。在这次反抗斗争中，有5,000余名犹太人被炸死或烧死，其余数万人最后被送到集中营杀害。

英美秘密召开“三叉戟”会议

1943年5月12日至25日，英国首相丘吉尔率英国三军参谋长访问华盛顿期间，与美国总统罗斯福及其三军参谋长进行了代号为“三叉戟”的秘密军事会议，以确定两国“进行战争的全面战略思想”。这次会议确定了“与太平洋其他国家合作，对日本施加持续压力”，以迫使其最终投降等重要战略问题。会议还解决了美英双方共同关心的其他一些问题。此次会议的召开，对世界大战的战局产生了重要影响。

∧ 准备奔赴西西里岛实施登陆的盟军部队。

＜ 法国维希政府总理赖伐尔与希特勒握手。

10

>> 检索……相关事件

11

日本法西斯导演“独立”闹剧

1942年5月日本全部占领菲律宾后，为了更好地掠夺菲律宾，扶植亲日傀儡政府上台，导演了一出允许菲律宾“独立”的闹剧。1943年5月5日，日本首相东条英机亲自到菲律宾，向政界人士传达“独立”想法，得到了菲律宾亲日分子的热烈响应。同时，日本国内的法西斯分子也认为菲律宾的“独立”有利于日本更好地对其进行控制。同年10月14日，菲律宾宣布成立“独立”的菲律宾政府，日本扶植下的“劳雷尔傀儡政权”正式成立了。

中美英三国政府首脑在开罗举行重要会议

为了加强反法西斯同盟国之间在军事和政治上的协调行动，协商制定联合对日作战计划和解决远东问题，1943年11月，中、美、英三国政府首脑在开罗举行会议。参加会议的有美国总统罗斯福、英国首相丘吉尔和中国国民党政府主席蒋介石。会议签署了《中美英三国开罗宣言》，简称《开罗宣言》。宣言宣称：将坚持长期作战以迫使日本无条件投降。此次会议签署的《开罗宣言》，成为确定日本侵略罪行及战后处理日本问题的重要国际文件。

∧ 在诺曼底登陆的盟军部队。

retrieval

盟军在西欧开辟第二战场

1944年6～7月，盟军在法国北部的诺曼底地区进行了战略性的登陆作战。此次战役是霸王作战的重要组成部分。目的是夺取集团军群登陆场，为开辟欧洲第二战场、发展对西欧的进攻、配合苏德战场、最后击败纳粹德国创造条件。战役从6月6日登陆开始，到7月24日胜利结束，德军大败。期间，盟军伤亡12.2万人，德军伤亡和被俘11.4万人。这次战役，对美英盟军在西欧展开大规模进攻，加速纳粹德国的崩溃以及决定欧洲战后形势起了重大作用。

“波茨坦”对日发出促降公告

1945年5月8日，德国政府无条件投降，欧洲战争结束。日本法西斯在负隅顽抗的同时，开始酝酿媾和。为了研究处置德国，商讨对日本作战和解决欧洲其他问题，苏、美、英三国举行了波茨坦会议。7月26日，通过了《中美英三国促令日本投降之波茨坦公告》，简称《波茨坦公告》。《波茨坦公告》共13条。中国政府虽未参加讨论，但事前征得中国政府的同意，故公告以美、英、中三国共同宣言的形式公布。

中国战区日军投降签字仪式在南京举行

1945年9月9日，在南京黄埔路陆军总司令部前进指挥所举行中国战区日军投降签字仪式。受降席居中坐的是中国陆军总司令何应钦。上午9时整，何应钦将日军盖章降书交付冈村宁次阅读。冈村宁次签字毕，低头俯视降书达50秒钟。9时6分，何应钦将蒋中正第一号命令交给参谋长转送冈村宁次，冈村宁次再于受领证上签字盖章。9时10分，中国战区日本受降仪式宣告结束。

日军侵华给中国造成无法估计的巨大损失

1945年8月日本宣布无条件投降。9月9日，中国战区日军投降签字仪式在南京举行，至此，中国人民抗日民族解放战争胜利结束。中国军民在十四年抗战中，承受了巨大的民族牺牲，付出了高昂的代价，据不完全统计，中国军民伤亡3,500余万人，从关内骗招到东北的劳工被残害致死的，不下200万人。此外，还有令人发指的细菌战、化学战。按1937年的比值计算，日本侵略者给中国造成的直接经济损失达1,000亿美元，间接经济损失达5,000亿美元。

V 1945年7月，出席波茨坦会议的苏美英三国首脑。

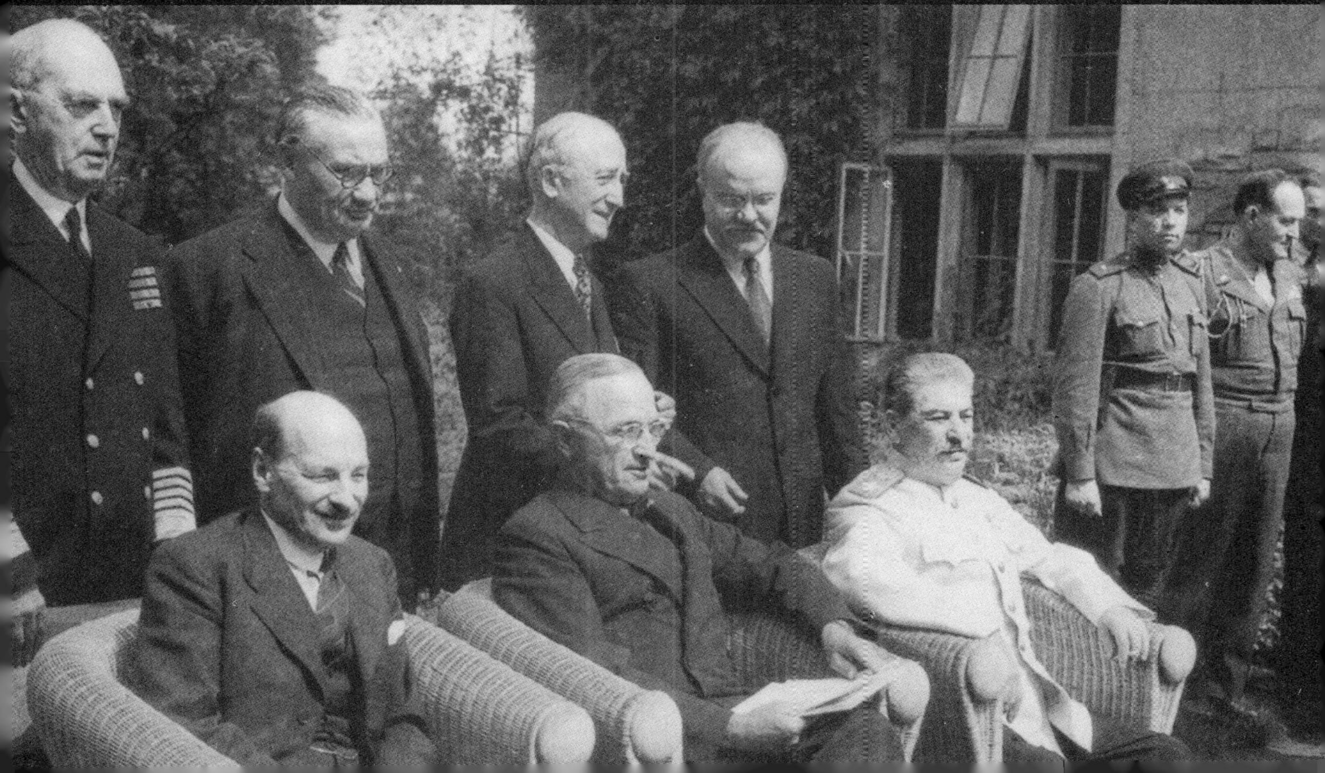